纵横精华第二辑·历史的侧影

主编：刘未鸣

谍战：隐于幕后

中国文史出版社

《纵横精华》编辑委员会

目录

杨虎城身边的共产党员

杨拯民

我的父亲杨虎城将军1931年任西安绥靖公署主任、中国国民党中央监察委员。1936年12月12日，他同张学良将军联合发动了震惊世界的西安事变，迫使蒋介石放弃其“攘外必先安内”的误国政策，促成了国内和平与团结抗日局面的实现。我父亲能够跟随时代潮流不断前进，从旧民主主义者转变为新民主主义者，成为伟大的爱国主义者，最重要的原因是他坚持孙中山革命的三大政策与共产党合作，经久不变，即使大革命失败，他对共产党也不失望，他不仅“不清党”，还曾要求加入共产党。在他的部队里，中共党组织，历经几十年，始终不断线，共产党员更是遍布他部队的各系统、各部门。他信任、重用共产党员，用共产党的办法，改造自己的部队。他说：“共产党员不怕死、不贪财、能干事、有献身精神，所以，我要用他们。”

第一个给杨介绍马克思主义的共产党员　魏野畴开始同杨虎城实现“国共合作”

我父亲接触的第一个共产党员，是中共陕西党组织创始人之一的魏野畴。魏曾参加过五四运动，经李大钊介绍加入中国共产党。1923 年春，他应邀到陕西榆林中学任教，并创办进步刊物《秦钟》，宣传马克思主义，鼓动学生起来参加革命救国运动，培养了刘志丹、潘自力、张汉民、曹力如、阎揆要等一批青年学生入党。经人介绍，在榆林休整的杨虎城，结识了这位才华横溢的革命家，两人一见如故，交往甚密。在这期间，魏给杨详尽地讲解了马克思主义的基本内容，介绍了中国共产党的主张，分析了当时中国社会的基本矛盾，诚恳地指出了我父亲屡遭失败的原因。魏野畴以其科学的理论、精辟的见解和渊博的知识，深深地赢得了我父亲的敬重。我父亲从与魏野畴的交往中，系统地了解到马克思主义的初步知识，共产党的方针政策，开拓了新视野。从此，他逐渐接受了共产党的主张，向联俄联共扶助农工的新三民主义迈进。这成为他此后与中共长期合作的思想基础。1925 年 7 月，我父亲仿照孙中山办黄埔军校的办法，在陕西耀县创办“三民军官学校”，任命魏野畴为政治部长，延聘共产党员刘含初、赵葆华、吕佑乾等任政治教官，加强政治思想教育，培养军政人才，后来成为团、旅、师长的孔从洲、刘威诚等，都曾是该校的学兵。这是魏和杨在学校里实现的第一次“国共合作”。

我父亲 1927 年率部出关东征，攻打直鲁联军失败后，在河南马牧集孤军无援，苦无出路，特电请去陕北巡视而没有随军东征的魏野畴归队。这时，南汉宸等许多被“清党”出来或与组织失去联系的共产党员，纷纷前来“不清党”的杨部，给他的部队带来了新鲜血液，使他有了“政治主心骨”。魏野畴、南汉宸帮助他分析形势说：现在杨部东有强敌压境，北有黄河天险，西撤退路被断，周围都为军阀势力控制，只有皖北目前还是蒋介石、汪精卫、冯玉祥势力较弱的地方，而且这里兵源充足，资源丰富，是部队休整的好地方。我父亲完全接受了他们的建议，立即撤到以太和为中心的皖北地区，清剿土匪、打击豪绅，惩办贪官污吏，发展教育事业，创建了部队休整和发展的新基地。为加强同共产党的合作，他任命了一批共产党员担任要职：蒋听松为军部秘书长，魏野畴为军部政治处长，冠子严为第一师参谋长，曹力如为第二师政治处长；筹办了军事政治干部学校，南汉宸为校长，魏野畴兼政治指导员，并由他二人挑选基层进步军官和地方上革命知识分子作骨干，加强了革命力量。与此同时，魏野畴整顿了军内党组织，建立了以他为书记的中共第十军委员会，并在此基础上建立了中共皖北特委。

据南汉宸说，在这期间，我父亲与共产党员谢葆贞结婚，对他进一步与共产党合作起到了积极作用。谢葆贞是西安市人，16 岁左右就参军，在冯玉祥的国民革命军第二集团军政治部前线工作团入党。她受党组织的派遣，随我父亲的部队参加北伐，任战地宣传队长。到太和县后，她积极开展妇女工作，组织成立了太和县第一个妇联，任妇联主任。她工作大胆泼辣，革命热情很高，口才也好，深得我父亲的赞赏和喜爱。1928 年元月，经党组织的批准，她和我父亲结婚。在喜宴上有人问：“杨将军为什么爱上小谢?”他坦率地回答：“我知道她思想进步，为革命我需要她。结了婚，可以直接帮助我。”西安事变后我父亲出国考察归来抗日时，被蒋介石逮捕。此时谢葆贞已回到西安。她闻讯后，多方奔走营救无效，便毅然带着孩子杨拯中（时年 7 岁）去陪我父亲，坚贞不屈，后来英勇牺牲。我父亲在悲愤中始终把她的骨灰盒带在身边，直到自己被残酷杀害。

在党组织的帮助和谢葆贞的影响下，我父亲的思想进步更快。他不仅多次向中共皖北特委书记魏野畴表示与共产党合作到底的坚定信念，还进一步提出了入党的要求，希望能做“第二个贺龙”，要将自己的部队改编为工农红军。魏野畴等特委负责人对杨虎城思想的转变感到非常兴奋，魏当即表示愿做杨虎城的入党介绍人，并给在上海的党中央写信说：“杨虎城是一位革命将军，他是绝对被掌握在我们手中。”南汉宸则报告河南省委。可惜，由于“八七会议”后“左”倾盲动主义和关门主义占主导地位，我父亲入党的要求未得到及时批准。直到 1928 年，他到日本考察时，仍积极学习马克思主义，参加革命活动，经中共东京党组织再次要求，中共中央在《中共给东京市委的信》中说，同意批准杨虎城入党。但此信到达东京时，我父亲早已回国，无法履行中央要求的入党手续了。

此时，“左”倾路线控制的党组织在条件不成熟时，要求我父亲率部参加暴动，使他无法接受，一时陷入僵局。魏野畴等皖北特委负责人认为，杨虎城出身贫苦，有强烈的民族观念和爱国热忱，有创新精神，对进步事物很敏感。但多数部下跟不上他的思想，蒋介石的特务又渗透到他军队内部，多方挖他的墙脚。在这种形势下，如果脱离实际，过早地要求他公开反蒋，有些部下就可能反对他。为了摆脱困境，我父亲向中共皖北特委魏野畴等表示：自己可以丢开部队，而不愿使自己与中共合作关系破裂。这时，蒋介石得知我父亲的部队内共产党很活跃，特派反共大同盟的韩振声带 2 万元来拉杨附蒋，督促他“清党”，指名要逮捕南汉宸。我父亲一方面婉拒韩振声的要求，通知南汉宸暂时隐蔽；另一方面，同特委商量，借机随韩振声去南京，引开他，以免影响起义准备。他走后不久，十军党内出了叛徒，交出了共产党员名单，孙蔚如代军长把共产党员集中到一起，遵照杨的嘱咐，发给路费，“押送”出境。

杨曾对孙说："这些朋友都是我们请来的，纵一时不能合作，也要对得起朋友，要讲道义，要留有他日见面的余地。"皖北形势的突变，迫使暴动提前。1928 年 4 月 9 日，在魏野畴的直接指挥下，以王官集为中心的皖北暴动，建立了安徽省第一个苏维埃政权。但由于起义部队寡不敌众，暴动很快失败，魏野畴英勇牺牲。这消息传到上海，即将出国的我父亲沉默良久，最后流下了热泪。他回到西安，带头捐款救济流落街头的魏野畴老母和妻儿。

共产党员南汉宸实行"秘书长专政"前后

对我父亲影响最大、职位最高的共产党人南汉宸，辛亥革命前加入同盟会，后参加冯玉祥的国民联军第三军，1926 年加入中国共产党。这年底，他跟随驰援西安的国民联军进城后，结识了我父亲，二人从此便成为挚友，并肩战斗 10 年。大革命失败后，他先后两次来到杨部，帮助我父亲"另找出路"。蒋、冯、阎中原大战即将结束时，杨对全面走向反动的国民党已失去信心，他得出结论说："中国军阀没有一个能斗过蒋介石，能斗过蒋介石的，只有共产党，我们要同蒋介石斗，只有同共产党合作。"这是他此后处理同中共关系的基本出发点。我父亲任陕西省政府主席后，立即提名南汉宸为秘书长，将组织省政府的重担交给了他。在大政方针确定之后，便放手让他去干，以致当时有陕西省政府是"秘书长专政"之说。

早在我父亲即将主陕前夕，南汉宸就与杨的高参杜斌丞先生一起，共同策划了"回汉一家，陕甘一体，打通新疆，联合苏联，南北团结，反蒋救国"的"大西北主义"。我父亲入陕以后，迅速肃清了土匪，驱逐了吴佩孚势力，一年左右的时间，已统一了陕、甘两省，正准备进军新疆。为了抵制蒋系势力侵入西北，南汉宸随先头部队进入西安后的第一件事，就是根据我父亲的决定，释放一切政治犯，并对其中部分共产党员和进步人士委以重任。在这些被释放的政治犯中，有蒲子政、潘自力、李畅英（大章）、赵伯平、吕剑人、刘继增、景瑞卿、亢心栽、原政庭、杜松寿、吴焕然等几十名共产党员和共青团员。稍后被捕的刘志丹，也在南汉宸的劝说下，被我父亲秘密释放了。与此同时，我父亲大胆任用进步青年，包括刚释放的共产党员、新编省政府警卫营营长张汉民，宪兵营副营长（开始杨自兼营长）纪子中，后改为金闽生任营长、童陆生任副营长，全营的连排长多是共产党员。新建的新兵训练处（后改为骑兵团）处长王泰吉，西安绥靖公署参谋处长王根僧，独立旅旅长许权中，军法处长张依中，科长庞志杰，省政府的科长崔孟博、崔仲远、谢甫生、刘佛吾等都是共产党员。《西安日报》社社长蒋听松，《西北文化日报》的总编辑宋绮云，这两位掌握新闻舆论的都是共产党员。皖北暴动失败后，我父亲部队中的地下党员仍然存在，但党负责人都是中下级军官，不可能与他发生直接关系，也很难对他造成广泛的影响。南汉宸再次来到杨部，特别是他担任省政府秘书长之后，逐渐形成了以南汉宸为代表的、对杨有很强影响力的势力集团，使杨部的面貌发生了很大变化，也引起了蒋介石的密切关注。南汉宸为了贯彻我父亲兴学育才的方针，把学校抓到手里，各学校的校长、教务主任，都由南汉宸提名共产党员和进步知识分子担任。由于叛徒告密，国民党南京政府以“南某赤化教育”为名，提出27名要逮捕的共产党员名单。这些党员都是杨部的重要干部，我父亲拒不接受。蒋介石就变换方针，集中打击南汉宸一个人。蒋派陈立夫亲赴陕西，要求我父亲逮捕南汉宸。我父亲考虑到南是著名的共产党员，同蒋介石硬顶是不成的。决定不仅要给钱让他走，而且派随从南汉宸多年的亲信警卫姚云青负责，护送他出潼关，换乘火车，北上天津，东渡日本。1935年11月，在华北做统战工作的南汉宸，派十七路军驻北平办事处主任申伯纯给我父亲送来中共中央《八一宣言》，内容是停止内战，一致抗日，组织抗日联军和国防政府，并建议杨部与红军签订互不侵犯协定，我父亲非常高兴。那时，他的西北军与张学良的东北军互相猜疑，正是最苦闷的时候，看到共产党联合抗日的主张，他认为有了新的希望，立即表示接受中共主张，并要申伯纯回天津找南汉宸商讨具体实施办法。

1935 年冬毛泽东率中央红军长征到达陕北，派汪锋带了毛泽东给我父亲、杜斌丞、邓宝珊的三封亲笔信来西安进行联络。我父亲接到毛的信后，因不认识汪锋，不辨真伪，遂致电天津南汉宸，要其派人来鉴定汪锋所带的信是否代表中共中央。南汉宸找到王世英，要他来西安帮助了解。王世英和杨见面后，也不能确定汪锋身份，遂共同去陕北向毛汇报。王世英和汪锋返回陕北，中央确定由王世英再返西安确认汪锋持信无误，才建立了互相联络的几项规定。从此，我父亲与陕北中共中央建立了正式关系。

我父亲的外事秘书王炳南 1926 年入党，是杨资助出国留学生的代表，曾任德国共产党中国语言组书记、国际反帝大同盟东方部主任。1935 年秋，中共中央驻共产国际代表了解到王炳南与我父亲有世家关系（王炳南父亲是辛亥革命陕西省领导人之一，从靖国军起，就一直是我父亲的参谋，与他的私交甚厚），就派王炳南回国，争取杨同红军达成互不侵犯协议。王炳南回到西安后，我父亲特地把他接到三原县东里堡别墅，同他密谈了两天。王炳南向他分析了形势，介绍了中共政策，指出西北军的“唯一出路是与共产党合作抗日”。我父亲高兴地对王炳南说：“我与中共某些人已有接触，但素不相识，说话难免有些顾虑和保留。现在你回来了，可以无话不谈了。”我父亲还让王炳南住到自己的公馆止园，以便随时商讨，让他负责外事接待工作。我父亲会见史沫特莱、斯诺、爱泼斯坦、贝特兰等外国友人，都是王炳南安排好并由王夫妇二人担任翻译。1935年底，终于达成了反蒋抗日秘密协议，我父亲便成为第一个接受共产党抗日民族统一战线的国民党高级将领。1936年8月13日，毛泽东派他的秘书张文彬，带了交通员、报务员到西安，在杨部宪兵营副营长（地下党员）谢晋生家里设立了电台，我父亲与陕北党中央开始有了毛泽东所说的直接“空中通信”。

政务机要秘书王菊人是我父亲的同乡——陕西蒲城县人，青少年时期到西安读书，受进步思想影响，1925年加入共青团，同年转为共产党员，曾任西安市西区宣传委员、陕西省青年社会宣传部长、三原县共青团书记。1930年起任杨的随从副官、秘书、机要秘书。1933年，在蒋介石逼杨“清党”中，被迫同南汉宸一起去日本学习，回国后成为我父亲的得力助手，担负他与多方面的联络工作，主要是对中共中央、东北军和各地方实力派的联络。我父亲对他很信任，让他参与许多重大机密事件，并负责组织执行。无论是和平时期还是非常时期，他都是我父亲决策圈内的核心成员之一。为了联合反蒋抗日，毛泽东和党中央先后派来汪锋、王世英、张文彬等谈判代表，我父亲第一次接待他们，确定谈判方针之后，都让王菊人代表他去继续谈判。特别是杨和张学良密谋扣蒋“兵谏”时，西北军方面，也只有王菊人最先知道底细。西安事变后，我父亲被迫出国考察归来，他曾和王炳南一起去香港迎接。我父亲被蒋介石扣押后，胡宗南曾三次派人送钱、送委任状拉王菊人，都被他断然拒绝。这时他组织上虽已不是共产党员，但仍以自己特殊的身份为党工作，坚持联共反蒋抗日。1942年，他协助我父亲的高参杜斌丞先生，成为西北民主同盟的创始人之一。1944年，他应我之约秘密进入陕甘宁边区关中军分区，同张德生、汪锋等交谈后回西安，开展反蒋统战工作，后来和杜一起被捕。杜被杀害后，王菊人在被押解去四川途中乘乱逃跑，回到解放后的西安。后任民革陕西省主任委员、陕西省政协副主席等职。

米暂沉（1902—1995）任我父亲的机要秘书长达 10 年之久，是对我父亲政治活动乃至生活作风了解最多的人。他出身书香门第，毕业于陕西省立一中，曾回家乡蒲城县小学任教。1926 年入党。在大革命失败后，投奔到杨虎城部队，在中共皖北特委的领导下，积极参与皖北暴动的准备工作。我父亲入陕后任省政府主席兼民政厅长，米暂沉任民政厅主任秘书，主管民政厅的日常公务。西安事变后，米暂沉去英国留学，回国后曾到四川三合县东北大学附中任教。1941 年加入中国民主同盟，坚持与中共合作。1942 年秋，他受中共驻重庆代表团委托，到湖北沔阳杨虎城旧部王劲哉师，调解该部与新四军李先念部的摩擦。1945 年 10 月，他到我父亲的副手孙蔚如处任机要秘书、机要科长，1948 年进入解放区。因为他对我父亲了解最多，新中国成立后任全国政协文史委员会委员、文史办公室副主任期间，著有《杨虎城将军传》。

我父亲最后一位秘书宋绮云（1904—1949），江苏邱县人，黄埔军校武汉分校毕业，1927 年入党，曾任中共邱县县委书记。因其妻徐林侠被捕，经营救出狱后，宋绮云便带领一些已暴露身份的共产党员，投奔到正在皖北休整的杨虎城部队，受到杨的欢迎与信任。宋绮云先后担任第十军政治部宣传科长、南阳教导队教官。为了加强宣传教育工作，我父亲创办了《宛南日报》，任命宋绮云为主编。我父亲入陕任省政府主席后，创办了《西安日报》，由共产党员蒋听松任社长。不久，又创办了《西北文化日报》，宋绮云任总编辑。宋绮云和蒋听松两人分别任总编辑和社长的《西北文化日报》、《西安日报》按照我父亲的主张，为抵制蒋介石势力的侵蚀和破坏，积极进行停止内战、一致抗日的宣传。由于这两张报纸的宣传内容不符合国民党反共内战的宣传方针，他们派特务砸封了《西北文化日报》，并于1941年将该报总编辑宋绮云连同他的妻子徐林侠、儿子宋振中（小萝卜头）逮捕，与我父母一起，先后关押在贵州息烽集中营和重庆中美合作所。1949年，宋绮云一家三口人，与我父亲、弟弟、妹妹，先后在狱中被残害遇难。

“共产党干部仓库”里的军官多数是杨直属部队所倚重的爱将

我父亲身边的共产党员，有些是他所知道的，主要是高中级干部；有些他是不知道的，这主要是基层干部和战士。从1931年到西安事变前夕，十七路军各部都先后建立了秘密党组织，其中时间最长、力量最强的是他的直属部队，特别是陕西省政府警卫团。这个团的前身是卫士营，早就由陕西省委军委派人来营建立了党支部。营长张汉民、连长史唯然、李明轩、魏树林、王建三等，都是共产党员。警卫营扩编为警卫团后，又相应建立了中共警卫团党委会，共产党员发展到200多人，称为“共产党干部仓库”。1935年5月，我父亲为主任的西安绥靖公署，将其扩编为警三旅。张汉民遇难后，改建为特务二团，由共产党员阎揆要任团长。阎揆要是陕西佳县人，黄埔军校第一期毕业。1926年入党，历任国民三军骑兵团营长，杨虎城部营长，与红军关系密切。早在1931年秋，阎揆要任营长时，就奉命送情报和弹药给陕甘宁边区的谢子长、刘志丹，1932年又经过西安、彬县联络站送武器、弹药、医药器材给红军，掩护上海中央局、陕西省委同红军来往的干部。1934年春，为红二十五军同中央联系，阎揆要将电台、药物送给了他们。1935年阎揆要任特务二团团长，在西安成立交通站，名义上是特务二团西安留守处，派后勤人员警卫（多数是共产党员），主要负责红军过往人员的接待，为红军物资采购和运送提供方便，特别是维护到西安工作的红军负责同志安全。汪锋、王世英，西安事变前夕的叶剑英等，到西安同杨虎城谈判，阎揆要都负责西北军的接送。西安事变后，国共第二次合作，为了顾全共同抗日的大局，根据国共双方协议，党中央把已公开共产党员身份的阎揆要撤回。阎回八路军，任八路军总部参谋处长，冀鲁豫军区参谋长。解放战争中任陕甘宁晋绥联防军副司令员兼参谋长、西北野战军参谋长等职。新中国成立后任军事科学院副院长等职。

与卫士营同时建立的宪兵营，也有了党组织。宪兵营是管军内执法的。开始，我父亲自兼营长，纪子中（共产党员）为副营长。后金闽生为营长，童陆生为副营长，他们都是共产党员。宪兵营特别党支部开始由中共中央（上海）特科直接领导，以后发展为中共西北特别支部，成为西北党组织的大本营。1933 年，陕西省委书记杜衡叛变，地方党组织受到严重破坏。由于军队和地方党组织分属两个系统，十七路军内党组织又受到杨虎城掩护，党的组织活动一直没有中断。我父亲对共产党员，无论是部队还是地方上的，凡被国民党逮捕的，分别情况，采取几种掩护办法：硬顶不交，明捕暗放，重大案件实在掩护不了的，不得不交人时，“只交死的，不交活的”，以免暴露共产党内或共产党与杨部联合反蒋的秘密。

在我父亲部队众多参谋人员中，共产党员武志平是代表杨部与红军谈判、订立第一个互不侵犯协定、具有传奇色彩的人。1933 年初，红四方面军从鄂豫皖苏区进入川陕地区，蒋介石电令川军田颂尧与十七路军，南北夹击红军。我父亲认为，同红军打仗，双方互相残杀，蒋介石坐收渔人之利。因此，最好同红军取得默契，互相不打。根据这个指导思想，他接受了杜斌丞的建议，委派武志平前往川北沟通与红军的联系。武志平曾任杨部驻郑州办事处主任，对鄂豫皖红军有所了解。我父亲虽同许多共产党人有过长期交往，却没有同红军有过直接的联系，因而对这件大事特别重视，亲笔给在陕南三十八军任中校参谋的武志平写了一封密信：

志平参谋弟：别来日久，殊深驰念。余于上月25日平安抵省，祈勿念。值兹日寇凭陵，国势阽危，凡我同志，务须深自警惕，力图奋发。吾弟才华卓著，当希佐理孙军长（蔚如），努力工作，是为至要。此询近佳。

杨虎城手启五四

武志平持杨的密信和军用地图、物资，化装成红十字会员，进入川陕苏区，见到红四方面军政治部主任傅钟、军委主席张国焘，达成了初步共识。红四方面军派徐以新和武志平一起回到汉中，同杨部代表、三十八军军长孙蔚如谈判，双方达成了以巳山为界，互不侵犯，共同反蒋的口头秘密协议。这个协议，打破了蒋介石对红四方面军“军事围剿，经济封锁”的计划，使初到川陕尚未站稳脚跟的红四方面军，解除了后顾之忧，并且打开了北上的通道。但在“左”的思想指导下的红四方面军有关负责人，竟然忘乎所以，在内部刊物《捷报》上刊登消息说：“西北军某部已与川陕红军发生了秘密联系，证明蒋介石内部已分崩离析……”蒋介石特务得知后，即于1934年6月，电令孙蔚如查缉武志平：“据密报，有武志平其人，自称三十八军参谋，住在河口附近，经常给共匪输送军火、汽油等物，仰就近查缉，并告。”迫于蒋介石的压力，孙蔚如把蒋的电令给武志平看了以后说：“红军的事，只好到此为止了。你再到联络点去一下，把这个意思告诉他们，请他们谅解。”武志平被迫离开了三十八军，孙蔚如停止了与红四方面军的往来。以后不久，武志平又悄悄回到陕南，在三十八军外，继续做地下党交给的“联络工作”。

1935 年 2 月初，红四方面军进攻陕南不久，酿成了我父亲的爱将、警三旅旅长共产党员张汉民被红二十五军杀害的悲剧，给我父亲与红军的关系造成了严重的伤害。张汉民是山西稷山人，是杨部安边教导队的学兵，1925 年入党。由于他机警能干，中共中央（上海）军委特科任命他为特派员。1927 年秋，任杨部炮兵团营附时，即为该营共产党的负责人。我父亲任陕西省政府主席，即任命张汉民为省府警卫营长、团长。他早就同陕甘红军有联系，曾给刘志丹、谢子长送情报和弹药，掩护上海中央局和陕西省委与红军往来的干部，向陕甘游击队传递国民党“围剿”他们的消息。中共陕西特委曾要求张的警卫团为北上的游击队补充武器弹药，张汉民就到洋县组织一次军事演习，结束后故意将一些枪支弹药遗留现场，让游击队取走。张汉民警卫团扩编为警三旅，奉命调往陕南，堵剿红二十五军时，张又派共产党员张含辉同川北红军联系，约定暗号为“瞄不准不打”，只是“尾随”做样子。据红四方面军郑位三后来说，红二十五军虽然听说张汉民是共产党员，张部也有不少党员，但“当时出于警惕”，对张汉民不信任，有怀疑，就故意给张出难题，向他要机枪零件、文件、药品、电台、作战地图等，并要他的部队和红二十五军保持一定距离。因药品、电台要派人到上海去买，未及时送到；再加上张部同红二十五军“尾随”太紧，就更增加了红二十五军的怀疑，决定设伏攻打张汉民警三旅。该旅先遣团团长阎揆要（共产党员）曾提醒张汉民注意红军的打法。但张汉民认为，“尾随”几天，双方都未违约，红军绝不会先开火。他没想到红二十五军果真在柞水县九间房设伏，三面包围张部，张汉民和几十名党员被俘虏。张说自己是共产党员，红二十五军负责人不信，认为他是冒充共产党员。汪锋从上海中央局回陕，知道红二十五军不了解张汉民情况，第二天就赶去营救，并一再说张汉民确实是共产党员。然而，在“左”的错误思想指导下，汪锋不仅没救出张汉民，连自己也被红二十五军扣押起来。张汉民等共产党员在行军途中被杀害，汪锋被辗转带到陕北，直到中央红军到来，才被释放。张汉民被杀，使我父亲和十七路军众多将士，都不同程度地产生了红军到底讲不讲信用、我们敢不敢与红军合作的疑虑，给双方合作关系笼罩了一层阴影。直到 1935 年底，毛泽东特派刚被释放的汪锋带着他的亲笔信，主动到西安同我父亲谈判联合反蒋抗日问题，我父亲首先就提出：我部警三旅旅长是共产党员，（国民党）中央一再指责我（杨），陈立夫也亲自来谈。我认为张汉民有魄力、能干，没有理他们，而红二十五军却在九间房设伏袭击，并把张汉民杀害，这是我们很不满意的。汪锋解释说，这是由于红二十五军自从突围后，和上级党失去了联系，不知道张汉民确实是共产党员，所以误杀了他，这首先是我们共产党人沉痛的损失，当然，也是十七路军的沉痛损失。汪锋在几次谈判中，把这件事说清楚了，解除了我父亲的疑虑。回到延安后，汪锋向党中央写了报告，请求为张汉民同志平反。党的“七大”追认张汉民为烈士。

在杨虎城部队入党的共产党员是打起红旗跟党走到底的代表

西安事变后，我父亲被迫出国考察前夕，他对前来上海送行的十七路军重要干部作最后一次讲话，他结合部队生存发展的坎坷历史，把部队的前途、国家民族的希望，同共产党的事业发展紧紧地联系起来。他语重心长地说：“现在，我们的部队，北边是朋友，南边是冤家；北边是光明，南边是陷阱。到了蒋介石压迫我们，我们部队的存在发生危险时，就断然倒向共产党，跟共产党走。”

刘威诚是遵照我父亲的指示精神，在抗日战争即将胜利的前夕，蒋介石开始瓦解我父亲创建的这支部队时，第一个打起红旗的高级将领。刘威诚是陕西蒲城县人，大革命失败后，在杨部办的教导队当学兵，经炮兵营附张汉民介绍加入共产党，历任排、连、营、团长，抗战时与八路军协同作战多有战绩。1945 年任三十八军十七师副师长。同年 7 月 18 日，刘威诚在中共三十八军党委领导下，指挥十七师和五十五师八个营起义，投奔晋冀鲁豫解放区，任十七师政委，立即跟随刘邓部队，参加了上党战役；积极动员、协助孔从洲统一指挥，把三十八军都拉到解放区，组成了西北民主联军第三十八军，任副军长。

孔从洲是西安市人，1924 年入杨虎城部队，历任营、团、旅长，西安事变前任杨部警二旅旅长。抗战时，孔从洲任三十八军第五十五师师长，在八路军的支持协助下，粉碎了日军多次“围剿”，并率部突围，打乱了敌人部署，以本部队的重大牺牲，保障了友邻部队突出重围，立下了显著的战功。1944 年，蒋介石用升官的办法，调赵寿山任第三集团军司令，赵在赴任前就委托当时还不是共产党员的孔从洲，积极支持、配合三十八军党委的工作，掌握好三十八军的实权，粉碎蒋介石分化、瓦解三十八军的阴谋，保存好我父亲创建的这支爱国武装力量。刘威诚率十七师起义后，蒋介石采取了更加严厉的措施，将五十五师三面包围后，强令孔从洲就任有职无权的副军长，使五十五师的处境更加险恶。1946 年 5 月 10 日，胡宗南说孔从洲部队里共产党员多，名义上要调孔部“到新乡增防”，实际上是“到火车上缴枪”，解散五十五师。孔从洲当机立断，率部在河南巩县起义，然后分散突围。孔从洲沿途克服重重艰难险阻，不断受到国民党军警宪特盘查，终于在第四集团军谍报处长霍子昭（地下党员）的帮助下，通过了国民党的封锁线，胜利地到达解放区。9 月 13 日，根据中共中央军委的命令，与刘威诚等各路分散来到解放区的原三十八军旧部，汇集一起在邯郸成立了西北民主联军第三十八军，孔从洲任军长，并加入共产党；陈先瑞、刘威诚任副军长，汪锋任政委。

智勇双全的赵寿山将军，早在西安事变前，就是我父亲部队核心领导成员之一。他毕生追求革命的经历，反映了整个十七路军所走过的艰难曲折的道路。他是我父亲部队里，被蒋介石召见几次，又被毛泽东几次接见的唯一高级将领，是杨部坚持把红旗打到底的突出代表。赵寿山出身于陕西户县一个农民家庭，就读于陕西陆军测量学校，从军后入冯玉祥部当教官。因敬佩我父亲坚持靖国军旗帜，参加了杨部，从当教官起，历任连、营、师、军长和集团军总司令。1930 年，国难日深、民族危机加重，赵寿山到北平、天津、上海考察，同许多进步人士和共产党人接洽，认为“非团结不足以言抗日，非抗日不足以言救亡”。回到陕西，他向我父亲力陈停止内战，反蒋抗日的主张，先后三次向我父亲建议捉蒋介石。我父亲当时表面不动声色，只劝他回去“看看部队，好好休息”。赵开始不太理解，有些失望。到了西安事变前夜，我父亲突然召见赵说：“你不是几次提议要干（蒋）吗？现在马上就行动。西安城内的部队归你指挥。”赵寿山十分敬佩杨的机警，兴奋地接受了任务，直接指挥了西安城内各部队的军事行动，第二天即被任命为西安市公安局长，迅速稳定了市内的社会秩序。西安事变之后，赵奉命调任渭北警备司令，与南下防止中央军进攻西安的红军彭德怀、左权多有交往。赵请彭、左帮助赵部演习游击战，彭、左请赵帮助红军演习平原、河川作战。一次演习结束后合影留念，彭笑着对赵说：“这下你把‘通匪’的证据给留下了。”赵也豪爽地笑着说：“我还准备上山入伙呢！”

1938 年初，赵寿山在返回西安途中经过延安，第一次见到毛泽东，经过与毛泽东、朱德、周恩来等中共领导人的长谈，赵寿山不仅明确了“培养干部，改造部队”的重要性，并在反蒋抗日、保存实力的基础上，毫无保留地接受了党的统一战线，对他确立长期与共产党合作、最终成为共产党员，起到了决定性的作用。后来毛泽东在听取中共三十八军党委汇报赵寿山回部队后的表现时，决定向赵寿山公布三十八军党员名单，使赵对共产党更加信任，并在第二次见到毛泽东时，提出要求入党，被毛泽东接受。从此，赵在中共三十八军党委的帮助下，按抗大式的教育，训练干部，改造部队。

1946 年夏，赵寿山以第三集团军总司令的身份，参加了蒋介石在重庆召开的军事会议，主要内容是研究进攻张家口。赵立即报告了在重庆的周恩来副主席。中央根据形势发展需要，决定赵返回延安。赵寿山接到中央指示，立即做好各种准备，绕道上海、北平，几经辗转，1947 年秘密到达陕北，7 月 6 日，发表了《致全国各界同胞通电》。毛泽东主席亲切地接见了他，并笑着说，彭德怀、贺龙争着要你，问赵在前方作用大，还是在后方作用大？赵说，我水平低，请主席定。要说起作用，我到前方作用可能大些，因为我是当兵的，打了多年仗，总还有些经验。我们要打西安，我是关中人，人地比较熟悉，情报可能灵通些。毛主席说：“好，中央原来打算让你在后方，给贺龙当副手。现在你去前方，给彭德怀当副手，做副司令。”赵寿山即任西北野战军副司令员，参加了人民解放战争，为解放大西北做出了贡献。新中国成立后，赵寿山先后任青海省、陕西省省长，实现了杨虎城将军的遗愿，为大西北和祖国的社会主义现代化建设事业做出了贡献。

战斗在隐蔽战线上的“红色木匠”涂作潮

辛平　刘波

涂作潮，一位长期战斗在隐蔽工作战线上的革命老战士，他的姓名虽没有多少人知晓，但他的绰号“木匠”或“涂木匠”，在党内高层、在隐蔽战线却大名鼎鼎。这里记述的就是他令人荡气回肠的传奇一生。

投身革命

1903 年 5 月 11 日，涂作潮出生于湖南长沙东乡郭公渡一个十分贫寒的家庭。快满 14 岁时，遵照母亲的吩咐，少年涂作潮到了已出嫁的二姐涂细贞家，跟随姐夫杨子林学做木匠活，不到一个月，由于干活时不得要领，他挨了姐夫的打，于是愤然回到家中。在家中寒居一年后，已皈依基督教的大哥涂福生将涂作潮带到长沙，跟他学木工活。

1920 年前后，正当少年涂作潮走向青年之时，长沙出现了工人阶级的进步组织“湖南劳工会”。1921 年 1 月，年轻的涂作潮参加了劳工会，领了枚铜牌会员证，他如饥似渴地阅读劳工会的书刊，受到了无产阶级革命思想的启蒙教育。他还进了工会办的长沙建筑工人夜校学习，并开始倾向于共产主义。

这年5月，为反对“蒋锡荣木行”老板肆意剥削工人，该行的工人愤而举行罢工，长沙其他店、行的工人也纷纷响应，形成泥木行业总罢工。涂作潮积极参与了罢工的组织工作，沏茶倒水、迎来送往，忙个不停。罢工最终取得了胜利，泥、木工人的工资也获得了提高，涂作潮却因为积极参加罢工，被资本家解雇，失去了生活的来源。但是沉浸在斗争胜利喜悦中的涂作潮却毫不后悔，觉得第一次尝到了工人阶级如果想翻身、得解放，就只有团结起来向资本家斗争的甜头。多年之后，涂作潮才知道这次罢工是我党成功领导下的一次长沙泥木工人总罢工。

1924年初，涂作潮告别故乡来到了上海恒丰纱厂当替工，使涂作潮有机会进入当时中国工人运动的中心，并有机会靠近党和党的事业。1924年初，我党为配合杨树浦区的工人运动，开办了工人夜校，强烈的求知欲驱使他走进了工人夜校。涂作潮看到招生广告后即前去报名，无意中走向了党的队伍。接待涂作潮的是蔡和森的继兄蔡林蒸，也是湖南人。在交谈中，蔡林蒸问道：“你相信共产主义吗?”涂作潮回答：“相信!”接着蔡又告诉他：“相信共产主义还不够，还有共产党嘞!”涂作潮热切地说：“我不知道哪里有共产党，我找她去!”一个月之后，李立三找他谈了话，向他解释了共产党的性质等有关党的知识，审查了其家庭和历史情况。最后，由蔡林蒸、林仲丹（即林育英）二人介绍他加入了中国共产党。

1925年5月1日，中国第二次劳动代表大会在广州召开，涂作潮受党组织派遣，以恒丰纱厂工人代表的名义，前去参加了这次大会。会议宣告全国总工会成立，并加入赤色职工国际。

从广州开完会刚回到上海，正赶上日本人杀害了上海日资内外棉株式会社第七纱厂的工人、共产党员顾正红，制造了“顾正红事件”。涂作潮得知此事后，出于义愤，他自动行动起来，扯了两尺白布，写上“声援‘顾正红事件’演讲”，用竹竿挑着，独自一人走到龙江路西北的一个空地上，向数百名下班工人慷慨演讲，控诉日本帝国主义的暴行，呼吁各界声援，一致罢工罢市，抵制日货。下午5时，他被英国巡捕抓进了监狱。在提篮桥监狱中，他曾试图组织难友们绝食，以配合外面蓬勃发展的斗争形势，向帝国主义示威，为此，他遭受了严厉的刑罚。由于党组织的大力营救，也由于“五卅”运动汹涌发展的威力，涂作潮结束了一个月的铁窗磨炼，重获自由。

赴苏留学与参加六大

“五卅”运动之后，党组织决定派一批已经暴露的同志到苏联去学习，涂作潮也被选中。

涂作潮在东方大学上的是工人班，组织关系是在中共旅莫支部。不久，苏共“东大”党委宣布取消中共旅莫支部，涂作潮担心这样会失去中国党的领导，为此曾痛哭了一场，还同几个同志一起去找驻共产国际的中共代表蔡和森提意见。蔡和森向他们作了解释，劝他们尊重上级的决定。后来他便服从组织的决定，暂时加入苏联共产党。涂作潮在来莫斯科的志愿书上写着：“愿受锻炼，学习做一个好的共产党员，将来应付中国的无产阶级革命，促进迅速成功。这就是我的志愿。”

1928年6至7月，中国共产党第六次全国代表大会在莫斯科召开，涂作潮作为东方大学的代表，到会旁听，并担任会议庶务科庶务员。庶务科负责会议的卫生、交通、供给、会场布置以及其他生活招待事项，主任由胡秉琼担任，庶务员仅三名。6月18日的主席团第一次会议上，讨论了大会各委员会的组织问题，涂作潮名列职工运动委员会和农民土地问题委员会。6月22日，会议讨论了各省关于调中山大学和东方大学学生参加大会并于会后回各省工作的请求，决定湖南、湖北各调给三人，调给湖南的是涂作潮、左镇南、汪廷观，其他各省一律不准，以保证大会秘密不致泄露。参加“六大”期间，周恩来在听了涂作潮的身世后，亲切地拍着他的肩膀称他为“木匠”，此后“木匠”便成了他从事隐蔽工作的代号，也成了他终身的别名。

中共六大结束前夕，中共代表团指示涂作潮改学国内革命工作急需的通讯专业。张国焘代表组织同他谈话，说：“现在国内红军急需的是无线电通讯技术人才，战斗中，一个团的单位，由于通信联络不上，常常不能完成战斗任务，甚至遭到不应有的损失。组织上不同意你学习爆破技术，你改学无线电吧！”周恩来也同涂作潮谈了话，对他说：“去学通讯，用心点。部队等着用人，我们没有人，没有掌握技术，部队缺乏联络。”于是涂作潮放弃了自己喜爱的专业，坚决地服从了组织的要求。1928年10月26日，共产国际远东局开会研究了中共代表团提出的在苏培训十名无线电人员的方案。决议案副本的提议名单和决定名单中，涂作潮均以首选列入。根据这一决议，是年11月6日，东方大学作出了将涂作潮姓名从所有的名册上去掉，停止供给，派往托尔马乔夫军政大学的调令。其实，涂作潮等四人是到列宁格勒伏龙芝军事通讯联络学校报到，学习通讯技术，由于当时奉调学习无线电通讯属绝密，校方在调令中不便写明。东方大学给涂作潮的鉴定是：政治思想可靠、组织纪律性很强。在回国后宜推荐工作一栏的荐语是：宣传工作，不低于省一级。

1928年底，涂作潮和中山大学的中国留学生宋濂、谭献犹、刘希吾四人前往伏龙芝军事通讯联络学校报到。在校期间，涂作潮学习了放狗、放鸽、有线通讯、无线通讯、绘制军用地图、修理汽车、木工和锻工技术等。在学习无线电通讯时，由于他以前曾患过脑膜炎，脑子不太好使，收报速度无法适应教学要求，别人能每分钟收100个字，他自己连30个字都办不到。有鉴于此，在教员的劝告下，他决定主攻机务，加紧学习电台修理。经过一个多学期的学习，1929年10月，他奉命前往远东刘伯承组织的"共产国际远东支队"当机务员。此后，又一度在海参崴的"契卡"电台学习，数周后秘密回国，取道营口，再度来到了上海。

参与创建我党无线电事业

到上海后，涂作潮被分配到中央"特科"工作，其直接负责人是李强，间接负责人是顾顺章，其主要从事无线电通讯技术工作。

1929年冬，在英租界大西路福康里9号，由李强装配出中国共产党独立掌握的第一部电台。1930年初，涂作潮抵达上海后，即在李强的领导下参与了这部电台的开通和改进工作。他们平时就住在蔡绍敦开设的霓虹灯厂楼上。在这里，涂作潮找来不少美国出版的无线电杂志，从中寻找新式合用的无线电收发报机图样，然后想方设法地弄来可供装配电台所需的无线电器材、工具、零件，呕心沥血，反复琢磨，夜以继日地苦干，经过无数次失败和试验，最后终于取得了成功。

1930年9月，在周恩来的亲自安排下，党中央决定在上海秘密举办一个训练班，为苏区和红军培训无线电干部，地址就选在法租界巨籁达路（今巨鹿路）391弄（四成里）12号，对外以"上海福利电器公司工厂"为掩护。"福利"的命名饶有趣味，因为涂作潮英语frequency（即"频率"）发音不准，念成了flequency，而后者的英语发音词根正是"福利"，李强打趣地说，那就用"福利"作为公司名字吧。培训班由党中央"特科"领导，具体负责人是李强、张沈川、吴克坚等，学员都是中共广东、江苏、湖南省委选派来的，先后共 16 人，涂作潮参加了训练班机务专业的教学工作。由于这个“工厂”奇特，引起了敌人的注意。12 月 17 日，训练班突遭敌人搜查，五名教员和 15 名学员被捕。当时涂作潮恰逢外出买油漆不知训练班已遭破坏，他在后门敲了多时，未见回音，感到情况有异，于是急中生智，在法国巡捕开门的瞬间，装成前来讨账的油漆工。法国巡捕见他身着工装，拎着油漆桶，一副纠缠不清讨工钱的模样，就狠命地踢了他一脚，赶他走。训练班遭到破坏后，涂作潮同没有被捕的李强、毛齐华、伍云甫、曾三等一起，在上海继续为党分散培训人员，从事建立地下电台等项工作。

1931 年初，涂作潮还担负了一次鲜为人知的特殊使命，那就是担任中共中央代表前往南昌同国民党谈判释放张辉瓒事宜。当时中央苏区在第一次反“围剿”作战中活捉了国民党前敌总指挥张辉瓒，这使国民党上下大为惊恐。蒋介石和张辉瓒的家属都企图让张辉瓒保住性命，遂派出国民党江西省政府秘书王信一前往上海，通过上海地下党员龚饮冰的关系，要求中共中央派人去南昌同国民党商谈放张事宜。国民党方面提出的初步条件是：只要不杀张辉瓒，张手下的朱耀华旅可以无条件投降红军，另送弹药及医药用品等若干。如果张辉瓒愿意留在红军中也行。党中央于是派出涂作潮和李翔梧前往南昌。他们两人同王信一一起乘国民党的水上飞机到了九江，然后坐火车转至南昌。到达南昌后，王信一对他俩招待得颇为殷勤。然而，这天下午当他俩买到一张报纸后，不禁大吃一惊，报上登载了一则消息：张辉瓒已被枪决，其人头放在门板上顺水漂到了吉安。看来是由于在上海的党中央同中央苏区通讯不畅，苏区红军不知道中央的谈判计划，以至于行动失调。这样一来的话，同国民党的谈判就无从谈起了，而且使他俩的生命安全处于危险之中。看完报纸后，两人立即决定离开旅馆，撤回上海。他们步行到离南昌 30 多里处的魏岗村，取得了一个叫魏朝鹏的商人的同情和帮助。在魏家躲了一个月左右后，又经魏朝鹏护送经景德镇、祁门、黟县、清江等地，于1931 年 2 月安全回到了上海。

战斗在中央苏区

不久，党中央决定派曾三、伍云甫和涂作潮三人一起到中央苏区去工作。1931 年 3 月，他们乘法国邮船到了香港，从香港坐火轮到汕头，再经福建三河坝、永定、长汀，最后到达江西兴国东固的坳上，被分配在红军总司令部电台工作。

原来，中央红军在 1930 年底的第一次“反围剿”作战中曾缴获了一部半电台（即一部电台只有收报机，无发报机），而随同这一部半电台的原国民党军队的十名报务人员也一并被“解放”过来加入了红军，这就有了建立红军无线电通讯的“种子”，奠定了创办红色电台的基础，并由此诞生了红军无线电大队。涂作潮就是在这一背景下被上级派来加强苏区通讯技术力量的。

从 4 月起，涂作潮开始在红一方面军总司令部当电台机务员，很快就成为电台的主要技术骨干。一方面军总司令部对电台十分重视，朱德总司令、郭化若代理参谋长、左权参谋处长、杨立三副官长等都常到电台了解敌军动态，以便准确指挥红军作战。一天，左权来找他，说：“电话队里出了一些问题，你在苏联学过有线通讯，你去看看怎么回事。”涂作潮到电话队后，经过几天的分析，发现是因为队里的一个来自旧军队的广东人在捣鬼，他没有认真教学员学技术，导致了学员业务水平低，因此工作起来就常出问题。找到问题的症结后，涂作潮向左权作了汇报，并着手给学生讲了两次业务课，详尽地对他们讲解了电话机的内部结构以及故障的排除方法等，还画了几幅草图，帮助他们理解和记忆。此后，电话队由于业务技能的普遍提高，再加上其他方面的整顿，通讯工作很快转入了正常。1931 年 12 月宁都起义期间，一天深夜，中央军委正在焦急地等待着前方的消息，然而偏偏这时电台却出了故障，无法同前方取得联系。涂作潮闻讯赶来，很快干净利索地排除了故障，但当他去叫报务员起床工作时，大家却不相信电台已经修好，以为他是在开玩笑。无奈，他只好自己暂时充当报务员，打起手键呼叫，顺利地同前线联系上了。再去叫报务员起床工作，他们仍不起来，涂作潮急了，严肃地说：“对方已经回答了，再不起来工作的话，后果由你们负。”此事传开后，使大家感到十分惊奇，对他过硬的业务素质深感折服。

电台成立之初没有台长，仅设有政委一名，由冯文彬担任，冯文彬调到总部特务营当政委后，上级便任命涂作潮为电台政委。能当上领导，这对一般人来说本是件求之不得的事，但涂作潮却不这样想。他当上政委后，继续干着机务员的工作，且事无巨细，都要关心，甚至帮挑夫挑笨重的担子行军，有时一天工作达 20 多小时。这样一来，他的技术工作便同领导工作发生了冲突，面对这一矛盾，他毅然选择了技术工作，而主动辞去了政委的职务。

在中央苏区第三次反“围剿”作战中，涂作潮和红军司令部无线电总队的同志们一起为作战胜利立下了汗马功劳。1931 年 7 月，红军总司令部驻在建宁时，一天收到了一封来自苏区中央局的电报，由于天气不好，装备又差，信号收听不清，只记下零零星星的几个字码。根据这些字码，涂作潮等人推断出电报的内容大意是：蒋介石准备第三次“围剿”红军的战斗快要开始，红军应在三天内由福建返回江西兴国高兴圩集结待命。总司令部接到命令后，便率领红军出其不意地兼程回师江西，及时投入战斗，从而粉碎了国民党发动的第三次“围剿”。

1931年11月，红军无线电总队回到了瑞金。一天，总队领导王诤对涂作潮说："红军中现在的收发报机不少了，有的需要修理，有的需要改装，我看你就在后方负责这一工作吧。"不久，军委下令成立无线电通信材料处，任命涂作潮为主任。当时，全处仅有六七个人，设备也很简陋，只有一把克丝钳、一把扳手和几把起子。但在很短的时间里，材料处就在涂作潮的带动下，凭着双手修理了好几台收发报机和一些充电机，还把缴获的一台国民党"交通兵团"造的收发报机改装为"哈特莱"式。第三次反"围剿"胜利后，涂作潮还用从上海秘密运来的无线电零件为赣东北苏区装配了一部50瓦的电台，使赣东北苏区与中央苏区建立了电讯联系。1931年11月，中华苏维埃共和国工农兵代表大会在瑞金召开时，上级叫涂作潮为会场装上电灯。在20世纪30年代的农村，电灯还是个罕见的新鲜玩意，极少有人见过，苏区又没有发电厂。涂作潮知难而上，设法解决这一难题，除为会场装上几盏32瓦的灯泡外，还在会场外的代表活动区域安装了几串12瓦的小灯泡。没有发电厂，他就同其他同志一起把材料处的那部直流充电机拉到会场下面的地窖里，发电后向会场供电。

1932年夏，材料处改为中革军委通信材料厂，涂作潮改任厂长。材料厂比材料处时的人员多，除了增加一个通信班的战士外，还增加了不少技术工人和学生。主要设备有普通4尺皮带车床一部、台钳两三部、摇钻一台、2.5马力发动机一部等。材料厂当时除了修理收发报机外，兼做电源插头、蓄电池、活塞涨圈、齿轮等，能做落地就响的手榴弹，还改装成功一台手摇发电机。有一次，红军派人从香港买来的两部高压发电机的齿轮坏了，无法发电，换齿轮吧红军又没有铣床，无法铣齿轮。对此，涂作潮大胆提出用车床代替铣床，当时厂里技术最好的工人包松林不敢动手，怕做不好。但身为厂长的涂作潮和政委朱邦英都感到有必要一试，如果齿轮铣不出来的话，高压发电机就只能报废。于是，他俩就反复研究，把齿轮的数目、大小和间距计算好后，再让车工用车床去铣，结果一次就把齿轮加工好了。

培养红军无线电技术人员的训练班，很快由一个发展为几个，后来又发展为一个通讯学校。1933 年，在瑞金红军通讯学校的学员已扩增到 1000 多人，分设无线电通讯、电话通讯、旗语通信和司号通信等专业。还由涂作潮负责开办了一个机务人员训练班。

1934 年 10 月，中央红军开始长征，时任红军通讯材料厂厂长的涂作潮，因患有恶性疟疾，奄奄一息地躺在担架上，随项英、陈毅率领的后方部队转移。在会昌的梓坑，红军卫生部的王立中用最后一支六零六针剂救活了涂作潮。稍后，他在一次同长征红军进行无线电联系时与大部队失散了，便跟随湘粤赣游击队一起行动。1935 年春节前后，经几次短兵相接的遭遇战后，湘粤赣游击队同项、陈主力部队逐渐拉开了距离。在寻坞附近，湘粤赣游击司令蔡会文、副司令范树德根据中央军委撤退时的要求，命令通讯材料厂毁掉器材，并安排涂作潮到 2000 多公里以外的湘西去找贺龙的红二军团。由此，涂作潮开始了一个人的漫漫征程。涂作潮在 1935 年的 4 月，独自一人，徒步、乘车、乘船，途经六个省，辗转 5000 多公里，终于到达上海。

在西安事变中

1936 年夏，为加强对东北军的统战工作，迫切需要沟通延安同西安的通讯联系。为此，周恩来曾两次署名发电，令上海地下党设法使“涂木匠 6 月 12 日随董（健吾）牧师等到达西安”，于“7 月 20 日进入苏区（延安）”。但直到 9 月，这一命令才通过蔡叔厚传到涂作潮手里。

9 月的一天，蔡叔厚告诉涂作潮，说有熟人找，然后给了他一封介绍信和40元钱，让他到西安去找党组织，信封上写着“刘多荃师长（张学良所部）收”。于是，涂作潮于1936年中秋节前后来到了西安，住在东大街的西京饭店，化名蒋贵庭。随后，党派到张学良身边负责红军同东北军高层联系的刘鼎与他接上了关系。刘鼎叫他装一台能同延安通报、花钱最少、体积又小的电台。他立即动手，先是用15块大洋买来一台日本收音机，再用了两天时间就将其改装成一部5瓦“哈特莱”式电台。两天后，刘鼎告诉他，和延安联系上了，电台性能很好，只是由于市内干扰大，声音小，在市外声音则大一些。接着，涂作潮又应刘鼎的要求，装配了一台能用干电池做电源的5瓦电台，并亲手做了一个装电台的木箱子。这部电台小巧灵便，便于保密和机动，可避开国民党当局分区停电的测向侦察。

鉴于涂作潮精湛的技术和坚定的党性，在延安的党中央曾在这年的9月至11月间，几度电令涂作潮从西安前往延安，参与中央的电讯工作。但刘鼎深感涂作潮在西安责任重大，因而几度“抗旨”。10月12日，刘鼎电告中央说：“目前（木匠）尚不能来苏区。只待此地的小家伙造好，交坤儿（彭绍坤），即可来家（延安）做事……”10月14日，毛泽东亲自电告刘鼎：“木匠工作如完毕，望告来苏区（延安）一行……”11月1日，叶剑英、刘鼎再次“抗旨”，理由是“木匠此间工作未完，要留（西安）较长时间”。11月15日，刘鼎又报告中央“（木匠）目前尚不能来……如木匠不来而对家中无技术质量的损害，可留在我处，我有多方用途”。

“西安事变”前夕，涂作潮又应上级的要求装配了一台能和全国通报，功率达100瓦的电台。从刘鼎那里受领任务后，他即冒险上街采办零件。没有合适的变压器，他就根据电台功率的需要，计算出变压器铁芯的面积，再根据铁芯的面积，计算出线圈的匝数，然后亲自动手绕制变压器。当时西安买不到 866 型号的水银真空管，他便设法用四只 80 型号的真空管来代替。其余的 211 型号真空管、滤波器、滤波扼线圈、天线、安培表等零件在西安买不到，他便开好单子，由刘鼎派人乘飞机到上海去买。“西安事变”前三天，他奉命搬进了张学良的公馆，在那里继续装配电台。

“西安事变”发生后的第五天，涂作潮在张学良公馆见到了周恩来。周恩来身穿一套干净整洁的黑色中山装，一见到他，便招呼道：“木匠啊！木匠！我们又见面了。这些年你吃苦了。”涂作潮激动得有些不知所措，只是简单地重复着说：“你好！你也辛苦了……你也辛苦了！”过了一会儿，周恩来摸着自己的胡子说：“喂！木匠，你看我的胡子这样长了，你有刮脸刀吗?”他回答说：“有，只是不太快了。”周恩来于是拿起涂作潮的剃刀，刮掉他蓄了六七年之久的大胡子。然后，容光焕发地走出张公馆，同蒋介石谈判去了。

不久，刘鼎派人用卡车把涂作潮和那部 100 瓦的电台从张公馆搬出来，移到集贤庄红军驻西安办事处。出门时，有人照了张相片，这张照片便成了我军通信发展史上珍贵的历史见证。在集贤庄，他见到了李克农、曾三、伍云甫等同志。那部 100 瓦的电台重新装配好后，便交由办事处的领导使用，通讯效果很好，为我党代表团在西安事变中的折冲樽俎，以及沟通同延安的联络、向全国通报红军的主张，发挥了重要作用。

“西安事变”后期，涂作潮随红军驻西安办事处的部分人员，乘卡车撤退到云阳红军总参谋部。在云阳，他见到了叶剑英，并在这里再度施展了一次不凡的身手。正当红军总参谋部焦急地与我党驻西安办事处的电台联系之际，报务员却怎么也叫不通。在这紧急的关头，涂作潮捡起了多年没摸的报务技术，叫报务员给他发报用的手键，结果叫通了办事处的电台。

“西安事变”和平解决后，我党秘密工作战线的重要负责人李克农等便立即开始考虑恢复上海地下电台的大事。1937 年元旦前夕，李克农把涂作潮找去谈话，交代说：“你回上海工作吧。你对上海熟悉。”然后对在场的潘汉年说：“老涂交给你了，小开。到上海恢复电台工作有几个问题：第一，关于老涂提出的设法开个店掩护工作的意见，我们同意；第二，他还没结婚，要解决这个问题；第三，明天老涂先走，小开你把地址告诉老涂。”临到涂作潮起程回沪之际，周恩来交给他一支自来水笔，还告诉他这支自来水笔中藏有一封给张学良的信，要他到上海后，过一个星期把它交给潘汉年，然后由潘汉年转交给张学良。

让红色电波永不消失

到达上海后，涂作潮仍以蒋贵庭为名，住进了新闸路旅馆。一周后，他找到潘汉年，把装有密信的自来水笔交给了潘，并向其报到。这是涂作潮第四次到上海，从此便在潘汉年领导下筹建和恢复党在上海的秘密电台。不久，他根据潘汉年的指示，在新闸路成都路某弄的一家裁缝店里租了一间亭子间，过起了单身汉的生活。在此期间，王少春曾带来一个江西籍的报务员田保洪，告诉他上海地下党有一部电台，但因出了毛病，无法同延安联系上。涂作潮按照通知到了拉都路、拉费德路田保洪、丘尔斯（德国人）的住处见到了那部无线电台。田保洪交给他的那台不能发报的机器，经过涂作潮两天时间的改装，再次开始正常工作，上海地下党同延安党中央又恢复了联系。

过了一段时间后，潘汉年派人来让他租个门面，开个修理无线电的店铺，一是便于储存些无线电零件和器材，二是有个职业掩护。于是，他就在赫脱路 572 号租到了一个门面，准备开公司营业。但考虑到自己以前从未搞过超外差式收音机的修理，所以迟迟不敢挂出店铺的招牌。后来，他就从上级发给的生活费中省下一笔钱，买了一台旧收音机，学习超外差式收音机的拆装和修理，这部机子后来卖给了德国医生黑斯。这样一来，他的名声传了出去，有送收音机来修的，也有同行来交流的，涂作潮便利用这些机会，拜他们为师，学习超外差式收音机的修理。不久，便对外挂出了“恒利无线电修理公司”的招牌。

公司开业后，涂作潮便生活在一个特殊的环境里了，除经常同党组织派来的人联系接头外，还要善于应付上海三教九流的人物，如巡捕、地痞流氓、业务往来人员等。为了不暴露身份，同时便于更好地开展地下工作，他利用自己以前在上海学到的社会经验，巧妙地周旋于各色各样的人员之间，暗中则为党工作。在他刚刚搬进店铺的第二天，便来了一个戈登路巡捕房巡捕宋金朝，要向他借前楼居住，声明只要低价，可以交个朋友，保证不找他的麻烦。涂作潮考虑到来者不善，不便得罪，不借不行，于是装着慷慨的样子答应了。此后，他便有意识地同宋金朝交上了朋友，并通过此人又同一些巡捕有了交往，这样一来，地痞流氓怕巡捕，就不敢找他的麻烦。而涂作潮则利用巡捕值班上岗的机会，毫不费力地把需要修的电台接进来，然后把修好的电台安全地送出去。有一次，一个经常同他一起玩牌的米店老板对他说：“你像共产党。”涂作潮听了之后暗暗吃惊，但仍不露声色，若无其事地问他：“像在哪里呢?”他说：“你一个人住一栋房子；你多问少说；你没有老婆孩子。我还要查你的收支情况呢。”听罢，涂从容回答：“房子我租出了一半，我做了二房东，租金两两相抵还有点剩余。至于老婆问题嘛，请你帮助介绍一个。”并回敬道：“我看你才有点像共产党哩!”吓得米店老板连连摆手告饶。有了这次经历后，涂作潮便更加注意，言谈格外留心，进出时留意有无异常，生活上则寻找到了自己的伴侣。

1937年4月，潘汉年走后，涂作潮改由刘少文、王少春领导。6月，王少春叫他到卡得路卡得旅馆去见刚从延安派来的报务员李白（电影《永不消失的电波》主要人物李侠的原型）。李白后来被安排在法租界的黄陂南路单惠民医生诊所里负责党的秘密电讯工作，那里开设的100瓦电台也是由涂作潮装配的。1939年冬，王少春走后，涂作潮的上级改为龚饮冰。龚饮冰要求他停办"恒利无线电公司"，同李白合作，并教李白装修电台，成为一个能发能修的全能无线电报务员。涂作潮将"恒利"卖掉后，便同李白一起在威海卫路338号租了两间店面，办起了"福声无线电公司"。和李白住在一起后，他使用的电台就设在公司门店楼上，电台也是涂作潮装配的，开始功率仅7.5瓦，虽能同延安联系上，但声音小，后来涂作潮又将它改装为10瓦的功率，声音就大多了，较好地保障了我党秘密电讯联络的通畅。

李白对机务知识的学习十分用功，在涂作潮的指导下进步很快，过了两三个月，便能装配和修理电台以及制作一些零件，成为一名全能地下报务员。1941年春末，"福声无线电公司"的学徒顾根生逃跑，给涂作潮、李白等秘密工作人员的安全带来了严重的威胁。有鉴于此，这年秋天，涂作潮向龚饮冰提议，既然李白的技术已学好了，有必要"分家"，以免出事时被敌人一网打尽。因此，"福声无线电公司"便被卖了出去，涂作潮则另找地方再开一家无线电公司。

1941年冬，涂作潮离开"福声"，在新闸路1520号租了一间房子，开起了"闻远无线电公司"。不久，日军进驻租界，秘密工作变得更加危险。日军统治上海，手段十分阴险狡猾，经常在马路上拦住过往车辆，进行"突击搜查"。涂作潮摸出了一条规律，日军一般不搜查带工具外出的人。因此外出时，他总背着工具袋，身上放一二十元钱，万一遇到搜查的话，就塞给他们一些钱，便可化险为夷。1942年中秋节前后的一天中午，涂作潮正在修理收音机时，突然接到地下党派人送来的紧急通知：李白被日本人逮捕了。

尽管日军用无线电测向器、分区停电等手段查获了李白的电台，但却未能掌握李白使用电台用途的证据。因为涂作潮装配的收报机十分巧妙，收报机采用并联再生的方法，用两根铅笔那样粗细的线圈，一头勾在真空管的屏极上，另一头套在振荡管的铝帽上，再加上把电位器改成人工控制音量后，便能收到外来的信号。一旦取走这个线圈的话，信号就会立即消失，收报机就变得同普通收音机无异。李白在日本特务破门而入的几秒钟内，扯掉了两根临时焊接的小线圈，把它们拉直、揉乱，丢在一边，这样他的收报机又成了收音机。因而在被捕后，日本电讯专家查不出李白用的电台为什么没有收报装置，而仅一个发报装置不能定李白有“罪”，涂作潮的收报机就这样骗过了日本专家的眼睛。李白被捕后，遭受了敌人的严刑拷打，威逼利诱，但他始终忠贞不渝，坚不吐实，一口咬定自己是个生意人，在夜里收听行情，日军无可奈何，最终只好将他放出监狱。

到解放区去

得知李白被捕的消息后，涂作潮当即把这一消息告诉了妻子和交通员刘老头（即何孟雄堂兄何健础），并嘱咐他们要格外小心。自己则白天躲在店里蹲着，晚上躲出去住，有时睡在朋友家，有时露宿在赫脱花园里。过了一个星期后，他得到上级的通知，其组织关系已转给江苏省委。省委指示，要他马上撤出上海，到新四军中去。

1942 年秋的一天，涂作潮接到江苏省委的通知，将有交通员来接他到新四军去，接头暗号是：“你先来了，我们一块走走。”临行前，他才告诉已结婚几年的妻子张小梅：“我的真名字是涂作潮，不是蒋贵庭。

如果我以后回不来了，如果那时候又是共产党坐了天下，你去找党询问我的下落。”

考虑到李白刚被捕，敌人可能加强对交通要道的检查，为谨慎起见，涂作潮决定步行走出上海后再上火车。在真如火车站，一个凶狠的日本人拦住了他，并进行了搜查。他沉着地回答了敌人的提问，并出示了回乡证，顺利通过盘查，登上了去南京的火车。第二天清晨，到南京火车站后，他见到了交通员和前来迎接他的王耀三同志，但是他们都装成互不相识的样子，不打招呼，保持一段距离，默默地走到下关码头，坐上了去六合的船。到达六合后，再经居镇，步行到达泥皮湾，江苏省委机关当时就设在那里。

1943 年元旦，党组织任命涂作潮为新四军军部电台的机务主任。到任后，他把和延安通讯的电台进行了改装，使电台通讯效果大为改善。后来，又完全用手工修好了一台手摇发电机的整流器，使这部机器得以重新使用。不久，江苏省委派人把他的夫人和孩子也营救出上海送到他身边，使他全家在解放区重获团圆。这年秋，新四军参谋长赖传珠告知他，组织上决定调他赴延安工作。于是，涂作潮夫妇再加上三个孩子，步行到泗阳，再跨越陇海铁路，进入山东解放区。然后，在党组织帮助下，由烟台乘船至天津，再经北平、太原、忻县等地，终于 1944 年 7 月抵达陕北，旋即在延安被分配在中央军委三局工作，受任为三局材料厂厂长。其间，他除具体负责军委通讯器材的装配、维修等技术保障工作，还受命主持了三局高级机务人员培训班的开办，以加速培养通讯业务技术人才，为党夺取抗日战争最后胜利提供必要的通讯条件保障。

抗日战争胜利后，国民党的内战独裁政策很快又将中国推入内战的渊薮。1946 年九十月间，国民党军队加紧对晋察冀解放区重镇张家口的进攻，人民军队撤出张垣前夕，涂作潮被急召至张家口，受领了落实紧急拆运4000瓦大电台的任务。接受任务后，涂作潮与三局另一干部王名震披星戴月赶赴张垣，组织人员，终于圆满完成了拆运任务。此项设备以后在人民解放战争期间，在传播、宣传中共中央声音、挫败国民党的反动欺骗宣传中发挥了极为重要的作用。完成任务后，涂作潮冒着敌机的轰炸扫射，不分昼夜赶路回延安，不想途中又患了痢疾，没有治疗条件，只是靠老乡的土方才使他免于一死，但回到延安后，很快又随军委机关撤出延安，转战陕北。

1948年春，涂作潮随军委机关到达晋察冀解放区，这时已是人民解放战争节节奏凯的胜利前夜了。1948年年底，涂作潮调出军委三局等待分配新的工作。1949年初，他向党组织提出，要求参加解放城市的接管工作，被批准后随即南下奔赴新的岗位。

革命的“老板娘”朱端绶

许晓闽

1966年，周恩来总理曾在一封调查信上写道：“在内战期间，熊瑾玎、朱端绶两同志担任党中央最机密的机关工作，出生入死，贡献甚大，最可信赖。”

在这段话中提到的熊瑾玎同志，是我党在白色恐怖时期著名的地下工作者（解放后任中国红十字会副会长、全国政协委员，1972年病故）。朱端绶是熊老的夫人，他们两人共有一段颇具传奇色彩的经历。

走上革命的道路

1908年，朱端绶出生在湖南长沙的一个城市贫民家庭。世道的不平、家境的贫寒使幼年的她历经苦难。16岁时，她靠当佣工就读乡里；嗣后凭借勤奋和聪颖，她考取了由徐特立亲任校长的长沙女子师范。那时，长沙由于有毛泽东等一批共产党人，传播有悖于旧时尚的新思想、新文化，政治活动十分活跃，已经成为湖南的革命活动中心。在这种环境的影响下，使朱端绶开始接触以往鲜知的思想，触动了她对人生的求索之心。

有一天，她突然问自己的老师陈昌（章甫，中共党员，1931 年前后牺牲）：“俄国十月革命是怎么回事？为什么女子不能与男子平等？”

尽管陈昌做了解释，但仍满足不了这个学生的好奇心，只好说：“我带你去找我的同学毛润之先生，他会告诉你许多道理的！”

当晚，朱端绶随陈昌来到清水塘。她向初次见面的毛先生提出了一连串的问题。对这个性格开朗、泼辣的“小妹子”，毛先生和颜悦色地做了一番深入浅出的解答。他说：搞革命就是争取全体人民大众的解放，唯有人民大众都获得了解放，女子才会真正有与男子一样的平等地位……而革命，在中国只有通过共产党的领导才能成功！

那一年，朱端绶按毛泽东同志的建议，常去湘江中学参加由一些著名的共产党人主持的报告会，还时常到清水塘向毛泽东同志请教。毛泽东同志在湖南的这一时期，正是他从事湖南农民运动实地考察的阶段，他不仅亲自到劳苦大众中调查，还挤出时间热情地引导像朱端绶这样有志投身于革命的青年。正因此，朱端绶渐渐地走上了革命道路。

1925 年 3 月3 日，在长沙棋盘街一座小阁楼里，年仅 17 岁的朱端绶面对绣有镰刀斧头的党旗，庄严地举起了右拳。从此，开始了迄今 60 年的革命生涯。

“老板娘”的由来

1927 年，中共中央在汉口召开了著名的“八七”会议。会议彻底结束了右倾投降主义在党中央的统治，确定了实行土地革命和武装反抗国民党反动派的总方针。中共召开党的六大以后，在上海四马路生黎医院楼上建立了中央政治局机关。

这时，汉口党的机关已被破坏，熊瑾玎同志（新民学会会员）来到上海，组织分配他担任中共中央机关会计，并奉命建立中央政治局开会和办公的机关。不久，熊瑾玎亲任“老板”的“福兴字庄”在三马路开张了，从此，这里便成为中共中央政治局开会的地方。鉴于如此重要的机关仅靠熊“老板”一人难以照应，党组织决定把尚留在汉口的朱端绶调来协助熊瑾玎同志。1928 年夏秋，一位端庄的姑娘风尘仆仆地赶到了“福兴字庄”。“老板”开门见山地对她说：“端绶同志，这里是领导同志常来开会的地方，需要一位细心的女同志来照料。我们经过物色，决定把你调来工作……”

没几天，周恩来、邓小平、李维汉、李立三、彭湃、项英、陈赓等同志就来商号开会。会间，认真细致地为会议服务的朱端绶给周恩来同志留下了深刻的印象。到了中秋佳节之夜，熊瑾玎同志为这天来开会的同志备了一桌简朴的酒席，供赏月之用。席间，恩来同志赶在大家兴致勃勃的时候，对瑾玎说：“瑾玎同志，你是我们革命的‘老板’，现在店里还要有位机灵的‘老板娘’，我看，端绶同志担任这个角色很合适。”

一语未了，在座的小平、维汉等同志都笑着赞同周恩来同志的提议，大家纷纷向他们道贺。性格一向开朗的朱端绶这时却腼腆了，好一会儿，她才郑重地回答：“党需要我这样做，我就一定当好‘老板娘’！”分手之际，周恩来同志代表中央对瑾玎和端绶说，希望你们把党中央这个最秘密的机关操持好，发挥更大的作用。

当时，邓颖超同志负责机关党的工作，她通知要在“福兴字庄”成立党小组，端绶被推举担任了党小组长。根据中央的指示，她协助熊“老板”相继建立了掩护政治局机关安全和为中央工作服务的三个酒店、一个印刷厂及其他几个商号。这期间，端绶除操持店务外，主要负责为政治局会议做服务工作和机要文书工作。尽管工作很多，却有条不紊，深受周恩来同志好评。

信仰的力量

1931 年 4 月，时任中央政治局候补委员的顾顺章被捕后叛变了革命，上海的党中央机关处境十分危险。鉴此，中央决定中央机关转移，端绶和瑾玎先后撤离上海，到湘鄂西苏区工作。

翌年 9 月，党决定派熊、朱二人再度返沪，并指定瑾玎负责中央交通机关的交通联络工作，而端绶依然做瑾玎的助手。由于当时斗争形势十分恶劣，一些意志薄弱者相继退缩，背叛了革命，党的机关为此不得不频繁搬迁、躲避。尽管当时上海时有充当特务的叛徒出没街巷，指捕共产党员，但端绶和瑾玎依旧根据党的指示坚持开展工作，把自己的安全置之度外。

1933 年 4 月 8 日，瑾玎同志像往常一样，根据党的指示前往法租界给贺龙同志家属送生活费。不料，贺龙的家属刚刚被捕抄家，不知情况的瑾玎也因此遭特务扣押。消息传来，端绶立即遵照党的指示，开展营救工作。她为此找到宋庆龄女士，请来史良、唐豪、董康等著名律师为瑾玎及贺龙家属辩护。就在第二次开庭时，端绶受组织委派到候审室会见瑾玎，却不幸被叛徒徐锡根指捕。

熊瑾玎得知妻子入狱，心里十分不安。他担心端绶年轻，经不起打击而退却。这时年仅 25 岁的朱端绶却已是个有着丰富斗争经验的革命者。她利用叛徒徐锡根只认识自己的模样，并不知道自己名字的有利条件，拒不承认自己的身份；同时，她嘱咐见面的同志立即寻找律师，以便与瑾玎联系，对好口供，并要做好机关善后工作。

在被关押的八个月中，端绶一面巧妙地同敌人周旋，一面争取一个同情革命的女看守为自己与瑾玎传递信件。此间，她与瑾玎唱和了不少诗作。其中“胜利终当归我等，何妨今日小拘留”一句，表达了革命者坚持斗争的乐观主义精神。由于反动当局找不出确凿的证据，端绶终于被宣布无罪释放。

朱端绶出狱后，与党组织失去联系。但她以一个党员的高度自觉性继续为党工作，她想到瑾玎同志富有地下工作经验，是党的宝贵财富，就决心独自承担营救工作，并向狱中的瑾玎表示了这个心愿。

在上海各界的声援下，熊瑾玎经过长达四年多的官司后仍被反动当局判处 8 年徒刑。对此，朱端绶抑制着自己内心的痛苦，继续通过各种合法手段进行营救工作，并筹资开设了“泰来酒店”，为被捕后需补养的同志筹集经费。这年，她把自己的妹妹朱慧从家乡接来一同经营小酒店，所挣盈余都用于营救同志的斗争上。后来，朱端绶与党组织接上关系，党组织在经过审查后，完全肯定了端绶同志在这一时期的表现，承认了她这一段的党龄。

几番寒暑，冬去春来。1936 年，朱慧在地下党的帮助下辗转到了延安，向中央汇报了瑾玎和端绶的表现。党中央抓住当时国共合作的有利时机，于 1937 年秋派毛泽民夫妇赴上海营救熊瑾玎同志。9 月 6 日，瑾玎获释了。许多年来，端绶每每言及此事，总要感慨地说：“作为一个共产党人，重要的是要有为共产主义奋斗的信念。有了这个信念，就没有克服不了的困难……”

母 亲

长期的革命斗争生涯，使许多为了人民的解放事业而忘我工作的共产党人失去了天伦之乐乃至宝贵的生命。像许多共产党人那样，朱端绶作为一个母亲，失去的也是无法弥补的。

她和瑾玎先后生过五个孩子，却只活了一个女儿。其余的几个孩子不是因当时环境条件恶劣而过早夭折，便是因得不到有效治疗而早逝。这些伤心的往事对一个母亲说来，绝非漫漫岁月可以冲淡的——

1938 年，端绶随瑾玎到重庆新华日报社工作，当时瑾玎任报社总经理，端绶担任会计科长，是理财人。不久，她又生了一个可爱的女儿。但是，紧张的工作使她未能抽出时间去照料刚出世的孩子。一个冬夜，孩子突发高烧、抽搐。心急如焚的端绶与瑾玎一同冒着细雨赶往医院。不料医生稍加诊查便张口要几十块大洋，否则不予接诊。当时，端绶是掌有经费的会计科长，瑾玎又是总经理，钱是不成问题的。但对视党的经费比自己的生命还重要的这对夫妇来讲，他们知道自己该怎么做。他们相对无言，医生看出他们不能付钱，便轻蔑地讥讽这对父母……

病，终于没治成。当端绶和瑾玎抱着孩子返回报社时，孩子已无力喘息了。一直强忍悲痛的端绶终于抑制不住自己，失声痛哭起来，她淌着泪，紧紧地搂着心跳渐渐停止的孩子，可是孩子再也感受不到母亲的温暖了……

金色的晚秋

路，并不因为岁月的流逝而消失，它仍将在一代又一代人的勤奋开拓中延伸。

1972 年初，熊瑾玎同志在饱经动乱岁月带来的忧患之后，终于与世长辞了。端绶把自己对瑾玎的思念深藏在心里，继续为党履行一个老共产党员的职责。她不顾当时艰难处境，为保护一些老同志奔走求援。谢觉哉同志的夫人王定国同志曾在动乱中被造反派抓走，端绶及时向周总理报告了这一情况，使定国及时回到谢老身边。

近些年来，端绶很注意锻炼身体，她希望能为党再做一些有益的工作。在担任第五、六届全国政协委员时，尽管有些社会活动要参加，但她仍抽空撰写回忆文章。她从未放松自己的努力，即便前些年一度因病久住医院，也尽力为来访的党史工作者和作家提供史料；她还协助出版部门搜集整理了现已出版的《熊瑾玎诗抄》，并着手整理瑾玎同志的生平史实。

她清楚地记得1966年周恩来同志上门祝贺瑾玎同志80诞辰时说的那段话：中国人民是优秀、伟大、勤劳的。“老板”“老板娘”空下来可以写点回忆录，我相信子孙后代会喜欢看的。尽管我们所走过的道路是曲折的，但整个时代是壮丽的嘛！

她一如当年一样勤奋，因为这是一个共产党员的天性。

敌营十五年

李时雨口述　任振河整理

国务院原宗教事务局顾问、中国佛学院副院长李时雨，是我党一位杰出的地下工作者。他的这篇回忆录，着重介绍了自己受党的指派，打入东北军、汪伪政权以及军统，并在其中担任要职，为我党我军获取重要情报的曲折而又惊险的经历。

潜入东北军西安“剿总”

1934 年，我由北平大学法学院毕业后，党组织决定派我打入东北军，以便更好地进行抗日救亡工作。法学院党支部书记张敬载同志主张由我给张学孟写信，请他介绍我到他那里工作。

张学孟是我的同乡好友，也是我少年时的同学。他曾留学日本，于士官学校毕业后回国，在东北军当过连长、营长，此时已调任张学良公馆警卫室主任，这确实是个可以利用的好关系！

同窗之谊尚在，张学孟慨然答应了我的要求。经他举荐，我潜入西安“剿总”第四处，任中尉办事员。

1936年2月，我来到了古城西安。三四个月后，我的党组织关系由北平转到西安。当时地下党的领导人刘宇新同志来找我接上关系。据说他是党特派做东北军工作的，受周恩来同志的领导。刘宇新同志交代给我两项主要任务：一是了解东北军的基本情况；二是做张学良公馆内警卫人员及“剿总”各厅处人员的工作，向他们宣传抗日救国思想，鼓励他们打回老家去。

张学良的公馆在西安金家巷五号。由于张学孟担任张学良公馆的警卫室主任，给我的工作造成极为便利的条件。我利用去看望同乡好友的机会，很快就与公馆的警卫人员混熟了。我常利用闲聊天的工夫，向他们宣传我党提出的有关结成抗日民族统一战线，发动全民抗战的主张。如“中国人不打中国人”“停止内战，一致对外”“亡国奴不如丧家犬”“东北人不能长期流亡”“打回老家去，收复失地”等等。不仅如此，我还把东北沦陷后，家乡父老兄弟姐妹惨遭日军屠杀蹂躏的情况讲给他们听。我的宣传工作不仅对这些年轻的警卫人员产生了较大的影响，而且通过他们的嘴，把我所讲的一些日军欺侮中国人的情节传到张学良将军的耳边。不久，一位年轻的侍从副官对我说：“有一次，副司令听到东北人民所受的苦难，‘啪’地把茶杯放在桌上说：‘他妈的，咱们这只顾中国人打中国人，什么时候才能打回老家去呀！’看样子很苦恼。”

1936年12月12日，张学良、杨虎城两将军发动了震惊中外的“西安事变”。他们扣住了蒋介石，逼迫他停止内战，一致抗日。我听到这一令人意外的消息是在当日拂晓前，由第四处处长卢广绩召集全处官员紧急集合传达的。当时，他派四处中校秘书张松筠和我负责接收《西京日报》改名为《解放日报》。我们主要是接收该报行政管理方面的工作，编辑方面的工作另派人接办。事变发生后的上午，刘宇新同志即来到我家，我们一起分析情况，研究下一步的工作。当时，我们对形势的发展尚无肯定的估计，但总的认为是会向有利于人民的方面发展。刘宇新同志嘱咐我，要沉着应战，一方面做好掩护职业的本职工作；另一方面与已经联系好的官兵进一步加强联系，策动他们跟着我党走。

12 月 14 日，西北“剿匪”总司令部正式取消，所有“剿共”工作完全停止，另组抗日联军临时西北军事委员会，公推张学良为委员长，杨虎城为副委员长。张、杨即日到会视事，并通电全国。西北抗日联军军事委员会成立之后，即将原第四处改为政治处（党政处），派应德田为处长，刘澜波为第一科科长，我仍负责办公室的工作。

西安事变发生后，蒋介石被迫应承了六项诺言，张学良亲自护送蒋介石回南京，结果被扣押问罪。这对东北军来说，真乃是晴天霹雳。我当时听了也十分震惊。东北军上层在对于何去何从的问题上主张不一致，产生了矛盾，因此，在 1937 年 2 月 2 日，发生了枪杀王以哲军长的事件。

1937 年 3 月，东北军开往蚌埠。不久，又开往苏北。

到苏北后，总部各厅处人员驻淮阴和淮安一带，大部分住在老百姓家里。于学忠的部队也调到这一带驻防。6 月间，宣布整编改组，成立绥靖公署，由于学忠任绥靖公署主任。整编时，总部各厅处大部分官员被裁减下来，我也是其中之一。不久，经党组织的安排，我在天津又找到了掩护职业，公开的职务是伪天津高等法院检察官，继续在京津一带从事党的地下情报工作。我的直接领导是何松亭同志，他从 1937 年起即负责我党平津联络局的工作。

护送电台　营救冯骥

1939 年初，何松亭同志交给我两项艰巨的任务：一是由租界地向外运送电台机械和马达；二是营救共产党员冯骥同志出狱。

当时，为了对敌斗争的需要，党组织在天津购置了一些电台机械和马达，分装在两个箱子里，寄放在英租界达文里我家中，由我的爱人孙静云同志妥为收藏起来。何松亭同志指示我们将这批东西运送出去，交给河北一个转运站。他建议由孙静云化装成新娘子，佯作春节串亲戚，坐出租汽车，把箱子放在汽车后备箱里，以混出日军检查口。经大家反复考虑，认为这个办法不甚保险。后来，研究决定由我向伪法院要汽车，假托进租界办事，顺便帮我带出两箱东西。恰好，几天之后就遇到了机会。我要到了汽车，把两箱电台机件经日军检查口，安全地运到了伪法院，放在我的办公室里。过了些日子，何松亭同志又送来一个装有电台机件的箱子。此时，我不好再借口要汽车，但又急着把东西送出去转运，只好另想办法。为了早日一齐交运三箱电台机件，我壮着胆子，冒着危险，在一天凌晨，搭乘三轮车，把一箱机件运到"法国桥"边。日军不准三轮车过去，我只得用肩扛着箱子走。我夹在人群当中，一手提着箱子，一手举着通行证，顺利地通过了日军检查口。紧接着，我把这一箱电台机件送到伪法院，连同上次运出的那两箱，一起送到了指定地点，对上暗号交付了。后来，这批电台机件完整无损地运送到目的地，对抗日战争起了一定的作用。上级领导对我能够机智勇敢地完成转运这批重要军用物资的任务，十分高兴，倍加赞许。我自己对地下工作的意义和作用也有了进一步的认识，不再对担任伪职有思想包袱或感到不舒服了。

与此同时，何松亭同志要我设法把冯骥同志从监狱中营救出来。

冯骥同志是在天津沦陷前，因共产党案被关押在天津监狱的。何松亭同志交给我这一任务时，仅仅说冯是共产党员，案子正在高等法院审理之中。具体情况，他也不知道，只是嘱咐我要千方百计地把他营救出狱。

我接受这一任务后，首先在法院进行了解，证实高法院刑庭确有此案，冯也确被关押在看守所。我了解到：此案的审判长是刑庭庭长胡凤起，主审推事（审判员）是吴璇，陪审推事是邓肇金、高乾一，检察官是郑煊，书记官姓康（名字忘记了）。胡庭长、吴推事与我是一般同事，不好说私话托人情。邓、高二人与我是法学院时的同学，郑煊是我的东北老乡，对他们三人还可以说私话，但我琢磨也不可冒昧行事。经反复考虑，我拟订了行动方案，决定此事采取三个步骤。当时，我已转任天津高等法院书记长兼天津地方法院书记长，我有权检查各书记官的工作，以往对他们管的案卷也曾翻阅过。

我的第一个步骤是：在那个姓康的书记官外出时，查看了他管的案卷。我暗中抽去了冯骥的全部案卷，装入皮包带走，回家看后付之一炬。康书记官回来后发现他丢了一份案卷，急忙向我汇报。我故作认真地责备他几句，而后又以帮他掩饰过失的姿态，示意他可以推说根本就没见过冯骥的卷宗，只是在登记簿上有个案由，可能是法院被炸时毁掉了。因为日本攻占天津时，确曾炸过法院，法院恢复后是有些案卷找不全了。康书记官照我指点的那样一说，庭长和推事就信以为真了。

第二个步骤是：我以检查监所的名义到监狱看守所去。我到那里说，北平华北临时政府法制部可能要来检查监所，我先来看看你们的管理情况。典狱长兼看守所长朱××同我一起到各监房外走了一圈之后，我便要求单独到监房里找在押犯人问话，了解他们的生活情况。我先装模作样地与几个一般刑事犯谈了谈，接着到政治犯单人监房与冯骥同志谈话。我见到冯后，先问了问他吃住等方面的生活情况，然后悄悄地告诉他：法院已没有你的案卷，只是在登记簿上写有“共党嫌疑”的案由，你在审讯时翻案，就说是与人打架，被仇人诬陷入狱的，根本不是什么共党。

第三个步骤是：我视察监所时向朱典狱长交代说，要搞好监房的卫生，搞好伙食，保持犯人的健康，对青年犯人要优待，像冯骥那样未定案的青年嫌疑犯应特别优待。我还向我的两个同学邓肇金和高乾一打招呼说，我朋友的亲戚冯骥，是被诬陷入狱的，此案积压至今未进行审理，经查是分给吴璇主办，你们二人是陪审的，请你们向吴璇催一下。他俩按我的旨意给吴璇递过话之后，吴璇主动向我表示，一定抓紧进行。我顺水推舟地说，这确是个冤案，年轻人火气大，容易得罪人而受到陷害，希望你帮忙早点给结案，使他恢复自由。与此同时，我分别向与此案有关的办事人员打了招呼。如希望胡庭长能做无罪的判决，希望郑煊检察官能在起诉书上笔下留情，希望法院指定的辩护律师张春孚为被告多作些有利的辩护等等。

为了推进案件审理的进程，我还私下给胡庭长送了礼，在登瀛楼宴请了吴、邓、高几位。总之，经过我的周密计划和一系列积极的活动，终于使冯骥同志得到了无罪的判决而释放出狱，完成了党交给我的又一项重要任务。

打入汪伪政权

1937 年 7 月 29 日北平失守的那一天，国民党中央政治会议主席汪精卫在南京发表了一篇《最后关头》的广播讲话，公开散布抗日失败论。8 月4 日，他又在南京发表《大家要说老实话，大家要负责任》的广播讲话，进一步鼓吹对日求和，说不和是会吃亏的，要老老实实地承认打败仗，不要掩饰，不要唱高调，以免引起无谓的冲突等。

1939 年 8 月，汪精卫进行投敌卖国活动，与日本帝国主义相勾结，策划建立伪政权。为了准备在上海召开所谓国民党第六次全国代表大会，他派人到各地网罗出席会议的代表。派往北方网罗代表的是周化人、邓一舟和朱晶华三人。朱晶华曾就读于北平师范大学，参加过国民党改组派。抗战初期，他与抗日联军驻天津办事处的孟幻飞有过联系。朱晶华来津后即托孟幻飞帮忙拉几位代表。孟幻飞与我商量，要我冒充国民党的北方代表出席他们的所谓第六次全国代表大会。在此之前，何松亭同志曾与我谈过，要我注意搜集汪精卫卖国活动的情报，但当时感到这方面的线索不多且不直接，所获得的情报资料也不及时具体。现在有了打入汪伪内部的好机会，当然不应放过。但我转而一想，我不是国民党员，怎么能当国民党的代表去参加他们的代表大会呢？

经孟幻飞介绍，我与朱晶华见面了。初次相见，我们便谈得很投机。朱晶华坦率地自我介绍说："我是吉林人，家乡沦陷多年。我现在已成了亡国奴，流浪内地，真不如丧家之犬。"他解释说："我虽然是个国民党员，但没有达官显贵的后台，不过是为他人作嫁衣以求温饱而已。我不是来跟着汪精卫当汉奸的，而是受国防部国际问题研究所的派遣来的。由于我是改组派，故得到汪精卫、陈公博的信赖。"他接着宽慰道："你放心吧，跟着我打进去，没有错，咱们是有保险带的。"

我听了他这番话，几乎怔住了。我虽然也是个爽快人，但没敢贸然表态。我开始是向他打听跑到重庆去的同乡同学们都怎样，后方的生活如何，逐渐谈到汪精卫的所谓和平运动进行到什么程度等。

经过多次接触和倾心交谈，我和朱晶华居然成为无话不说的好朋友了。他劝我参加代表大会并保证为我保密及负责掩护我。我们商定，就说我在北方上大学时，经朱晶华介绍加入国民党，后来又跟他参加改组派，因一直埋头读书，很少参加活动，故与其他国民党人相识甚少。朱晶华还对我说，汪精卫这一派急于拉人，不会仔细审查的，我一定够朋友负责到底，你放心去吧。

党组织听了我与朱晶华接谈经过的汇报后，研究决定派我冒充国民党北方代表去上海参加汪伪国民党第六次全国代表大会。

1939 年 8 月下旬，以焦莹为首的国民党“六大”北方代表团组成了，有北平、天津及河北省的代表共 20 余人。我能回忆起来的人有：韩清健、赵霜锋、高崇信、董秀山等人。由朱晶华拉的李子琢、张尔康借故天津发大水不能去了，只有高风舞与我一同去。我们从天津乘船到大连，然后转往上海。

到上海后，我们住在日租界虹口新亚饭店，开会地点是沪西极斯菲尔路七十六号。

开会前，汪精卫派他的亲信陈春圃、林柏生与各地代表团分别谈话。他们讲话的主要内容是：宣传汪精卫一伙搞的“和平反共建国”的方针，极力渲染汪精卫如何“不避艰险”，从重庆叛逃，到河内遇刺幸免，以及日本派人接迎他的经过。他们还透露了一些汪精卫去东京谈判，向日本投降乞和的情况。据说汪精卫在日本会见了当时的首相平沼骐一郎、陆军大臣板垣征四郎、海军大臣米内光政、财政大臣石渡庄太郎、外务大臣有田八郎以及前首相枢密院议长近卫文麿等人。他们一致表示支持汪精卫建立伪中央政府，收拾残局。日本朝野对汪都很信赖。陈、林二人也透露了汪精卫在与日本政府谈判《关于收拾时局的具体办法》时所遇到的困难。

陈春圃和林柏生在讲述汪精卫卖国交易的同时，还散布不少关于汪精卫、周佛海的汉奸言论。如“对日本的冤仇宜解不宜结”“要努力转敌为友”“战必大败”“中国唯一的出路，只有接受日本的条件，实现对日和平”。

他们鼓动大家反对抗战，支持他们的和平主张。听到这些无耻谰言，我的肺都要气炸了！但对于我这个情报人员来说，则是平时难以取得的第一手资料，唯恐听不准、记不牢。

1939 年 8 月 28 日至 30 日，汪精卫卖国集团在上海秘密召开伪国民党第六次全国代表大会，出席会议的各地代表有 240 余人。会议选举汪精卫为临时主席团主席，周佛海、梅思平、丁默邨、陶希圣、高宗武、陈璧君等为副主席，梅思平为秘书长，罗君强、陈春圃为副秘书长。

会议通过了整理党务、修改国民党政纲、调整中日关系等提案。

会议还通过发表了《中国国民党第六次全国代表大会宣言》，宣布以“和平反共建国”为其卖国投敌纲领。

会议结束后，我从上海乘日轮到大连。我顺便由大连到哈尔滨，会见了伪满哈尔滨市长赵东藩。此人与我同乡，我与他早就熟识。从他那里，我又了解到不少伪满的情况。

我回到天津后，把参加这次会议所了解的情况以及沿途所搜集的情报资料向党组织作了详细的汇报，受到组织及领导的赞许和嘉勉。

当年 9 月，伪国民党中央执行委员会常委会第二次会议决定成立北方党务办事处，派焦莹任办事处主任。12 月，第六次常委会又决定改组天津市、北平市及河北省党部执行委员会，指定我和房勤、徐廷幹为天津市党部执行委员会常务委员。第二年 1 月上旬，北方党务办事处通知天津、北平、河北三个党部的新任常委到上海去，听取上级指示。我们一行 12 人乘火车来到了上海，住在愚园路一幢小楼里。汪精卫在愚园路公馆里亲自接见了北方一省两市党部的常委。

汪精卫在一个会客厅里同我们见了面。他与我们一一握手之后说：“中国现在除了和平，没有别的出路，必须与日本携手，才能内则完成中华民国之建设，外则同负保障东亚之责，实现共存共荣。”他在讲话中还透露了他与日方秘密签订的《日华新关系调整纲要》及《秘密谅解事项》。其要点是：中国承认满洲国；确保日本在中央政府外交、教育、宣传、文化以及军事等各方面的权力和合作关系；承认日本在内蒙、华北、长江下游、厦门、海南岛及其附属岛屿的政治、经济以及对地下资源开发、利用的权力，承认在以上地区防共和治安的驻兵权等等。汪精卫恬不知耻地声称，这些和平条款的签订，是来之不易的，是他和周佛海等不辞辛劳奔走谈判的结果。

总之，通过参加大会，我对汪精卫一伙投敌卖国的罪恶活动，有了更深刻、更全面的了解，取得了对我党来说十分珍贵的第一手情报资料。

1940 年 3 月 30 日，伪国民政府在南京成立，一群汉奸粉墨登场了。汪精卫及各院、部、会主要负责人陈公博、周佛海等宣誓就职。这一时期，我的工作面临较大的转折。在中央政治委员会召开的第一次会议上，通过了立法委员名单，共 50 人，我被任命为立法委员，还被任命为中央政治委员会法制专门委员会兼任委员。

开始，我对于去南京开拓新的工作曾有过剧烈的思想斗争，因我在平津打下了相当好的地下工作基础，现在又要单枪匹马、赤手空拳地闯入敌营，不知何时才能站稳脚跟。何松亭同志听了我的想法后鼓励我说："你具有开拓者的才能，正好利用这个机会大显身手，为党作出贡献。"华北社会部许建国同志（新中国成立后曾任公安部副部长）很快就作出决定，批准我打入汪伪政府。我坚决地服从了组织的决定。为了我的行动方便，并为回北方工作有借口，决定暂不带家属，孙静云仍留北平工作，由我一人只身前往，以后可以探亲为名，回北方汇报工作。

4 月中旬，我同焦莹等十余人乘火车抵达南京。我与朱晶华见了面。他告诉我，汪伪政府任命我为立法委员，是因为我当过"六大"代表，又是天津市党部常委，是论功行赏分配的。加上我是学法律的大学毕业生，当过法官，资格条件也具备。主任委员是个有职无权的差事，但地位较高，接触可上可下，又不用上下班坐机关，这对于我的工作来说，倒是很相宜的。我就利用这个便利条件，活动于敌、我、友之间，广泛地结交朋友，以逐渐扩大接触面。

立法院长陈公博，广东南海人。青年时能说会写，被称为“风流才子”。五四运动时，初露锋芒，为陈独秀所赏识，曾加入广州共产主义小组，出席党的“一大”。后因犯错误受留党察看处分，不久被开除出党。1925 年他加入国民党后，深受廖仲恺与汪精卫的器重，曾任广东省农工厅厅长和国民党中央执行委员会常委兼工人部部长等职。廖被刺遇害后，陈便投靠汪精卫，是汪的左右手，成为国民党改组派的元老之一。

我第一次与陈公博谈话，是在伪立法院院长办公室。伪立法院第一次例会，对于立法程序中的“三读通过”发生了争论。有的委员主张凡经立法院讨论通过的法案，必须要三读通过，才算合法完成；有的委员则主张不必那样机械。伪立法委员中，真正学过法律，懂得立法、司法的人不多，没有什么专家学者。虽然有几个曾当过律师，但他们对法律大都是半瓶子醋，一知半解，因此，对这一小小问题争论不休。陈公博听说我是学法律的，当过法官，加上听我在会上发言的观点有突出的见地，知道我是有真才实学的内行，便由他的女秘书、立法委员莫国康约我同他谈谈。

陈公博既是我们民族的罪人，又是我的顶头上司，更主要的是我将把他作为最合适的获取情报的对象。与这样一个汪伪政府的高官元老初次相见怎样更好地把握分寸呢？想来想去，还是按照我与何松亭在天津总结的那几条经验，在敌区做情报工作，首先当然是分清敌、我、友，但是，在不暴露自己的政治面貌、不泄露党的机密的原则下，对任何人都要“谦虚、谨慎、诚挚、坦率”。只有显出忠厚诚实，才能取得人家的信任，也才能得到真实情况。千万不可像国民党特务那样，狡诈奸猾，锋芒外露，使人望而生畏。

我想，大汉奸固然丧失了民族气节，但他们对部下还是要求有真才实学，以利他的使用。为此，我便以青年老成，有礼不卑的姿态出现在他的面前。当陈公博提出问题时，我就有条不紊、有理有据地对答。我很自然地表白自己曾是国民党改组派，是他的追随者，对他仰慕已久。陈公博是政治舞台上的老手，见多识广，老奸巨猾，我不能对他肉麻地吹捧，只能给他轻轻地戴上一顶高帽，不能引起他的怀疑。初次见面，效果是很好的。事后，莫国康对我说："陈先生对你的印象很好，说你为人敦厚诚实，法学很有根底，是个有才能有作为的青年。"

从此，陈公博经常找我谈问题，我与他常接近，逐渐得到他的"信任"和"重用"。我从他的谈话中，得到许多敌伪方面的重要战略情报。

陈的女秘书莫国康是广东东莞人。她身材纤弱，面貌清秀，不怎么爱打扮，故作老成之态。她毕业于北大文学院，精明干练，政治欲望很强。她想借陈的权势拉拢一部分人，在汪伪政府中形成一种势力。闲谈中，我说我是北大法学院学生，她说她是北大文学院学生，我们便拉上了同学关系。我们彼此表示今后要互相帮助，在陈先生的领导下做出一番事业。立法院的立法委员和工作人员都不知我的底细。他们见我能经常面见陈公博院长，并与他的女秘书那样熟，误认为我是陈的亲信了。这时，我便摆出法学专家的架势，但又平易近人地活动在他们当中。很多人也主动跟我套近乎，包括我的法学院同学罗贯一和高跃武等（他们都在各科室工作）。于是，我在立法院很快就打开了局面，上上下下通行无阻了。仅三个多月，我就把汪伪政府的人事组织及他们的罪恶活动的种种情况了解得比较清楚了。

1940 年 7 月，我借伪立法院暑假休会的机会，回到北方向何松亭同志汇报工作。10 月，借口看望家属，又回北方汇报一次工作。

在南京几个月的活动中，我在各方面都建立了关系，肯定是能够站稳脚跟，进一步开展工作的。经与何松亭同志研究，认为孙静云同志有必要去南京与我一起工作了。因为我经常请假回北方，容易引起别人的注意和怀疑，还是由孙静云担任机要和交通为好。她没有社会职业的约束，可以自由往来，传递情报，不仅及时，而且更加灵活方便。经党组织同意，我们全家于 1940 年 11 月间迁往南京。从此，静云便担当起情报交通工作。她经常往返于天津、南京，将我搜集到的情报资料送给何松亭同志，何松亭同志随即转报晋察冀根据地许建国同志。

1941 年，陈公博兼任上海市长。为了筹备成立伪上海保安司令部和收编伪保安团队，当年 8 月，他调我去上海兼任保安司令部秘书处处长。此时，上海已形成汪伪政府的政治、经济中心，对于我们做情报工作来说，更可以向全面纵深发展。况且我的秘书处长是兼任的，立法委员不动，还可以两个星期回南京参加一次立法院的例会，借机向有关方面了解敌伪情况，使情报来源更加开扩。

孙静云在一次回北方汇报工作时，把我不失时机地进一步深入虎穴的情况向何松亭同志作了介绍，他当即表示赞成。关于我们提出的工作计划，他认为需要由静云去晋察冀根据地亲自向许建国同志汇报，并请示今后如何开展工作。静云见到许建国同志后说：“我们已在敌营站稳了脚跟，打开了局面，可以步步深入敌人的心脏了。”许建国同志高兴地说：“你告诉时雨，让他大胆往上爬，对伪组织不管它什么部门，应广泛打入之！”

我任军法处长

1942 年 5 月间，陈公博因原军法处处长单钰积压案件、关押犯人久不处理等问题而将其撤职，随后调我兼任军法处处长。

1942 年 8 月，清乡委员会上海分会成立，陈公博兼任主任委员，许金源任办公厅主任，史思放、吴耀中、李镜涵和我分别任办公厅第一至四处处长。我所在的四处负责清乡军政人员犯罪的侦察审判，以及清乡区烟、毒、赌博等犯罪的侦缉审判。鉴于江苏清乡官员敲诈勒索严重，特设执法队及分队，以纠查违法犯纪，并兼管禁烟、禁毒和禁赌。我兼任执法队队长。

南汇清乡区执法分队队长冯 × ×，在开始工作不久，就执法犯法。他包庇南汇一个赌场，受贿几千元。有一天，他携带巨款来我家向我行贿。我问明了这笔款的来源之后，即打电话叫我处军法官孙增原及执法队的一位督察来，将冯 × × 带去关押审讯，判刑治罪。此事发生后，上海市政府、上海保安司令部及上海清乡分会颇为震惊。陈公博知道我办事认真，为他提倡的“廉洁政治”增光，非常高兴。上海保安司令部日本联络官五十岚大佐和池田少佐也都称赞我“执法如山”，“不贪污受贿”。在此之前，我一接管军法处就提出依法办案，不许用刑，不许受贿，不许虐待犯人，病犯准许保外就医等。我还主张速判速决，能放就放，所以监所犯人骤减。五十岚大佐因此而称我为“快刀子李”。这时，我已有了实力地位，又因不受贿赂依法办案树立了威信。由此，不仅站稳了脚跟，而且各方面都来与我拉关系，包括上海伪保安司令部副司令卢英，参谋长许金源，以及上海市政府各局局长等都愿意与我交往，有的人甚至常到我家叙谈。借此机会，我也就顺水推舟，与他们来往应酬，局面逐渐打开了。

自从上海保安司令部成立以来，我几乎每天到伪市政府面见陈公博，给他送批重要公文，并请示解决一些问题。与此同时，参加一些重要会议，与各部门负责的伪官员接触，每隔两周还去南京参加立法院的例会，借机与南京已建立的关系人员晤谈，从而摸清了汪伪组织的全面罪恶活动，获取了许多有价值的情报资料。

1943 年 3 月，张友恒同志来上海，听取了我们的汇报，研究、布置了我们今后的工作，并帮助我们在津浦路下关火车站建立了一个转运点，供我们传递情报。他要我们把情报资料伪装好，送到下关车站，由火车上的工作人员带到天津。他还告诉我们，组织上委任我为特派员，孙静云管机要，并派杨宁同志来沪，由我们三人组成一个党小组，共同研究工作和一起学习。我给杨宁同志起个化名叫杨德修，派他为上海保安司令部少校军法官。

1943 年 8 月，汪伪政府接收上海租界，将原法租界区域改称第八区公署，将公共租界区改称第一区公署，陈公博兼任署长，调我任伪警察局司法处处长。从此，我去南京的机会较少，以后搜集到的情报资料多由杨宁同志去南京下关火车站交转运站。

上海租界地是个冒险家乐园，这里豺狼横行，无法无天。我这个赤色的伪警察局司法处处长在这里工作，又是在日本人的眼皮子底下，真可谓“深入虎穴”了。我在那些坏人堆里，既要摆出司法专家的架势，让他们莫名其妙，又要严于律己，不能与他们同流合污。伪官们没有不搞钱的，我硬是不要钱。那些大汉奸们，本来是卖国求荣，唯利是图，但他们却要装出忧国忧民的样子，不许他们的下属贪赃枉法，以达到欺世盗名的目的。如汉奸陈公博就大讲什么“廉洁政治”“奉公守法”。我利用推行其“廉洁政治”的机会，首先整顿了原租界地的“包打听”（上海便衣警探的通称），并强调禁烟、禁赌、禁毒，禁止敲诈勒索、禁止流氓扰乱社会秩序，对侵犯人民利益者，绳之以法，从严处理。我利用伪职，雷厉风行地惩治了邪恶势力，狠狠地打击了刑事犯罪分子。我也借此树立了威信，更加站住了脚跟。联华电影制片厂拍摄的《回头是岸》这一影片，就是编导徐××同我研究编写的，取材和背景都是反映那个时候的现实。主要是描写一位从北方来的青年警官，采取软硬兼施的手段，制伏了一个正在上海横行一时的著名大流氓及其一伙的故事。

我的做法，使日军、豪绅、流氓及大小汉奸们都摸不着底细，他们真的以为我是奉陈公博之命推行其所谓“廉洁政治”的呢！反动派都是纸老虎，是欺软怕硬的，他们见我如此铁面无私认真执法，就不得不“买账”了。原租界地的上层人士，所谓“三老”，即闻兰亭、袁履登、杜康侯，以及青帮头子黄金荣、红帮头子徐朗西等，都转弯抹角地设法与我接触、拉交情。我也就顺水推舟与他们周旋。

静云被捕

1944年4月的一天晚上，我和杨宁、孙静云三人开了一个党小组会，学习“整顿三风”。杨宁走后不久，我和静云便躺下歇息。还未入睡，便听到一阵急促的敲门声。我赶忙穿上睡衣，疾步走到三楼从窗口向楼下张望。只见楼门口停着一辆吉普车，周围有几个日本宪兵。我知道情况不好，便跑到楼下电话室，向伪警察局司法处值班室挂了个电话，谎说我家来了强盗，叫他们赶快来人救援。我走出电话室，转到客厅时，只听“啪”的一声，大门被砸开了，闯进三个日本宪兵和一个翻译。我不得不把电灯打开。一个宪兵上前抓住我插在睡衣口袋里的左手向上一提，露出了我手中所持的手枪，一下子被他抢去了。我没打算抵抗，只是带着不满的口气问：“你们这是干什么？”翻译答道：“我们是北平日本宪兵队的，你的卧室在哪里？领我们去检查一下。”“在这个客厅里谈谈不行吗?”“不行!不行!走,走!”日本宪兵边蛮横地说着边上来拽我。“那就上楼吧!”说完,我又边走边喊:“静云,来人啦!”意即向她报警。我领着宪兵和翻译走进二楼卧室,静云正穿着睡衣坐在床上。翻译问:“你们的来往信件都放在什么地方?”“就在那里。”我指着五斗柜说。翻译拉开抽屉,将所有信件和文件都翻看了一遍,没发现什么破绽,便对宪兵咕噜了几句。宪兵厉声说:“把他太太带走!”翻译对我说:“让你太太跟我们走一趟吧。”没等我张嘴,静云忙答话说:“好,我跟你们去。”说着,她便穿好衣服,跟他们出门上了汽车。

静云被带走好大一阵儿,警察局司法处日方副处长菅贤二郎才来我家安慰说:“你太太去去,他们问问,很快就会回来的。”

原来,北平日本宪兵队来上海是逮捕我和静云两人的,但上海日本宪兵司令部和伪上海市警察局日方负责人说:“李时雨是中国政府的高级官员,没有确凿的证据,又未向中国政府照会,是不好逮捕的。”他们商议,先把我太太抓去,问出口供,拿到证据后,再来上海逮捕我。我那时虽然还弄不清他们是怎样搞的鬼,但心里明白他们是通了气的。我便向菅贤二郎大发脾气说:“日本对中国大讲什么‘友好’、‘平等’,这些全是假的!你们简直没把中国政府放在眼里,没把中国人当人看待。你们纯粹是强盗!”

菅贤二郎见我动了怒,只好不住地向我解释,安慰我不必着急。我愤愤地说:“不行,我得找陈市长去!”

这时,天已蒙蒙亮,我乘车来到陈公博的公馆,急匆匆地走进大门。卫士们说:“处长有什么急事,这么早就来了?”我边走边说:“有要紧事。”我走近陈公博的寝室房门遇到郑副官便问:“陈先生起来了吗?”他说:“正在吃早点。”没等他通报,我便闯进了餐厅。此刻,陈公博正在喝红豆粥。我大步走到陈公博面前行了个礼,然后开门见山地说：“陈先生，向您报告一件不幸的事。我的太太被日本宪兵队抓走了！”

陈公博听后愣了一下，接着问：“啊，为什么？怎么搞的？”我把事情的经过向他陈述了一遍。陈公博说：“这太不像话！”我接过来说：“是啊，我们太没有保障了，真没法干了！这不是和华北和满洲国一样了吗？陈先生，这不仅是我一个人的事，所有南京政府官员都从中看到了自己的命运。我请求陈先生把我的太太要回来。她有什么问题，由我们中国政府处理。如果对我也不相信，那就把我也关押起来审查。日本人如此对待中国官员，叫我怎么在警察局干下去？请陈先生给我以指示！”

听了我的一番强硬的申诉之后，陈公博也有些愤怒了。他劝我不必焦急，说马上叫林秘书（也是翻译）打电话，叫市警察局特高处处长王岛茂来办理此事。他嘱咐我照常工作。

我走后，王岛茂很快就来到陈公馆。陈公博向他大发雷霆说：“赶快把人给我要回来！”他严厉地声称，日本人如此目无中国政府，随便搜查中国官员的住宅，随意抓人，我这个市长没法干下去了！这是违反中日条约的，是破坏中日新关系的。王岛茂向陈公博表示歉意，答应一定认真去办，请他放心。

我照常上班。去伪市政府送批文件时，陈公博告诉我：“你太太的事，我已让王岛茂去办，你要沉着应付。”在此期间，伪组织各机关许多人向我慰问，表示关怀。我便借机向他们宣传日本宪兵队随便抓人，做伪官的得不到保障。凡是与我要好的人都表示同情，不少人在陈公博面前流露出哀怨情绪，这给陈公博以很大压力。据说，他曾多次叫林秘书打电话给王岛茂，催问此事。经王岛茂交涉，两周之后，上海日本宪兵司令部派宪兵少尉中村去北平把静云接回上海。

那天夜里，静云先被带到虹口日本宪兵司令部。上午，她便被押上开往北平的火车。到北平后，她被押解到西交民巷日本宪兵队，受到连日审问。主要是问我们与何松亭是什么关系，现在他在哪里。静云坦然地回答说，我们与何松亭是同乡朋友关系，只知他是银行职员，大学教授，在天津见过面，不知他的住址，更不知他现在何处。此外，再问什么她都回答“不知道”。

宪兵队未搞出东西，便向静云施行了种种酷刑：灌凉水、跪砖头、用棍子打……静云强忍着剧痛，始终未吐露一字真情。

在刑讯中，静云与敌人展开了勇敢机智的斗争。开始审她的，拷问了几次，也没问出名堂，日本宪兵便叫翻译继续审问。这个翻译名叫王一镇，大连人。当他逼问拷打静云时，静云正颜厉色地小声问他：“你是中国人吗？你家里姐妹不受日本人欺辱吗？为虎作伥，替日本人打中国同胞，算什么英雄好汉！”这个翻译听后手颤了一下，面有愧色。从那天起，日本宪兵再叫他刑讯时，他就不那么认真地打了，只是把静云的棉旗袍后身抽打得破烂不堪，而没有重创她的身体。静云被释放前，那个翻译悄悄地对她说：“真惭愧呀！我这个男人，还不如你这个太太。好样的，为中国人增光，你可算上女英雄啊！”静云说：“你以后不做帮凶，多向着中国人，还是可以赎罪的，好自为之吧！”

静云叙述完被捕后的经历之后说：“你知道那天我为什么爽快地跟他们走吗？我主要是考虑床头柜的抽屉里放着一本政治经济学大纲，里面夹着杨宁同志写的党小组会的提纲，还有汽车房的小楼上存放着大量的资料，倘若再拖延时间，这些东西被他们翻出来，那可就糟了。况且我被捕有你营救，假如弄不好把你也逮捕了，就不好办了。”

我们虽然安全地闯过了这一关，但敌人并没有放松对我们的注意，仍暗中监视我们，有时甚至公开找麻烦。静云回沪后，当上海市发生什么政治事件时，日本宪兵司令部便找我问来问去。有一次，静安寺一带发生了爆炸事件，伪警察局特高处正忙着侦察，尚未摸到头绪，日本宪兵司令部又来找我问长问短。我答复说："我是办刑事案件的司法警官，对于搞政治案件的特高不是内行，我正要问你们呢！怎么？你们日本宪兵队无法破案，为什么老是向我这个外行中国人求教呢？"我总是这样冷言冷语，以极不耐烦的态度对付他们。尽管如此，仍不能甩掉他们的纠缠。我想，这不是长久之计。可怎么摆脱屁股后的鬼子呢？我向陈公博讲了这个问题，请他帮助解决，以便我安心工作。我向他发牢骚说，日本宪兵队真不讲理，无缘无故地把我太太抓去，严刑拷打一顿放回来还不算完，现在又对我纠缠不休。这不是欺负我个人，这反映出他们对中国政府的蔑视和欺侮！

陈公博听后当即吩咐沪西区区长卜立夫负责与日方交涉，让他一定想办法帮助我解脱困境。卜立夫是东北人，曾留日学航空，与我私交甚厚。他会说日本话，与日本宪兵队比较熟。他接受陈公博交给他的任务后，很卖力气地与日方联络。他一方面向日本人吹嘘，说我是陈公博的亲信，要他们看在陈市长的面子上，不要再找我的麻烦。另一方面，他用我拿出的钱，以他的名义宴请日本人并送些礼品。这样一搞，上海日本宪兵司令部的那几个家伙果然不再来找我的麻烦了。

不久，上海市警察局要组织一个赴日考察团，考察日本的警政。我想这是个躲避日本人纠缠的好机会，便向陈公博提出要求。陈公博说："也好，出去走走，冷一下，他们就不再找麻烦了。"

我们这个考察团由四人组成。除我之外，还有行政处长吕琪、日本人山本科长和翻译石玉祥。我们于 1944 年 5 月中旬由上海乘飞机到日本福冈，然后到东京、神户、横滨、名古屋和大阪等地。我们参观了日本各地的法院、监狱、看守所、警察机关，还参观了防空和消防设施。与此同时，我注意看到了日本战时各方面的情况：商店里货物很少；饭馆门前排着长长的队；鱼、肉和蔬菜亦很少见到；车站和火车上的工作人员，几乎全是女人，很少见有青壮年男人。事实证明，日本侵华战争，给日本人民也带来了深重的灾难。

回国后，我们顺便参观了沈阳、长春、哈尔滨几个大城市。所到之处，只见满目疮痍，民不聊生，真是难以言状。

我回沪后，将日敌危机四伏的窘境和沦陷区的敌情整理出一份材料，交杨宁同志密写并伪装好，于6月间由他带到北方上报了。

1944年11月10日，大汉奸汪精卫病死于日本名古屋帝大医院，时年61岁。他的尸体由日本运回国，埋葬在南京梅花山。

汪死后，陈公博任南京伪政府行政院院长、代理主席，周佛海任行政院副院长兼上海市市长。一朝天子一朝臣，陈公博手下的官员，绝大多数都调离上海，上海市各机关差不多都换上了周佛海的人。陈公博内定调我任司法行政部次长。我要求他将我调太湖地区任专员，目的是找个有条件的地方搞点武装，以打下一步的算盘。正在酝酿之中，周佛海向陈公博提出意见："不能把人都调走!"他指名留我。陈公博对我说："一则去外省当专员，要同外省商量，须等待时机；二则周佛海留你，我也不好意思马上就调，只好等等再说吧。"所以，周佛海任上海市长兼警察局长时，我继续任上海市警察局司法处处长，一直到日本投降，国民党接收时。

策动伪军警起义

在日本天皇正式宣布无条件投降的前夜，即1945年8月14日傍晚，上海日本军警头目，把上海市伪军警高级官员召集在亚尔培路一个"俱乐部"里，名曰晚宴。饭后，让与会人员打台球或玩麻将牌，不许走开，实际上是看管起来，至15日凌晨才放走。据悉，在8月12日和13

日，日本统治集团内部对战与降的问题有过激烈的争论。在日军警将我们看管之时，他们尚未得到日本政府的正式通知。他们的意图是，如果他们的上级决定打，就把这些伪军警官员扣起来，以防中国人里应外合。如果他们上级决定投降，就把这些人放了。8 月 15 日凌晨我们被放回家时，如出笼之鸟，大家彼此会心一笑，而日本人则多是垂头丧气。我到伪警察局时，见司法处副处长菅贤二郎头上扎着湿毛巾，眼睛里布满了红丝，显然是痛哭之后的样子。那些平时作恶多端的日本警官惧怕中国人报复他们，大多躲藏起来，不敢露面。

汉奸周佛海由于早就与蒋特密切勾结而得到蒋介石的信任。蒋介石于 8 月 12 日即密令，任命周佛海为军事委员会上海行动总队总指挥，负责维持上海市及沪杭一带治安。我被他指派兼任其军法处副处长。

周佛海为蒋介石效命，维持敌占区的秩序，等候国民党政府的接收，是出了力的。但在全国人民要求严惩大汉奸的呼声中，蒋介石不得不命戴笠于 9 月 30 日用飞机把周佛海、罗君强、丁默邨、杨醒华等人送往重庆。名曰移地关押，实则保护起来。随后，又迫于舆论压力，于 10 月 10 日将周、罗、丁等人逮捕，1946 年 3 月底由重庆解押至南京老虎桥监狱。法院经过起诉审理，判处周佛海死刑。后经周妻杨淑慧四处活动，得到蒋介石的照顾，改判为无期徒刑。1948 年 2 月，周佛海因心脏病死于南京老虎桥监狱。

陈公博是 1945 年 10 月 13 日被由日本引渡回南京，关进老虎桥监狱，尔后转押在苏州监狱的。1946 年 5 月，陈公博被判处死刑，执行枪决。这两个一代巨奸，就这样结束了他们可耻的一生。

日本投降前夕，中共中央华中局召开高级干部会议，传达中央指示精神，即苏联对日宣战，日本将很快投降，决定新四军准备进攻上海，先派干部进入上海发动群众，并策动伪军警武装起义，策应新四军解放上海。华中局与新四军军部任命刘长胜同志为上海市市长，张执一同志为上海市副市长。决定派张执一同志以中共中央华中局和新四军代表的名义，首先化装潜入上海，负责组织上海人民武装起义，迎接新四军解放上海。由于我的掩护职业有条件对上海伪军警进行策反，因此，党组织决定我和静云由张执一同志直接领导。

张执一与我接关系是在我的办公室。那时正值 8 月中旬，他身穿短袖汗衫，短裤长袜，头戴白布小帽，化装成“上海小开”的样子。我们见面后，他即要我帮他搞一张证明卡，以应付检查。我立刻就叫防犯科给他一张“防犯协会”的通行证，使他在上海能通行无阻。次日晚，张执一同志到我家向我和静云说明了当前的任务，主要是策动伪军警起义，以达到里应外合夺取上海之目的。我将能够争取过来的伪保安队刘铁城团和其他团的情况向张执一同志作了汇报。他嘱咐我立即着手进行策反工作。他还说：“根据华中局决定，起义成功后，即宣布成立人民解放军上海总司令部，以陈伟达为总司令，我为总政治委员。”他要我把伪军警发动起来，组成一个师，由我担任师政治委员。我接受任务后，分别去找伪保安队第一团团长刘铁城、原教导团政训室主任李国章和上海市复兴银行总经理孙耀东做工作。他们都表示愿意跟着我走，投向我军，在我们党的领导下，为人民立功。我们几人还聚在一起，以结盟的方式共同发誓：一定保守秘密，做到患难与共，永不背信弃义……随后，我以加强上海治安为名，向周佛海提议将刘铁城团由外县调到上海近郊董家渡一带设防。我计划以刘铁城团为主力，加上能策反过来的其他团的几个大队，改编成一个师，拟定由我担任师政委，刘铁城任师长，李国章任政治部主任，孙耀东负责筹办军需。张执一同志表示同意我这个计划，并亲自同我到准备起义的部队秘密视察了解情况，同时指示要准备改编和听候调遣。后来，因形势变化，党中央于 1945 年 8 月

21 日发出了停止举行起义的电令。党组织重新布置了工作。我们仍在张执一、刘人寿同志的领导下，担任侦察敌情的工作。

国民党开始接收上海后，刘铁城部接受了国民党的新式武器，并调离上海开往常州一带。我及时向党组织提供了准确的情报，因此，刘部刚到目的地，尚未站稳脚跟，便被我军全部击溃了。

熊剑东率伪税警总团开往瓜洲时，也是我及时提供的情报，被我军一举歼灭的。

我还从伪军中搞到十多支头号左轮手枪和数百发子弹，交给张执一同志。他机警而有胆略，乘我的汽车将枪弹亲自送至外摆渡桥边，用小船运出了上海。

营救杨靖宇将军的弟弟

在此期间，我还将东北抗日联军第一路军总指挥兼政治委员杨靖宇将军的弟弟杨树田营救出狱。

那是在日本投降后不几天，我党另一部门的地下工作者、我的老同学范纪曼同志到军法处找我。他说有两个同志被关押在提篮桥监狱，我们要趁此时局混乱之机将他们营救出来。

一天，我们二人都穿着有少将军衔的军服同乘我的汽车驶往提篮桥监狱。我指着范纪曼同志对典狱长沈冠三说，这位是刚从重庆来的范高参，他是专为接在押人李一鸣和杨树田来的。我向他说明："这件事是要我们行动总队司令部军法处会同办理的，我特意随同范高参前来，请老兄照办。"沈典狱长听说是重庆方面来要员，便诚惶诚恐地答应，并立即命令狱吏赶快查一下。不多时，狱吏报告说："这个案子是上海日军司令部办的苏联谍报案，李一鸣已于前几天被日本人要去了，只有杨树田一个人了。"我们说："那就接他一个人吧。"片刻，杨树田扛着破被子被看守带到台阶下边，我们都走出了办公室。范纪曼抢上一步走近杨树田低声用俄语说："若是他们问，你就说是我的部下。"然后，他回过头对我说："老李，人来了，咱们带走吧。"我说："好！"沈典狱长面有难色："长官，你们领去在押犯人，要写提人收据啊！"范纪曼随机应变，装出国民党军人那种蛮横的凶相，用训斥的口吻说："日本已经投降了，你还要他妈的什么收条！你还想帮日本人吗？真是混蛋！……"沈冠三害了怕，连忙说："是！好！我遵命。可是，没有提人的手续，我也不好向上面交代呀！请长官原谅，在提人收条上签个字就行了。"此时，我急于把杨树田同志领出监狱，我考虑若搞僵了就不好办了，便打圆场地说："提人的收据由我来写吧。"我签完字后，沈典狱长和几名狱吏像送客人那样送我们出了监狱大门。

此事，我曾向张执一同志汇报过。他认为，营救同志是应该的，但总有点危险。事后，我自己也曾想，假如国民党政府接收监狱后追问此事，是很麻烦的，肯定会对我的潜伏工作带来不利的影响。有一段时间，我常为此事而担心，好在一年多后无人过问，我心里才如一块石头落了地。

打入军统内部

1945 年 8 月下旬，党中央决定我八路军、新四军集中力量先解放东北，因此上海起义作罢，上海由国民党接管统治，我党仍处于地下秘密状况。当我们正在研究继续在上海潜伏下来，还是参加解放东北的战斗时，我以前认识的律师余祥琴由浙江回沪，来到我的家中。他劝我不要离开上海。他说："我以前是军统领导的沪郊指挥站的负责人，你如能将警察局的人员拉一些给我工作，我就可以帮你混进去。""怎么混进去呢？"我问。"有办法。沪郊指挥站曾报了些吃空饷的假名字，可以给你顶一个，就说是你的化名。”“这太危险吧，而且会连累你呀！”余祥琴镇定自若地说：“不要紧，军统拉汪伪组织人员使用，是叫‘运用人员’，不是正式参加军统组织，不会认真查对的。”他还一再表示，一定保守这一秘密，如有纰漏，他自己也吃不消。我向他表示考虑考虑再说。我将余祥琴与我谈话的内容向刘人寿、张执一同志作了汇报。几天后，他们通知我，说党组织已研究决定让我将计就计，打进军统去，进行工作。以后，余祥琴又来找我，我就向他表示，如果他能保证不出乱子，我可以留在上海，跟着他工作，希望他可要够朋友。他百般许诺，说不会出错。

余祥琴是 8 月 26 号回到上海的。此后，军统特务陆续来到上海，他们成为国民党政府接收上海的先遣部队。在国民党政府未正式接收之前，这帮特务还是在伪组织军警维持治安的保护伞下活动。军统在上海的办事处，设在杜美路七十号杜月笙的公馆里。以戴笠为首的军统大特务龚仙舫、李崇琦、王新衡、沈维翰、廖化平等相继来到上海。戴笠刚到上海时，经常住在金神父路十一号唐生明家中。后来军统上海办事处给戴笠置备了四五处公馆。

9 月中旬，军统在杜美路召开上海办事处纪念周会议，我接余祥琴的电话也参加了这个会。戴笠主持会议并讲了话。他除了大吹大擂军统在八年抗战中的战功之外，还告诫大小特务们要肃清“奸党”，也就是要竭尽全力阻挠我党我军接收，由他们来抢劫胜利果实。我当时一方面听他大放厥词，以了解其动向；一方面注意他的言谈举止，以摸清其习性。戴笠这个军统头子的阴险狡诈果然名不虚传，他时而凶神恶煞，时而道貌岸然，变化多端，反复无常。余祥琴对我说：“有机会领你见戴先生谈谈。”我当时的心情是想见又不想见他。想见，是考虑可以进一步了解这个大特务头子到底有什么本领和特点；不想见，是担心与他直接接触，如稍有不慎，就会被其识破我的真面目。

一天，余祥琴约我去见他的老师、青帮头目、金融界大亨杜月笙。我们同杜谈不多时，戴笠来了。余即向戴介绍我。戴笠头一句话就说，我知道你。听余祥琴同志说过，你能干，你在东北组织过抗日义勇军，打进南京伪组织后为党国做了不少工作。我说，那是戴先生领导得好。他接着说，你在陈公博旁边工作，没有被李士群的七十六号发现，能混下来，就算有办法，不容易呀！“那是组织上领导得好，托戴先生的福！”我想不便多谈下去，随即说：“戴先生、杜先生，你们工作忙，不打扰了，以后再请戴先生和杜先生指教，我告辞了。”

我打进军统之后，开始是以余祥琴的“沪郊指挥部”为掩护，随余参加他们逮捕、审讯汉奸的工作。由于常与特务们接触，我了解到不少有关军统的人事、组织、特务活动以及国民党接收上海市的各种情况。后来，军统上海区改组，余祥琴被任命为军统上海区第二站站长。此站下分三组：第一组是政治组，专搞我党的情报；第二组是社会组，专搞上海社会动态，即每日发生的重大事情；第三组是经济组，专门搜集上海经济界的情况。余祥琴推荐我担任第二组组长。我逐步深入魔窟，利用职权之便，直接看到军统对所属区、站的指令、通报及通知等重要文件。我择其有价值的文件交给我地下党的负责同志看，从而使我党了解到军统特务们是如何注意我们的活动，以及他们将怎样监视、侦察、追踪某人或某事等等。这对于保卫我党我军和进步群众的安全，防止敌人破坏，避免或减少革命事业的损失，起到了很大的作用。

在此期间，审讯汉奸对军统来说只是临时性的工作。他们的主要任务是忙于重新建立上海特区和各省市的军统组织，以对付我党我军，破坏和谈，发动内战。其次，便是改编伪军组织，建立交警队，以控制主要铁路、公路。他们还不遗余力地大搞劫收，即借逮捕审讯汉奸之机，搞“五子登科”。

日本投降后，大约有一个多月的时间，国民党政府全靠汪伪军警维持上海的治安。直到10月上旬，重庆的接收大员们以及那些被日军打跑得很远的“国军”，才陆续乘美国飞机飞来上海。这些人涌入敌伪占领区后，各显神通，大抢特抢洋房、汽车、金条、美钞和汉奸的小老婆。他们花天酒地，吃喝嫖赌，把一个本来就腐败不堪的上海，弄得更加乌烟瘴气，比沦陷时还糟糕！难怪老百姓气愤地说：“什么接收，简直是劫收！”美国兵们更是神气活现，坐着吉普车在大街上横冲直撞，撞伤人、轧死人的事件时有发生。美国兵不但追逐街头的“摩登女郎”，对行路的良家妇女也肆意调戏。老百姓叫苦说：“想中央、盼中央，中央来了更遭殃”、“前门驱出一条狼，后门进来一只虎”。

我被余祥琴推荐担任军统上海区第二站第二组组长后，余专为我安排了一所房子办公。我不常去那里，隔几天去看看文件。我把原伪警察局各分局司法股的人员拉了十多位，要他们把每天社会上发生的重大事件报来。按这个组的原定任务来说，我以为这样做满可以应付得过去。哪里知道，并不能满足区里的要求。比如某日某地发生聚众抢米事件，只把事件发生的情况报上还不行，还必须查出事件发生的起因和背景，也就是说，要指出是什么人在背后策动的。这就麻烦了。我感到这个差事不好干。我虽然潜入敌占区从事情报工作多年，但掩护职业一直是上层政府的公职，容易把本职工作完成，并可以利用职权和机会，去搜集我党需要的情报资料。现在不是这样了，这个职位是给敌人以情报资料，这是我不情愿干的事情，所以军统上海区几次指责我这个组的工作没有成绩。在这种情况下，地下党的领导曾与我商议是不是编些假的，或过时的，或似是而非的情报去应付他们呢？我说，不能那样做。我的想法是，宁可让他们认为我对这个工作无知无能，也不能让他们抓住什么把柄。

与此同时，我对余祥琴说，我在这方面既无线索又无经验，我拉过来的原伪警察局人员是搞刑事案件的，对此工作也是外行。尽管余祥琴说过，军统对拉进汪伪组织的人员是利用，不会认真审查，可是军统对我这样不为他们卖力的人，不能不产生怀疑。余祥琴倒好说，因为我们是老朋友，经过请客送礼，总算能周旋过去，而督查处和军法处对我盯得很紧，进行秘密审查。我查觉到军统对我在进行侦察，但不知道是怎样引起他们怀疑的。事后我才知道，军法处的沈维翰与余祥琴在审讯汉奸当中，因争权夺利发生了矛盾。我是余祥琴拉过来的人，沈维翰当然在我身上找碴子以对付余祥琴了。他们在侦察中，了解到我的弟弟李春芳和我的爱人孙静云曾因共产党抗日嫌疑而被捕过。此外，余祥琴平时忽而叫我“李渊”，忽而叫我“赵和锋”，也是他们引起怀疑的原因。

沈维翰在找到一些蛛丝马迹之后，便以此作文章。他拍电报给去北平部署工作的戴笠，简陈案由，请求批准扣押我。戴笠复电的内容大意是：仙舫、维翰两兄，函悉。李时雨参加本局工作成绩如何？希详查再核，目前不可逮捕也。戴笠为何有这样的复电呢？后来我才知道，他在北平接到电报后，顺便问在警备司令部稽查处任督察长的李国章，打听我是怎样一个人。李是我们的人，当然替我说了一番好话，加之戴笠见过我，他对我没有什么不好的印象，所以没有批准立即逮捕我。然而，沈维翰等仍不死心，继续进行侦察，我也提高警惕继续坚持工作。

1946 年 3 月上旬，戴笠因飞机失事摔死。戴笠死后，军统特务内部相互倾轧更为加剧。那些嫡系特务对余祥琴开始找麻烦，对我则一再指责工作没有成绩，并继续暗中侦察。我早就有所察觉，张执一同志也从另一方面得到情报，获悉军统特务在秘密侦察并随时准备逮捕我。所以，当我提出撤离上海时，张执一同志便立即同意了。他除了安排一位交通员负责随时准备送我的家属去苏北外，还指示我到东北找陶铸同志接关系，由他分配工作。

可我怎样才能比较安全地离开上海呢？同余祥琴说明，公开撤离？假如他不同意，那是会打草惊蛇的，只有秘密撤走。但用什么办法掩护才能更安全地撤走呢？我想起我的老师王抚洲在南京任直接税总局局长。万不得已，我是不愿找他想办法的，因为听说他与戴笠很要好，他又是青年党人，同他拉近了还是不能跳出特务的圈子。此时，为了安全撤走，我也只好利用一下这个关系了。到南京后，我找到了王抚洲，多年不见，彼此十分亲热。畅叙八年抗战阔别之情以后，我提出求他找工作，要护照。王抚洲很热情地说："你若仍在军统工作，我可以托唐纵照顾你，唐是军统主要负责人之一，戴笠死了，他说话一样有力，你若是愿意去东北工作，我可以给你安排当直接税局分局长。"我说："我急于回家乡东北工作。"我提出最好是委我为营口分局局长，因为我的同乡同学王家善师长在那个地方驻防，会得到他的照应。王抚洲答应了我的要求，并说，正好直接税东北局局长张维在此地。他当即找到张维与我见面。张维说营口准备设分局，他叫我去沈阳等候，委我任营口分局局长一职。王抚洲当即命令直接税总局办公室给我开了护照，交我带回上海。

两年半的监狱生活

我从南京回上海后，即委托石玉祥同志给我买去北平的飞机票，准备先到北平然后转赴东北。1946 年 9 月 16 日晚间，张执一同志来我家。我将已买到 9 月 18 日的飞机票及即将启程离沪的情况向他作了汇报。他作了详细的指示。我表示一定要找到陶铸同志，在我们自己的队伍里工作，不再做秘密工作了。他说："接上关系后，还是要听从组织分配。”

9 月 17 日上午，余祥琴来电话，叫我立即去他家。我觉得不对头，但又不能肯定有坏的变化，只得硬着头皮去了。我推门一看，只见他家正在收拾东西。他的女秘书盛吉小姐直对我使眼色，年轻的陈会计也对我使小动作，都向我示意要出事的样子。余祥琴有点不大自然地对我说：“刘方雄副区长请你到市政府调查处去一趟。”我问：“有什么事啊？”余说：“我也不知道什么事，你去一趟吧。”我想，事到如今，也无法脱身了，只好再闯一步吧。我掏出一个金表链送给余祥琴说：“作个纪念吧！”意思是我可能被扣押，请他以后作证营救。他说：“你放心吧，我余某人绝对不会对不起朋友的。”

我坐自己的三轮车来到了上海市政府。下车后，我对三轮车夫阿根说：“这辆三轮车送给你啦！一小时我若不出来，你就回我家，在我家门口等上两三天，凡是常来我家的客人，你都要告诉他们，就说我被捕了。”阿根颤抖着答应，含着眼泪与我告别了。

我走进上海市政府，见到了刘方雄。他说：“你来啦，坐下吧！”还没等我坐稳，他接着说：“对不起，请你到南市看守所去。”“为什么呀？”我问。“到那里你就知道了。”“你还有什么要求吗？”他又问了一句。“我想请您马上通知刘绍奎来这里，我委托他把我的东西送来。”“那好吧。”刘方雄马上打电话，把刘绍奎叫来了。我请刘绍奎立即到我家，把一个手提箱收起来，存放在他家，并把我的衣服和袜子等送到南市看守所。我把王抚洲给我的证件交给刘绍奎，请他寄给南京直接税总局王抚洲，并写信告诉他，我已被军统逮捕，请他设法营救。刘绍奎是山东人，很讲义气，原是英租界工部局巡捕房的“包打听”头目，当时的职称是探长。我任伪上海警察局司法处长时，他任审讯科长。在平日的工作中，我发现他与日本人办事时能站在中国人一边，所以我们的私人感情相当好。

我与刘绍奎告别之后，军统特务就将我的手铐了起来，用吉普车将我押送到南市车站路军统看守所。那个地方我很熟悉，因它是原伪上海地方法院看守所和原伪上海保安司令部看守所的旧址。那里羁押的，大都是军统的人和我们的人。军统的程克祥、阮清源和彭寿都先我而至。过了几天，余祥琴也被捕。他们都是由于戴笠死后，军统内部争权夺利，分赃不匀而被关押起来的。不过，阮清源和余祥琴约数十日就被释放了。

我被关押在看守所三天之后，才开始审讯。首先问我参加过什么政治组织。我说没有。其次，问我弟弟和太太因何案而被捕。我答，都是因抗日嫌疑。又问我都认识哪些共产党人？我说一个都不认识。后来他们说我就是共产党，逼我承认。他们用严刑拷问了两夜，我矢口否认。他们写的记录，我既不看也不按手印，以防他们捣鬼。这一下可激怒了他们，对我又是毒打，又是压杠子、灌凉水。我一点儿也不口软，破口大骂："八年来你们躲到重庆，不打日本鬼子，今天却来迫害我这同敌人艰苦斗争的地下工作人员，真是丧尽天良！"他们对我无可奈何，只得另打主意。过了几天提审时，他们又问我是怎样打进汪伪组织当伪官的。我趁机把早已编造好的那一套履历陈述一遍。他们未抓到我的把柄，只好作罢。

军统特务对共产党人是宁肯错杀一千，也不放走一个。我在看守所进一步了解到：这些军统特务最恨的是所谓"异党分子"混进他们的组织里。一经查实，必定处死。因此我想，不能坐等，必须设法活动，使他们早日送法院。即使按伪职判罪，也不会处以死刑。何况我有许多证据和理由，说明我是国民党政府派进汪伪组织的，以摆脱"汉奸"的罪责。于是，我就与外边暗暗通信，请刘绍奎转信给王抚洲，再转托唐纵向军统说情释放。如不能释放，就及早送法院。

军统看守所比一般监所要严一些，但也不是铁板一块。因在旧社会，有钱能使鬼推磨，看守所内也有跑“封包”的。即“犯人”将写好的信用纸包好，写明地址及收信人，放风时或送饭时，交给熟识的看守。有的看守也在“犯人”身边悄声问：“有送的吗?”“犯人”如有信要捎出去便顺手递给看守。看守拿出去照地址送给收信人，由收信人照信上写的钱数付给看守，也有的由看守勒索讲价付给。带回信或东西，双方讲价，多花钱讨方便，看守们是看钱办事的。我开始没敢让看守往外面送信，后来摸清了他们的底细，我便也试试。我写信给公安局的刘绍奎，开始只是要衣服、报平安。打通之后，我才把到看守所之后的详情写明，并请他按照我的计划营救。我那时主要是希望早日解送法院，脱离军统的魔掌。

军法处见逼供落空，未抓到我的任何证据，无法定案，便与督察处密商派了一个小特务假装犯人关押在我的监房里。这个人自称是共产党嫌疑，一进来就主动向我套近乎。他言行十分幼稚，我一眼便看出他是来摸我的底的。每当他使用花招套我的话的时候，我便以国民党地下工作者的身份，以自豪的口气向他进攻。我说：“我为国家为民族已经做出最大的牺牲，问心无愧，我相信不会冤沉海底的。”闹哄了几天，他那些刚学会的不甚熟练的诈术使光了，也没套出什么东西。最后，他似乎是良心发现的样子，偷偷地对我说：“你这个人太好了，他们真冤枉你啦！告诉你吧，我是督察处派来摸你的底的。”对他这番表白，我一点儿也不惊奇，不动声色地听着。他接着说：“我这回没白来，认识了你这个好朋友，以后我愿意跟着你做事，你可别忘了我。你放心吧，我一定替你说好话，让他们早点把你放掉……”我笑了笑说：“谢谢你的好意，你不必替我多说什么好话，就把你了解到的情况据实报告就行了。”

军统关押了我三个多月，未侦查出“异党”罪行，加上外边的同志和朋友托人疏通，1946 年 12 月，我的案卷被送到上海法院，遂继将我转押到上海提篮桥监狱。这所监狱能容纳数千犯人，设备也比较齐全。我先被关进普通犯人监房，同十几个盗窃犯、诈骗犯等关在一起，屋里又脏又臭。那些犯人对我这个西装革履的“大亨”开始是想压一下。有的摸摸我的头发，说：“怎么它还长着?”有的碰碰我的腰带，说：“这个怎么没拿下来?”我理直气壮地说：“他们没敢动嘛！这有什么稀奇?!”及至他们听到我的名字，知道我原来是警察局司法处长时，不但没有歧视欺侮我，反倒对我表示恭敬了。我问：“你们对当警官的不怨恨吗?”他们齐声说：不，对您这样的警官一点儿也不怨恨。我们早就知道您是主张不许拷打犯人的。您在报纸上发表文章说犯罪是社会的病态，人们的衣食足，才会减少犯罪，刑罚只不过是治病的一种方法，应该防止犯罪于未然等等。您讲的道理很对，我们听得进去。可是生活逼得我们干了自己明明知道不应该干的事情……

通过与这些犯人的短暂相处，我对于犯罪心理学，又增加了一些感性认识，对于立法及司法的理论依据又得到了进一步的充实。

几天后，我被转到四个人一间，有床，有抽水恭桶的监房，这里条件就好多了。又过了些日子，监狱进来一批青少年犯，据说是专跳火车偷盗物资，破坏铁路交通的“小共产党”。他们多半是苏北口音十六七岁的样子，很乐观，整天说说笑笑。他们听说我懂法律会写状子，都来求我给写申诉状。我同他们很谈得来。在了解了他们怎样被捕的情况后，我替他们写了辩诉状并告诉他们到法庭上怎样申诉。不久，他们上过两次庭，就被宣告无罪释放了。

在监狱中，我除了学英文、读报纸外，还浏览一些历史、文学或宗教方面的书籍，有时也临摹碑帖练习书法，以作消遣。当然，我的主要精力还是放在打好这场官司上了。

第一次提审我是在楚园（原警察局副局长卢英的公馆，后改为法院检查处临时庭）。开庭之前，我会见了几位相识的记者，我向他们打招呼，请他们务必按我的申诉据实报道。第二天，上海报纸便大登：“李时雨昔日是楚园座上客，今日成为楚园阶下囚。”这一消息传出，不仅先声夺人，造了舆论，最要紧的是把我的案情传给了我们的党组织和有关同志。我的部下，曾获得律师证书的少校军法官周光辉，通过上海律师事务所为我找了一个可靠的辩护人。静云也秘密来到上海，向有关人员送了礼，并要到了一份国际问题研究所派我打进汪伪组织任南京政府立法委员的证明。余祥琴也出庭作证，他把我俩编造的那套假履历，坚持说成是千真万确的事实。法院审判人员问余祥琴：“李时雨既然在军统工作，为何军统又以汉奸案将其押送法院?”余祥琴回答说：“此事只有戴笠知道。如果他活着，是绝不会把李时雨当汉奸押送法院的。”律师蔡企文也根据我的申诉书为我进行了辩护。但法院竟听从军统的指使，对我的申诉、律师的辩护，以及余祥琴的证明不屑一顾，只承认国际问题研究所的证明，但又断章取义，说这只能算是协助抗日有功，作为减刑的依据。本来，按我们列举的事实及其有力的证据，理应作出无罪的判决。然而，国民党法院竟判处我七年零六个月的有期徒刑。

我们从各个方面了解到：国民党法院的检察官都是军统控制的人，推事也不能不听从军统的指挥。由于沈维翰早已向法院打过招呼，说对我不能轻判早放，更不能作无罪的判决，所以法院不敢违背。尽管当时许多人用金条、美钞来贿赂法院检察官和推事，想将我减刑到两年半或保释在外治病，刘绍奎也曾托人试探为我疏通，但主办人员始终答复说：“这是军统送的案子，而且早有密示，我们谁敢不遵办!”判决结果也表明，国民党法院并不能独立依法审判，所谓“司法独立”，完全是骗人的鬼话。

获　释

随着解放战争的节节胜利，广大人民反饥饿争民主的斗争风起云涌。国民党政府迫于财经困窘，囚粮不足，不得不释放一批监犯。1948年宣布释放5年以下的有期徒刑监犯，1949年2月宣布释放15年以下的有期徒刑监犯。我是1949年2月以合乎释放条件取保释放的。我出狱后的第二天，报上刊登了我出狱的消息。党组织看到这个消息后，便派同志找我，我也从过去约定的关系中找党组织，因此，我出狱后很快就与张执一同志见了面，并立即研究如何开展下一步工作了。

我提出要以黄雨斋为总经理的中汇企业公司为掩护进行工作，黄雨斋愿把劝工大楼他的写字间分给我一部分，我可以该公司副总经理的名义在那里活动，也就是把那里作为我们的联络点。张执一同志完全同意我的意见。

当时，我们工作的重点，主要是宣传我党保护工商利益的政策，劝阻工商业者搬走机器和物资，防止破坏生产力；策反国民党军队向我军投诚，阻止蒋介石军事实力开往台湾；搜集国民党军队、警察以及地方武装残余势力的配备情况等。党组织还指定我同上海工商界、银行界上层人士联系，同时辗转于国民党、军警机关之中，宣传党的政策，正告他们要保护一切公共资财和卷宗档案，如遭破坏须负全部责任。2个月来，我在上海与一些旧的关系联系上，并又发展些新的关系，工作大有发展，这就自然引起了国民党特务和警察对我的注意。上海市公安局长、军统特务毛森派人盯我的梢了。我也查觉到他们对我在进行侦查。张执一同志了解到我的处境后，立即决定要我撤出上海，绕道香港，然后转赴北平。他很快就派陈邦织同志给我送来接关系的信件及路费。这样，我于4 月初由上海乘飞机去香港，与我党驻港办事处的万景光同志接上了关系。在香港等候开往天津的轮船时，万景光同志还要我同几位同志在住所里整理了几天情报资料。离港前，他托我携带一部用线装书伪装起来的密写的情报资料，嘱我到北平交给罗迈同志（即李维汉），我到北平后，将情报送到中南海，面交给了童小鹏同志（解放后曾任中共中央统战部副部长）。随后，我被分配到中央社会部工作，开始了新的生活。

一位功不可没的共产党人

——隐蔽战线上的杰出战士于炳然

于天存　孙铁汉

于炳然同志是中国共产党的优秀党员，党的对敌斗争隐蔽战线上杰出的战士。从青年时代起，他就在家乡黑龙江省望奎、齐齐哈尔和北京等地从事进步活动，参加反对贪官污吏的斗争。在留学英国期间，他加入了共产党，为反对帝国主义，光复祖国东北不知疲倦地进行社会活动。后任英国共产党中国语言组书记。根据组织决定，他又在苏联工作了一个阶段。抗日战争爆发前夕，他被派回祖国，曾任“东北救亡总会”宣传部主任、总会秘书长、李杜东北抗日联军政治部主任。并经组织同意先后任国民党军事委员会第二处设计委员、国民党军事委员会战地党政委员会设计委员等职。他以上述职务为掩护，长期从事党对国民党上层人士的统一战线工作和党的地下工作。在抗日战争中，他始终站在抗日救亡运动的前列，不避艰险困苦，勇敢坚定、机智灵活地同帝国主义侵略者斗争，与国民党反动派周旋，做出了独特的、不可磨灭的贡献，显示了卓越的智慧与才干。奉命撤回延安后，他先后在中央政治研究室、中央社会部工作。全国解放后，他在西南公安部工作。为肃清匪特、维护社会治安作出了卓越贡献。

初露胆识与才干

于炳然原名于斌，1903 年生于黑龙江省绥化县双榆树屯，后迁至望奎县城内。他八岁入私塾，天资聪慧，学习刻苦，三五百字的文章能过目成诵。五年乡塾，于炳然读完了四书、五经和《左传》，能写八股文，作旧体诗。后就读于望奎县立第一高等学校，他进取心强，学习勤奋，常以“三更灯火五更鸡，正是男儿立志时”和“有志者事竟成”等名言自勉，是该校名列前茅的好学生。

1919 年 7 月，于炳然考入黑龙江省立第一中学，校址在齐齐哈尔。入学后，他一如既往地勤奋学习，曾连续几个学期考取“第一名”，博得全校师生的一致赞许。

“五四”运动后，于炳然逐步接受了反帝反封建的新思想。1922 年 5 月，他联合黑龙江省一中、政法、师范、工业、农业等五个学校，组织了黑龙江省学生联合会，并被推选为学联主席，曾组织领导了两次与封建势力做斗争的学潮：一次是反对军阀吴俊升不制定“省宪”、不通过选举产生省长的斗争；一次是声讨省议员耿之光以卑劣手段骗取民财的斗争。在学潮中，上千名学生冲进省议会，举行街头游行，揭露省议员的十大罪状。使省当局一时不知所措，终于被迫进行了“民选省长”，耿之光也被吓得狼狈逃走。学潮深受民众的称赞。

1923 年 5 月，于炳然中学毕业。同年夏，他被选送公费去日本留学。可是，他到日本不久，就碰上了东京大地震。这天，于炳然正在他寄宿的中华留日青年会二楼给家里写信，忽听外面传来一声巨响，同时楼房也摇晃起来。他急中生智，转身从窗口冲出，跳到院内的地面上，接着迅速站起身向前方的空地奔跑。就在这时，他身后的楼房倒塌了。顷刻间，东京城变成了一片火海，大量房屋纷纷倒塌，几万人丧失了生命。于炳然在海岸上，饥寒交迫，挣扎着度过了15天，才乘上中国大使馆雇用的救济船，脱险回国。事后他曾写下这样一首诗：

苍天何故太无情，
偏我来时祸遽生。
只落赤身归故土，
几将白骨葬东瀛。

1924年9月，于炳然考入国立北京法政大学（后改称国立北平大学法学院）。他在北京读书时期，由于不断接受进步思想的影响，更加坚定了救国救民的志向，主编了《协进月刊》，满怀热情地投身于反帝反封建的斗争。

1925年"五卅惨案"发生后，北京各大学为声援上海学生的斗争，举行了游行示威。于炳然是这次游行的组织者之一。

1927年夏，于炳然还在家乡望奎县领导了一次"清算县长许桂恒"的斗争。

许桂恒在望奎任职期间，横征暴敛、敲诈勒索，老百姓怨声载道。这年暑期，北平学生回家度假，正赶上许县长"荣转"到另一县去任县长。地方上有30多人想跟他算账。他们在一起讨论了几天，还是决定不下来应该采取什么行动。于是去找于炳然，要求他出来领导这次斗争。于炳然研究了他们所谈的情况和整理的材料，感到有理有据，就答应了大家的要求。第二天，于炳然召集了池蓄龙、赫修文等由北京返家度假的同学，又约来了十几位中小学教员，正式成立了"清算委员会"，决定了斗争的策略和步骤，并拟出一份措辞尖锐的电文送到电报局。电文强烈要求省政府“缓令许桂恒离县，其吞搂巨款必须清算与退还，彼如强行，必遭武力阻止”。为慎重起见，委员会还安下两个备而未用的棋子：一是派出两名代表到哈尔滨，作一个可进可退的姿态；一是派人监视县政府，以防许桂恒溜走。

他们的斗争策略生效了。许桂恒当天晚上就派人来进行调解。要求电报缓拍，说对他“属僚”的贪污行为愿负全责。第二天，委员会与许派出的调解人开始谈判。对方是想拿出一笔钱了事。于炳然等代表则坚持一项一项地清算。最后采取了个折中办法：一、许桂恒退还赃款“黑龙江官帖”140 万吊。二、许桂恒向地方各界人士和全体清算委员，交代他的贪污行为。这笔 140 万吊款子，当然不是他贪污的全部；但在当时，确是个相当可观的数字。许桂恒在会上当众承认：“属僚们的贪污行为，本人失于检查，不但负责任，而且对不起地方父老……”事后，他们把这次清算的情形，在报上公之于众。结果许桂恒“荣转”未成，反而被撤了职。对于这次斗争家乡人无不拍手称快。

1928 年冬，日本帝国主义为了进一步侵犯我国主权，霸占我国领土，竟然强迫东三省当局同意日本在东北修建五条铁路，从而引起了全国人民的一致反对。北京各大学的东北籍学生，联合起来组织了“东北旅平学生路权保持后援会”，掀起了一次声势浩大的“护路运动”。于炳然是这次学潮的总指挥。

1929 年 4 月，北平大学法学院掀起了一次“收回二院校舍”的学潮，当时于炳然是学生会主席，在学潮中是总指挥。

成为共产主义者

1930 年夏，于炳然大学毕业。8 月，黑龙江省招考留欧学生，于炳然以优异成绩夺魁。这里还有一段于炳然舌战陶司令，也就是后来传说的“于炳然骂死陶司令”的插曲。事情是这样的：黑龙江那年拟定录取留欧公费生5名，省主席万福麟的亲家陶司令想凭借势力夺取一个名额给他的儿子——万主席的女婿。陶司令的籍贯本不是黑龙江省，只是在望奎县有土地。他的儿子又不是大学毕业，是没有资格报考黑龙江公费留学的。可陶司令硬要依仗权势争一个名额。于炳然找到陶司令家，同他唇枪舌剑展开辩论。可巧不久陶司令死了，实际上可能陶有高血压、心脏病，生点气就一命呜呼了。人们就传说：于炳然效法诸葛亮骂死王朗，把陶司令骂死了。“军阀陶司令作恶多端暴病身亡，人人称快；青年于炳然才华出众夺魁留洋，有口皆碑。”于是这一趣闻便蜚声全省，流传一时。

于炳然于1931年4月5日，由哈尔滨起程，取道西伯利亚铁路赴欧。4月15日到达伦敦。入英国伦敦大学政治经济学院，研究国际问题。

“九一八”的炮声从家乡东北传遍全世界。于炳然闻讯，陷入了深深的忧愤之中，经过痛苦的思索，他感到，自己必须选择一个能够拯救中国的主义，而坚决奉行之；还必须参加一个政党，靠群策群力来实现目标。于是他走出了埋头读书的小天地，开始参加旅英华侨和留学生的各种集会。他为人磊落正直、勇敢机智，而且才气纵横，文笔犀利富有感召力。每有集会，他的讲话总是滔滔不绝、扣人心弦。因此很快就受到留英青年们的敬慕和拥戴。由于“亡省丧家”的感受深切，他对国民党的不抵抗主义深恶痛绝，所以在各种集会上，都与国民党的反动论调作针锋相对的斗争。无形中与一些思想进步的人站到一条战线上了。继而他如饥似渴地阅读了《国家与革命》《共产党宣言》等马列主义经典著作。他的眼前豁然开朗了，他终于找到自己寻求已久的真理——共产主义，并决心参加共产党。1932 年 5 月，由何松亭、蒲子政介绍，经英国共产党批准，他被接收为共产党员，参加英国共产党中国语言组。

于炳然入党后，党分配他负责反帝大同盟工作和东伦敦的华侨工作，特别是海员工作。从此，于炳然已由一个具有自发的进步意识的青年，成长为自觉的共产主义者。不久，于炳然被选为英国共产党中国语言组书记，受英国共产党总书记波立特直接领导。1933 年冬，共产国际中国代表团，派杨秀峰去了伦敦。经他回去汇报，共产国际对英共中国语言组更加了解了。因而，以后对于炳然的指示也更直接和具体了，并通过英国共产党，对他们的工作给予了书面表扬。

英共中国语言组的力量日益增强，在伦敦的影响也在日益扩大。在它的领导下，除原有的“反帝大同盟”外，又组织了“留英学会”，“旅英华侨工商学各界抗日救国联合会”、“留英东北学生抗日救国会”，并出版了政治旗帜鲜明、宣传反蒋抗日统一战线的杂志——《解放半月刊》，由于炳然担任主编。同时在留英学会之下，还组织了一个“社会科学研究会”，与国民党学生进行理论上的斗争。

在一次研究会的集会上，杨秀峰主讲了“中国法西斯的形成”，引起了一场与国民党学生的争论。争论的焦点是“安内而后攘外”问题。会上，共产党人提出了召开公开辩论会的挑战，对方表示同意。数日后，曾轰动一时的“共产党大战蓝衣社”的一幕，在伦敦揭开了。

这是一场针锋相对的辩论。反帝同盟在台上的阵容是：第一发言人于炳然，第二发言人王北辰，第三发言人涂长望；在台下，安排了中语发言人杨秀峰，英语发言人张为先，粤语（广东方言）发言人侯雨民。辩论一开始，反帝同盟便以逻辑严密的滔滔宏辩占据了压倒的优势。对方虽一再反扑，但终是软弱无力。最后反帝同盟大获全胜而收兵。

1934 年 4 月，于炳然接到共产国际廖焕星的来信，要他从反帝同盟中选派六七人，赴莫斯科参加“五一”节观礼，并指定于炳然必须前往，以便在观礼后，出席随即召开的各国共产党中国语言组代表会。张为先、涂长望、杨亦周、乔辛瑛、钟殊漪和于炳然一行六人，于4月29日到达莫斯科。

在莫斯科，他们参加了“五一”节观礼，听取了季米特洛夫和加里宁的报告，参观了克里姆林宫、各种文化组织和一些大工厂。然后到基辅、哈尔可夫、斯大林格勒、列宁格勒等地参观。

参观后，其他人返回伦敦。于炳然留下来，等待参加各国共产党中国语言组代表会。但在柏林的王炳南等同志，被纳粹所阻挠，没能来莫斯科，所以这次会议没有开成。组织上只是同于炳然个人谈了多次，责成他向德国、法国、荷兰中国语言组，传达党的新决定。于炳然随即到柏林、巴黎和阿姆斯特丹，完成了党的使命。

于炳然回伦敦后，第一件大事是组织起“旅欧东北学生抗日救国总会”。继之便以该会的名义发表了三篇重要宣言——即由他在莫斯科起草、经共产国际同意的《为反对通车通邮①告全国同胞书》，《告东北同乡书》和《告海外侨胞书》。这三篇文章，曾在莫斯科印成单行本，散寄到国内外各地。纽约的《先锋报》，伦敦的《解放》，柏林、巴黎的反帝刊物，莫斯科的《中国报》也都同时转登了。当时在欧美的华侨界，引起了强烈的反响。

与张学良将军的友谊

1933年5月，张学良将军出国考察到达罗马。7月初，于炳然出于要给张将军以宣传和影响的目的，以一个东北人的身份，给他写了一封

① 指1934年华北与东北通车、通邮，此举被认为是对伪“满洲国”事实上的承认。

信。信中提了三个问题：一、东北之失，你以为原因何在？二、你是否准备收复东北？三、你如果想收复东北，将要采取何种方法与步骤？信寄出去约一个星期，便接到了张学良将军的亲笔回信。他信中相当恳切地表示愿意就抗日救国问题进行共同探讨，并对于炳然所提的问题一一作了回答。对第一个问题，张将军说是因为当时东北建设的飞速发展，如修建打通路、四洮路、克齐路，开辟葫芦岛军港等，都深为日本人嫉恨，所以才迫不及待地侵略东北。对第二个问题，张将军的答复是肯定的，并且说："如果说与日本人可以合作，没有比张氏父子更早就与日本人合作的了……日本人所以杀死我父亲，所以夺取我的防地，正是因为我们不与日本人合作……国仇家仇，誓死必报。"对第三个问题，他说："待第二次世界大战时，只要我们站在日本对立一方，就一定会打垮日本……但彼时如果仍是国民党统治，如果国民党仍持不抵抗主义，挑起内战亦在所不惜。"他在信中最后说："不日将去伦敦，愿当面再为详谈。"

7 月下旬，于炳然从报纸上知道张将军到了伦敦，但既有"面谈"之约在先，于炳然便静候着。一个星期后，于炳然又写了封长信。信中分析了日本帝国主义者侵略中国的必然性，并用中国共产党的观点，阐述了对内全国团结，对外联合苏联，展开抗日战争，收复失地的主张。信中还就国民党的反动谬论"安内而后攘外"，进行了剖析和驳斥，并对张的"等待第二次世界大战"之说进行了反驳。信末郑重声明，对张将军并无他求，唯一目的在于指给他以真理。于炳然的两封信，导致了他与张学良将军在欧洲的四次会面。

这封信付邮的第三天，张将军托陈洪海（共产党员，其兄陈洪陆在张学良处任东北军空军队长）来约于炳然去共进晚餐。

其实，于炳然与张学良将军并不是初次会面。早在 1928 年"护路运动”中，于炳然就曾作为“东北旅平学生路权保持后援会”代表，面见过身为东北保安总司令的张学良。不过那次见面时，于炳然谈的全部内容当然是一番请愿、抗议、指问之词。但意外的是张将军对于炳然的宏论竟甚为赞赏，遂当即表示愿聘用于炳然在他的保安部任以重要职务。结果被于炳然以“学无所成”而拒绝了。显然请愿中于炳然给张将军的印象是深刻的。

这次晚餐则不同，这是一次朋友式的会面。同餐者除于炳然与陈洪海外，只有张学良和他的两个儿子。席间，张将军问起于炳然的家庭状况，于回答后，张感慨地说：“这真是寒门生贵子，白屋出公卿！”于炳然说：“贵子与公卿倒不见得，不过我的家可以说是寒门或白屋了。”饭后，张将军说：“明天我去北欧参观丹麦、挪威与瑞典，大约20天后再回伦敦，那时我再约你详谈。”

一天，常在张学良将军身边的王芃生来访于炳然。王说：“贵同乡张汉卿先生听说你的学费发生了问题，他极愿予以援助，要我来征询你是否肯于接受的意见。”于炳然问：“他从哪里知道我的学费发生问题？”王说：“有一天张对我说，过去的干部多是陪同他玩耍的，没有一个人才。这次来欧洲，打算寻一批新干部。只问人才，不问省籍，要我在伦敦替他物色。我当时对他说，在伦敦的真正人才，正是你们东北人。于是我介绍了你的情况。”于炳然反问王芃生：“你的意见如何？”王说：“不管怎样，张将军主动要帮助你，总是好意，我想是应当接受的。”于炳然想了想说：“如果我不接受，不但辜负了他的好意，而且也辜负了你的好意。”当时，于炳然等公费留学生，因家乡沦陷，学费来源早已成了问题，张将军主动提出给予帮助，确是雪中送炭。

张学良由北欧回到伦敦，即约于炳然去单独面谈。谈话一开始，张将军围绕抗日救国，提出一连串的问题。于炳然仿佛面对一个老朋友一样，坦率而真诚地滔滔宏论达 4 小时之久。这次谈话中，张将军主要是倾听于炳然所谈，始终没发表任何政见。最后他对于炳然说："我很想了解一下社会主义的情况，请你做个准备，同我去莫斯科。我已通知了颜惠庆（中国政府驻苏联大使）同苏联接洽，我要去参观。"事后，于炳然把此次谈话的内容，写信向共产国际中国代表团作了汇报。几天后，得到答复，同意于炳然陪同张学良将军前往。

10 天之后，张学良将军又约于炳然谈话。这次是张学良将军来滔滔宏论了。他先说："颜大使已有回电，苏联记了我 1929 年（指中东路事件）的仇，不同意我去莫斯科。这次出国，最想看的是四个国家——德、意与苏、土。苏联既然看不成，土耳其便不想看了。"接着他说："中国的出路，只有两条——极左或极右，我已看了德、意，很好。但不能参观苏联，这次出国是白来一趟了。听说苏联确有进步，五年计划是成功了，但还没达到文明国家的程度。很想去看个究竟，可惜这次不能前去参观，很遗憾。"

最后他说："你如果愿意在伦敦读书，我愿意资助你学费。但我希望你去苏联读书，你去后，要与苏联朝野人士好好联络，一定要建立起最好的友谊。将来我们抗日，如能得到苏联的支援，那要比你带十万大军在前方作战的功劳还大。"

当谈到于炳然将如何去苏联时，张将军说：一方面给颜惠庆大使去信，要他在苏联接洽；另一方面待他回国后，向苏联驻华大使鲍哥莫洛夫面托。并说他认识加纳罕，可以写信向他介绍于炳然。至于学费，他说："如果你去莫斯科，咱们实报实销。"

这是于炳然与张学良将军的第三次会面，当时于炳然对对方的政治观点，只略提了几点意见。最后张将军说："彼此多考虑，有工夫再详细讨论。"

他们的第四次会面，是在 10 月下旬。在场的除了于炳然，还有陈洪海和田树滋。张将军仅告诉大家他次日将去罗马，希望以后经常通信。随后交给每人一封信，便一一握手而别。给于炳然的信封中，是一张 200 英镑的支票。

1934 年 8 月，于炳然接到张学良将军的来信，说去苏联留学一事已经办成。关于去莫斯科的手续，可以与中国驻苏大使馆直接商洽。还附一封写给加纳罕的信，要求他给于炳然以关照，并汇来了 240 英镑。于炳然把来信寄给共产国际中国代表团，不久接到复信，通知他，组织已同意他去莫斯科。

1934 年 10 月 9 日，于炳然到了莫斯科。但由于工作的需要，他没有实现学习马列主义理论的愿望。他在苏联的两年中，一是从事党的工作，二是在苏联外文出版社办的《巴黎救国时报》任编辑，并在那里过组织生活。在这一工作岗位上，于炳然为宣传我党的统一战线方针，作了许多贡献。

1937 年 3 月上旬，《真理报》发表了一则消息，说西安事变后被蒋介石囚禁的张学良将军已恢复了自由，并乘飞机去太原接洽重要问题。组织上迅即交给于炳然一个新的任务：返回国内，帮助张学良将军巩固东北军，以使之成为抗日的一部分力量。于炳然归国后，才知道这一消息乃是误传。

6 月 28 日，为筹集办东北救亡总会机关刊物的资金，经高崇民、卢乃赓写信联系，于炳然在上海晤见了张学良将军的女友赵媞（赵四小姐）。见面后，赵媞说，两天之内她就去看张学良，要于炳然写一封信由她带去。于炳然在信中赞扬张将军“双十二”之举为民族建立了功勋，又将东北救亡总会成立的情形和要办一种刊物的打算告诉了他。7 月初的一天，赵媞来电话约于炳然在虹口摩里根饭店会面。见面后，她说："汉卿特别关心你，赞成你办刊物。但要慎重，不要像杜重远似的闹出事来。最好现在不要活动，等汉卿出来后，一切都有办法。"接着，她拿出2000元钱说："这是给你办刊物用的。不够，以后再向我说。但无论如何不要说是汉卿给的，必要时只能说是我给你的。"东北救亡总会的《反攻》半月刊就是于炳然用这笔资金办起来的。

1938年秋，即武汉失陷前夕，为了救济流亡在关内的东北难民，于炳然代表东北难民救济委员会，向被关押的张学良将军募捐。张将军慨然应允，并亲笔写信让王化一为之解决——张将军捐赠了3000元巨款。

此后，张学良将军长期被监禁，失去了自由。然而在于炳然的心中，一直深念着这位和他在抗日救国战线上结成不同寻常的情谊的朋友、这位为全民族同胞所敬仰的伟大爱国者。

舌战戴笠

1937年5月，于炳然从莫斯科回国后，按照党组织的决定，在上海的一家旅馆和上海地下党负责人潘汉年会面了，从而与党接上了关系。潘汉年要他以东北籍归国留学生的身份，去南京面见蒋介石。于是，于炳然去见了蒋介石。他不卑不亢，从容恳切，着重谈了政府应支援东北抗日联军和恢复张学良将军自由的问题。

不久，经上级党组织同意，于炳然任国民党军事委员会第二处设计委员、少将参议。从此，他以这一职务为掩护，长期从事党对国民党上层人士的统战工作和党的地下工作。

西安事变后，蒋介石派戴笠（以他秘书的名义）来对付东北军和所有的东北人。其目的在于防止东北军反蒋，并相机拉拢东北人士为蒋所用。戴笠与东北人的一切交往、应酬和监视，无不出于这一用心。1938年4月，戴笠与于炳然曾进行了一次不同寻常的谈话。

见面后，互相寒暄了几句，戴笠就把话转入正题：“炳然兄，咱们做个什么样的朋友，普通朋友还是特殊朋友？”于炳然反问：“什么是普通朋友？什么是特殊朋友？”戴笠说：“普通的朋友，你有事，你求我；我有事，我求你，这叫普通朋友。至于特殊朋友，那就不同了，我马上可以给你介绍几个好朋友，很重要的好朋友，而且可以使你马上负起一部的责任。”于炳然又反问：“雨农兄，你看我够一个普通朋友，还是够一个特殊朋友？”戴说：“如果你仅够个普通朋友，今天的话我就不说了。”于炳然说：“那很好，我当然高兴做你的特殊朋友。”戴笠神色诡谲地说：“不过这里还有个问题。当你从莫斯科回国的时候，于卓（当时驻苏大使馆武官）曾给我一封电报，其中说你有四个优点：第一是富有国家与民族思想，第二是为人精明强干，第三是很有吃苦耐劳精神，第四是很重义气。但另一方面你的思想“左倾”，在莫斯科曾与王明有来往，恐系共产党员。他的结论是：此人能用则用之，不能用则杀之。”戴笠掷出“杀”字后，注视着于炳然的神色。见对方并无任何反应，他又做出微笑来，接着说：“当我接到这封电报时，我曾很费思考。这样一个好人，又有国家民族意识，又精明强干，又能吃苦耐劳，又重义气，为什么会加入共产党呢？我想不外是三个理由：第一，他主张抗日，政府当时还没抗日，所以他反对政府，因而加入了共产党。但是，政府是主张抗日的，当时所以不抗日，是在争取准备的时间，到了抗日的一天，自会得到谅解。所以这一条是不成问题的。第二，他政治上无出路，所以才加入共产党，那么给他出路。所以我看这一条也是不成问题的。第三，也许他是个理论上有修养的人，认为救中国的办法，三民主义还不够，必须共产主义。那么，既然是个理论上有修养的人，当然知道中国并不是个资本主义国家，不能实行共产主义，所以我看这一条也是不成问题的。因此，我看到于卓的电报，又加以思考之后，我只想了那个‘用’字，没想那个‘杀’字。现在我们认识快一年了。据我的观察，于卓说你的四点长处，都是事实。因此我想，他说你‘恐系共产党员’，也不会不是事实。现在这样，你在《大公报》上登个‘郑重启事’，说你从未加入共产党，或是脱离共产党。只要你这样，我到委员长那里，保你马上负起一部的责任来。”

于炳然一面泰然自若地听戴笠的话，一面在考虑应付办法。戴笠说完之后，于炳然从容不迫地问他：“你愿不愿意你的特殊朋友，在社会上闹到人所不齿的地步？”戴笠说：“当然不愿意。”于炳然说：“那么假如明天我在《大公报》上登个‘郑重启事’，说我于炳然不是共产党员；后天，人家在《新日报》上登个反问启事，说某某人声明不是共产党员，但谁说他是共产党员了？无的放矢，何其无聊乃尔！叫我在一般朋友中何言自解？于武官说我的四点长处，我虽然愧不敢当，可是我愿用以自勉。至于说我‘恐系共产党员’，这绝非事实……不错，在莫斯科我曾与王明有过往来，那正是由于我主张抗日救国，我愿意知道共产党对于抗日救国的具体主张。况且，那是在莫斯科，王明也没有怕与我会见及谈话的必要，所以才曾经见过面。但不要认为与王明见过面的人就是共产党员……以你的权力，难道还怕我吗？”于炳然说话时，从容自然，理中藏锋。戴笠听了之后，半晌没有吱声。最后勉强地说：“请你考虑考虑吧。”于炳然说：“事情在我这方面是很简单的，用不着什么考虑，还是请你多考虑考虑吧。”

为了达到把于炳然拉过去的目的，戴笠一面以“杀”相威胁，一面以高官厚禄相引诱；表面上堂而皇之，彬彬有礼，实际则阴险狡猾，凶狠毒辣。于炳然对戴笠的一番威逼利诱，既无所畏，更不为所动，凭借大智大勇和舌辩之才，巧与周旋，使戴笠奈何不得，只好收场。

奋斗在抗日救亡前列

1937年6月1日，于炳然到北平参加东北救亡总会（简称“东总”）成立大会的筹备工作。“东总”是在中国共产党领导下的东北人民抗日救亡团体。它的任务是：一、促使蒋介石兑现诺言，实行抗日；扩大民族统一战线，拥蒋抗日。二、营救张学良将军。三、声援东北抗日联军。

6月20日，“东总”成立大会在北平东北大学开幕。大会主席团由高崇民、卢广绩、栗又文、苗勃然、于炳然五人组成。大会通过了简章，选举了委员和常委，确定了组织机构。于炳然被选为常委，担任宣传部主任。

卢沟桥事变后，“东总”总会迁到上海，上海抗战爆发，又迁到南京。同年11月，上海沦陷，南京不保，“东总”按照周恩来副主席指示，随国民党政府退到武汉，在武汉明月桥顺直会馆办公。这时，“东总”党组，受中共中央长江局领导。党组书记为刘澜波，党组成员有张希尧、张庆春、阎宝航、韩乐然、陈先舟、徐仲航、于毅夫和于炳然。

1938年1月的一天，刘澜波通知于炳然，说王明（中共中央长江局书记）要来看于炳然，要他晚间在旅馆等候。深夜，王明和潘汉年一同来了。于炳然向他们汇报了回国后的工作情况。王明征求于炳然对今后工作的意见，于炳然表示，愿意回党内工作，不愿再搞统战工作。王明考虑后，表示同意。而潘汉年却说：“像炳然有这样的社会关系和活动能力，还是在外边工作好。因为我们能胜任这样统战工作的干部是不多的。”王明觉得潘的意见有理，就表示同意。

1938年6月，“东总”成立一周年之际，经改选，于炳然担负了更重要的责任——总会秘书长。从此，他把主要精力都用在“东总”的工作上了。

当时，在武汉的许多救亡团体中，“东总”被称为老大哥。它有14个分会，30多个通讯处。它支持和组织了抗日武装——游击队，在武汉曾开办过几个训练班，把培训的干部分批输送到华北各游击队中。“东总”还先后组织了三个战地服务团（即文工团），先后送往吕正操部队和延安。

在武汉，“东总”的宣传队和群众游行队伍，是最引人注目的。不但参加的人数多，而且，队伍中有色调鲜明的彩旗，有巨幅的漫画和宣传画，有整齐的乐队和歌咏队，有加以装潢的宣传卡车。“东总”的宣传队曾在汉口公演了三天抗战戏剧，颇得好评。这些宣传形式，大部分是于炳然从莫斯科借鉴来而加以创新的，它很快被各救亡团体所效法而推广起来。在文字宣传方面，“东总”的《反攻》半月刊是当时一种很为人注意的刊物。“东总”还举办过多次“名人讲演会”和“抗战问题座谈会”。

1938年秋，武汉撤守前，国民党政府决定政治中心设在重庆，军事中心设在衡阳。“东总”也大体上随着这一形势而部署。决定以高崇民、刘澜波为首，携同组织、训练、联络三个部和一个宣传队去西安；以阎宝航、于毅夫为首，携同秘书处、宣传部全体人员去重庆；以于炳然、刘亚光为首，去衡阳，要联合两广、湘赣各地会员和东北同乡，创立一个规模宏大的东南分会。

在撤退前夕，于炳然按照党的决定，搬到李杜那里，正式就任东北抗日联军总指挥部政治部主任。

于炳然随李杜及东北抗日联军总指挥部人员，一路乘汽车经长沙奔赴衡阳。到衡阳后形势已大变，便随国民党军事委员会退至桂林。

到了桂林，于炳然接到阎宝航、于毅夫的来信，约他速去重庆，并说军委会已决定成立“战地党政委员会”，由李济深主持，李杜有可能被任命为常委。为了促成此事，李杜委托于炳然前往活动。于炳然于12月28日乘机飞往重庆，他的活动取得了成功。1939年初，李杜被任命为战地党政委员会专任委员。不久，经李杜推荐，于炳然被该委员会任命为设计委员。

于炳然和李杜的友谊是从1933年春开始的。1933年4月，于炳然正在巴黎出席旅欧华侨反帝大同盟的各分盟代表大会。忽然接到刘咸一(共产党员)、杜春晏的电报，约他速去柏林。于炳然从报纸上得知，著名东北抗日将领马占山、李杜、苏炳文，已于4月10日抵达柏林。于炳然猜测，约他前往必与此事有关。果然，到柏林后知道，刘咸一所以发报，乃是德国共产党中国语言组领导人王炳南的授意。因为马、李、苏三人到柏林后，已为中国公使馆派一批人包围起来，使进步留学生无法与他们接近。只有刘咸一、杜春晏，因是黑龙江人，还可以经常在马占山等几位将领的左右。约于炳然前来，正是为了加强对三位将军的影响。

在柏林的十几天中，于炳然与李杜相处得较好。李杜对国民党有强烈的不满情绪，很愿意同于炳然交谈。后来李杜去罗马，又特地约于炳然前去。在罗马，于炳然与李杜同住了20多天，他们每日必谈，而且见解略同。有一次，于炳然问李杜：“你所领导的义勇军，为什么不联合共产党共同抗日?”李杜支吾了半晌，不知如何回答。实际上，这一问，使李杜的思想产生了很大的震动，使他思想上由于国民党的宣传所筑起的反共堤坝，开始动摇。临回国时，李杜特地向于炳然表示，他回到上海后，希望共产党派人与他往来。

在重庆期间，于炳然与在重庆的东北上层人士如李杜、刘哲、莫德惠、邹作华、万福麟以及王芃生等经常往来，相处甚好，因而常取得他们对“东总”工作的支持。例如，当时“东总”经费相当困难，甚至连许多同志的最低生活费用都难以保障。于炳然就曾经每月从李杜那里拿来三四百元钱，给刘澜波、于毅夫、陈先舟、徐仲航、张希尧、韩乐然等同志作生活费用。为曹松华、车向忱以及赵清黎、卢广声同志的生活和“东总”工作上的需要，于炳然曾找过王芃生帮忙。但于炳然本人却从不接受他们的帮助，那是为了留一条替别人、替“东总”说话的后路。

李杜将军对于炳然是极为信赖和器重的。他曾把张学良将军赠给自己的一支派克金笔转赠给于炳然作纪念，可见他们之间的情谊之深了。

功不可没

于炳然从1937年经党组织同意，打入国民党上层，任军事委员会第二处设计委员、少将参议开始，直至1941年奉命撤回延安为止，除了做党的统战工作外，还一直以他的特殊身份，从事党的情报工作。

1939年8月，于炳然按党组织的部署，正式到“国民党军委会战地党政委员会”就任设计委员、少将参议。该会下设军事、党务、政治、经济、文化和敌情六个研究组，于炳然任敌情研究组组长。因此国民党“军统”“中统”“国际问题研究所”的各种情报，在于炳然手边都有一份。他把这些情报，及时地让人复写，送交给我党驻重庆八路军办事处的王梓木同志。有时，对成册的、系统的材料，复写来不及，于炳然就把原件送交给党组织，待用完后再退还。当时在重庆，国民党的特务活动是无孔不入的。八路军办事处的工作人员以及从那里出入的人，都时刻在特务监视之下，所以传送情报一事必须格外慎重。当时于炳然所提供的情报，多数是王梓木以看望老同乡的名义，到“东总”来取。对于特别紧急、重要的情报，只得采取其他方式来传递。如有一次，于炳然先用电话约好，双方各驾驶一台汽车，在约定好的时间、地点相遇。在两车相错的一刹那，把情报送过去了。

凭借卓越的胆识和机敏，于炳然在长期的地下工作中，始终隐蔽得很好，不仅没被敌人所察觉，而且就连同他一起在“东总”工作数年的同志，也丝毫没有察觉到他秘密地在另一条战线上还从事着工作。

1939 年 10 月以后，“东总”的活动开始受到国民党当局的无理限制。《反攻》半月刊连遭刁难性审查。各地分会遭到的打击更大。鉴于这种形势，1940 年 7 月初，中共中央长江局决定于炳然和于毅夫二人撤离重庆。偏巧这时战地党政委员会改由程潜负责，李济深被调往桂林任行营主任。于炳然征得周恩来副主席同意，趁李济深离职前，先行撤退。于是，他向李济深呈请，去陕北榆林，视察东北挺进军的伪军反正工作。他的呈请得到准许，并同意他携带副官和秘书各一人同往。

出发前，于炳然遵照周恩来副主席指示，将他可能利用的社会关系全部留下。他将李杜的关系介绍给于毅夫；将王芃生的关系介绍给徐仲航；将屈映光的关系介绍给阎宝航。

临行时，周恩来副主席对于炳然说：“共产党人，走到什么地方都要把屁股擦干净。你既然说是去马占山部队，就去一次，将他们给你的任务完成后，写个报告，算清了报销，回到延安再留下，派你的秘书回来办交代。不要一到延安就不去了，免得他们又闹什么‘携款潜逃’啦、‘通缉’啦等名堂。到延安后住交际处，刘澜波去看你，你再同他商量北去的事。”

周副主席又说：“到西安后办一件事，高崇民生活已没有办法，林老（伯渠）几次给他钱，他不接受。你要说服他，哪有只管工作，不要生活费的道理，一定要他接受。”

于炳然以战地党政委员会少将视察员的身份，率秘书张石光、警卫员唐昆，奔赴陕北。

到了西安，于炳然去见林伯渠同志。林老建议他随马占山的运输队走，比较安全。于炳然已将高崇民说服，并从林老那里为他代领了三个月的生活费。又与高崇民商定了今后西安分会的工作方针。

于炳然一行三人，随马占山运输队长途跋涉，于10月20日到达了他们久已向往的革命圣地——延安。他们在延安只停留了10天，就按照周副主席的指示，继续北上，奔赴榆林。在那里完成使命后，于1941年1月15日返回延安。同年4月，中央组织部分配他到马列主义学院和马列主义研究院学习。8月，他被分配到中央政治研究室工作，任国际组组长，受任弼时领导。在此期间，受到了毛泽东主席的单独接见。1942年3月，调到中央情报部第四室，任调查研究组组长，代理第四室副主任。

1942年整风运动开始时，隐藏在党内的大阴谋家康生，直接掌握反奸肃反的大权。他利用窃取的权力，对许多党内外的好同志、好干部，进行残酷斗争，无情打击。在所谓《抢救失足者》的报告中，他竟无中生有，信口雌黄，说："东北救亡总会是红旗特务机关"，"于炳然，准备好人，准备好枪（指与于炳然同来延安的副官和警卫员，以及他们随身佩带的枪支），要与胡宗南里应外合，包围边区，进攻延安。"由此，不容于炳然以实情相分辩，把他押进了监狱。谁料这一入狱，竟达数年之久，其身心受到了严重的摧残。1946年，周恩来副主席得知于炳然所蒙受的不白之冤，十分震惊，立即由重庆发回电报，证实了于炳然在他直接领导下工作的真实情况。这样，于炳然才得以恢复了自由，恢复了组织生活。

1947年，于炳然回到中央社会部（原情报部）从事研究工作。1948年初，中央成立外事组，在平山西柏坡召开会议，由周恩来主持会议，于炳然出席了这次会议。1948 年底，于炳然被中央社会部派出，作为先遣部队，随李克农部长进驻北平，进行接收工作。1949 年 4 月南京解放，于炳然任南京市公安局办公室主任。1949 年 11 月，重庆解放，于炳然率少数干部进城接管，后任西南军政委员会公安部情报处长。重庆是国民党政府最后的所在地，所以西南地区解放初期的敌情相当复杂。在肃清匪特、维护社会治安工作中，于炳然作出了卓越的贡献。

1952 年春，于炳然不幸逝世于重庆，年仅 49 岁。

油墨飘香

——党中央在上海的秘密印刷厂

钱之光

20世纪30年代初，上海既是冒险家的乐园，又是白色恐怖笼罩的地方，我党地下工作者，以大无畏的精神，周旋于敌特林立的险境之中。钱之光同志领导的上海秘密印刷厂，在极其艰苦的环境下，先后承印过党的许多文件和刊物，如《党的建设》《红旗周报》《实话》《布尔什维克》等等，及时传达了党中央的各项印刷方针政策，传播了马列主义。他们是如何与敌人斗智斗勇，终于完成党的各项印刷任务的呢？请听钱之光同志的陈述——

20世纪30年代初，我在上海曾负责过中共中央秘密印刷厂的工作，时间三年左右。那时环境复杂，形势险恶，印刷厂是以极巧妙的斗争方式坚持工作的。在这段时间内，印刷厂搬了五个地方，但都安然无恙，完成了这个期间党的印刷任务。后来，我奉命去了中央苏区。

一

1931年春，毛泽民、瞿云白（瞿秋白同志的弟弟，后来调工会筹建印刷厂期间，被捕叛变）和我在上海筹办了秘密印刷厂，这个厂在齐物浦路，即现在的安国路口、周家嘴路元兴里一四六号——一四七号。印刷厂有两楼两底的两幢房子，紧紧挨在一起，对外是两家，即一边是印刷厂，一边开了一个绸布庄。瞿云白负责印刷厂内部的工作。我一方面负责印刷厂对外的工作，同时还管理绸布庄的事情。我那时改名徐之先，由毛泽民同志领导。

我们选在这里搞印刷厂，是由于这里的房子和环境都合适。印刷厂的前面是个工厂，他们开动机器的时候，轰鸣声正好掩护我们印刷机的声音。另外，印刷厂的旁边是一块空地，行人很少；一边是我们的绸布庄，可以挡住一些声音；后边是稻田，无人行走；因此，印刷机的声音不易被人听见。即使这样，我们还不放心，为了使声音更小，我们还加厚了印刷间的墙壁，增强隔音程度，这种修改印刷间的工作，我们后来每到一个新地方都是要做的。有时是用砖把印刷间四周墙壁加厚，门窗也作了装修，减少声音的传出。有时是用木板加厚的。在改修时，不破坏原来的结构，外人看不出破绽。后来有个地方，印刷间在灶披间，我们四周加了一层砖，把门也堵死了，进出从屋里的窗户走，很像是储存货物的仓库。

印刷厂那边住瞿云白夫妇，以住家的形式掩护印刷厂。一进门是个小天井，天井进去是客堂，客堂后边是后堂，印刷机就安放在这里。再后面是灶披间。从客堂到印刷间和灶披间，不是从堂屋中穿过，而是从屋里旁边的走廊穿过。楼上除住了瞿云白夫妇外，还作包装、装订用。

当时，我们只有一台四开的脚踏印刷机，排字不在这个地方。搞印刷的是施有章和赵锡群两人。瞿做些校对工作；他爱人徐伟成除做些家庭事务外，也做些包装、装订工作。

绸布庄这边住着我的一家，以夫妻店的形式掩护印刷厂。还有一个交通同志，是四川人，姓江，负责秘密运送报刊，公开身份是绸布庄的伙计，也住在这里。

绸布庄经营批发各种绸缎布匹，是专门为掩护印刷厂开设的。为了印刷厂的安全，绸布庄还装有电铃开关，电铃安在印刷间，外面有人进店铺里来，就马上按开关，让印刷间的人知道这边有外人，立即停止印刷，以免人家听见印刷机的声音。我们发现意外情况，也是按动约定的电铃号记，使印刷间立即采取紧急措施。此外，印刷需要的纸张和要印的稿件以及印好的印刷品，也是经绸布庄进出的。因此，我们在楼上的墙壁根部，把踢角搞成活的，可以取下来、装上去。平时装上它，还用衣柜挡住，看不出痕迹来。印刷用的纸张，伪装成绸缎布匹，运进布庄，再传送到印刷厂；印好的东西，由我们伪装好后，也从这里送出去。

这年4月，中央负责保卫工作的顾顺章在汉口被捕叛变，他知道的事和认识的人很多，因此，危及我们的许多负责同志和机关的安全，迫使我中央立即采取了隐蔽、转移、改变斗争方式、更换接头暗号等措施。毛泽民同志是要转移的同志之一，端阳节后，他便去了香港。我们的印刷厂就改由左觉农同志联系。

顾顺章叛变后，领着国民党特务到处抓人和破坏机关，使本来就阴沉沉的上海，又乌云翻滚，杀气腾腾。我们秘密印刷厂的工作就更艰难了。因为我党历来很重视出版发行工作，需要它宣传党的方针、政策和主张，发动和组织群众。这使国民党很恼火，成为他们要重点破坏的对象之一。这个时期，国民党加紧戒备，到处设卡，我就遇到过“抄靶子”的。那时，党为了掩护我们工作，还要我同时兼管鸭绿江路一家丝绸厂的工作。这个厂是中央的一个联络点，经理是个杭州人，叫江阿明，是我们的同志，厂里的具体工作由他负责。我每个星期去一趟，一是看看那边的情况，一是与上面取得联系。一次，我去丝绸厂回来，路过黄浦江边，遇上了“抄靶子”的，要是往回走，很容易引起他们的怀疑。好在我那天是穿西装，一身阔人打扮，我便大大方方地走了过去。他们把我看看，又互相看看，看着我的气派和模样，没有检查，就让我过去了。鉴于形势有变，我们准备搬家。不久后的一天上午，在我们附近的小菜场发现一个叛徒，组织上决定让我们转移。很快我们就搬了出来。

二

撤出后，我们分散住在几个旅馆里，我便找新地方。很快看中了梅白克路的一幢房子，此处现在改名为新昌路九十九号，即凤阳路口处。这幢房子是在新建的一排房子之内，还没有住过人。外面有一层铁门，是横拉开关的铁杆门，然后才是一道木板门，在柜台上边，我们加装了铁栅栏，只要几道门一关，是比较严紧的。后面不远正在新建二十多层楼的国际饭店，整天施工，机器声、打夯声、号子声连成一片，这里是繁华的闹市区，附近有电影院、跑马厅；前面是一条横街，左右是弄堂，四通八达，进退十分方便。租金虽然高些，但这一切很有利于我们搞秘密印刷厂。

房子选定后就是搬家。在那严重的白色恐怖下，印刷厂的转移是一件很不容易的事，像机器和一些设备的搬迁就极为困难。这次搬家以及后来的搬家，我们都是想很多的办法，以多种形式搬迁印刷机和设备。往往是在转移时先把印刷机和设备搬出来，放在我们的转运站，作短暂的停留，再搬到新的地方。有时，要在中途转停几个地方，才搬到新地方。搬迁时，还得把印刷机拆散装箱，外面用草绳缠好，怕搬运时碰坏了机器，在木箱上再写上“某某商号收”的字；用板车或其他办法运送，我们还派同志随车搬运。到梅白克路后，不久排字房也从别的地方合过来了。铅字的搬运是用木箱和藤箱装的，木箱不能太大，装多了抬不动，藤箱装的也不能多，里面还放些刨花和衣物等作伪装，提在手上，像是旅行回家的样子。这些对付敌人的办法和当时运用的其他办法，在现在来看是不足为奇的，可是在当时的斗争中是起了作用的。

在这里，我们开设了一个烟纸杂货铺作掩护，经营些香烟、笔墨、纸张、手绢、纽扣、香脂、热水瓶等小百货，还兑换银钱。对于这幢房子，我们也做了合理的安排：第一层是烟纸杂货铺，铺面紧靠大街；一到夜间，两道铁门和木门关上，在木门上开了一个小窗口，有人敲门，就打开小窗口探视，是买东西的，就从这个窗口营业；是不三不四的人，我们就采取措施对付。铺面后面，隔了一间小屋，住人守夜。第二层有三个房间，是个拐角形，楼道上去的左边是我住的，右边住我的家属。我家的后面是个厨房，厨房隔壁有个小屋子，后来何叔衡同志的大女儿何实楚同志（又名石楚）就住在里边。三楼是排字、印刷、装订间，还住有印刷厂的人。这个地方的地形、环境都较好，印刷厂的规模也比以前大了，人员也多些。原在齐物浦路工作的同志，除瞿云白夫妇和姓江的交通调走外，其余都过来了。先后还调来了杜延庆（现在轻工业部工作）、杜梅臣同志兄弟俩，霍彤光同志和石楚、石之（何实嗣，现在北京市文史馆工作）姐妹俩。石之是杜延庆的爱人。我们的分工是：我是以烟纸杂货铺的老板身份秘密负责印刷厂的工作，施有章和赵锡群同志仍是搞印刷；杜梅臣同志做浇铸、印模、制型板，杜延庆、霍彤光同志等搞排字工作；石楚、石之同志做装订、包装工作，店铺里缺乏人员，我找了两个人来，一个是钱宝林，另一个是钱广才，由他们负责店铺的生意。这两个人我早就熟悉，他们也知道我是干什么的。后来钱宝林和我一块进的苏区，他在苏维埃粮食总局任副局长。

在这里，我既是老板，又是二房东，这幢房子是以我的名义全部租下来的，又出租一部分给别人住。这样，印刷厂如果出了什么事，有个缓冲余地。我这个“二房东”表面上与他们没有关系，出了问题就可以多掩护几个同志，减少损失。

在此工作期间，正赶上“九一八”事变和“一・二八”淞沪战争，我们的印刷任务也随着形势的变化加重；加之，中文印刷复杂，从排字、制版、浇铸到印刷，过程较多，而我们人手少，只得分工又合作，彼此互助。例如，搞排字、打印模的，还要作装订、包装工作；我有时也去作校对工作。但这都不能满足印刷任务的需要，同志们希望把脚踏印刷机改为电动的。后来，施有章提出，搞一台电动机来改装一下就可以。于是，我们买来了两相电动机，利用屋里的电灯线路，使脚踏印刷机变成了半自动的电动印刷机了，这就大大减轻了劳动强度，提高了工作效率，要运进送出的东西也就增加了。为掩人耳目，我们有时装成运送货物的样子，用老虎车把纸张运进来，把印刷品运出去。有时用藤箱、皮箱，上面放些衣服日用品之类的东西，把印好的文件、书刊放在中间或箱子底下。有时用网篮，把印刷品藏在里面送走。

我们在梅白克路一直工作到 1932 年夏天。一天，一位同志回来说：他在弄堂口听到里弄里的几个妇女在说，好像听到有什么声音。此事引起了我们的警惕，经过研究，决定暂停印刷，人员疏散。接着，我们找了新地方，又搬了家。

三

这次我们搬到了麦特赫斯脱路，即现在的泰兴路 386 号。这是我们搬的第三个地方，是幢三层楼的新房子。来这里以后，我们准备筹建一个洗衣作坊作掩护，利用接收送洗衣服的条件，取送印刷的纸张、文稿等。由于环境和工作的因素，搬家时又把排字工作分开了，搞排字工作的杜延庆、霍彤光、杜梅臣、石之、石楚等同志也一块调走了。其余的同志包括烟纸杂货铺的人，均转移过来工作。机器安装好以后，开始试机印刷，我们便到房子周围去听听机器的响声。结果听到机器振动的声音很大。我们分析了这幢房子是钢筋混凝土结构，而且是整体设计的，容易传声，虽然作了种种隔音措施，但还是没有解决问题。因此，我们放弃了这个地方，又搬到了武定路。

四

武定路的房子很好，是西式洋房，房间布置也讲究，周围的人都认为我们是有钱人。现在的门牌号码是 181 弄 12 号至 14 号。我们除赵锡群同志没有过来以外，又新调来几位同志，一个是姓杨的湖南人，和施有章一块搞印刷；一个叫谢素珍的女同志和一个姓张的女同志，她们作装订、包装工作。还调来一个交通，记得是扬州人，他的爱人扮作我们的娘姨。后来我们发现这个交通老是擅自行动，尤其是夜间出去很晚才回来，不知到底干了些什么，使人很不放心。搞地下工作的交通人员，是严禁擅自行动的。由于他违反了纪律，组织上把他送到苏区去了。由于人事变动，不便在这里继续工作，我们也只好再次搬家，这是我担负印刷厂工作期间的最后一次搬家。地址在北京西路张家宅路 73 弄 48

号，是个拐角。前面出门便是张家宅路，其余三面是空地，后边是很大的一片田地。到这个地方已是1932年冬天，安顿好后就过春节了，到处张灯结彩，鞭炮齐鸣，我们趁此机会印了不少东西。有一天，我们店里的人也装着凑热闹的样子，买了些鞭炮在天井中放，以迷惑外边的人。隔壁的人家可能嫌吵闹，出来关窗户，我们发现她曾经在我们的一个转运站住过，相互都认识。由此我们推想到，隔壁也可能是我们党的一个机关，但与我们没有发生什么关系。在当时秘密的情况下，党的两个机关住在一个地方，是不恰当的。经过研究，组织决定，停止印刷。

在此期间，我向组织提出：我在上海工作好几年了，熟人太多，不便继续在沪工作，请组织考虑让我到苏区去。组织上考虑了我的意见。一位姓周的同志和我接头谈话，说经过研究，组织上认为我的要求是合理的，同意我去中央苏区，让我作好准备。还决定印刷厂的那位杨同志和钱宝林与我一同进苏区。

五

这个时期内，我们和旁的厂，根据国内外形势和中央的方针政策，以及供应苏区精神食粮的需要，印刷了不少东西。但已经过去半个多世纪了，很难全部准确地记忆起来。大致还记得，我们印过党的文件和《红旗周报》、《党的建设》、《实话》、《布尔什维克》等党的机关刊物；还配合当时的形势和支持罢工斗争，赶印过文件，也印过苏区来的东西。

《党的建设》是1931年元月25号创刊的，它是党的机关刊物，与《布尔什维克》《实话》《红旗周报》不同的是，它的主要任务是代表党中央指导各级党支部和全党同志，怎样运用马克思列宁主义的理论、组织原则和实际工作方法，以完成中国共产党的建设。这时，正是反立三路线时期，登了好些反李立三的文章。还登了些马、恩、列有关建党学说的理论。这个刊物只有现在上海的《支部生活》那么大，厚薄也差不多，有时薄一点，但纸张没有那么好。为了蒙蔽敌人，封面都是伪装的。记得我还设计过一个封面，是个美女像，头上从右至左四个艺术字——摩登周报，下面是摩登周报社几个字。封底是广告，像中华第一针织厂的菊花牌袜子广告就登过。但这不是我们接受的广告业务，而是从别的刊物上搬过来伪装我们的刊物的。

《红旗周报》是1931年3月9日创刊的，也是党中央的机关报。创刊号上登载了第一次苏维埃代表大会发布的几个法令草案。编者有个按语是这样说的：这是中国革命史上非常重要的事，第一次宣布了代表工农兵利益的苏维埃政府的法令草案，与国民党的有天壤之别。不久，又改成了32开那么大，用别的刊物的封面和封底进行伪装，并且经常更换。比如这一期可能是《实业周报》第哪一期，系上海实业周报社出版，有某年某月和中华邮政认为新闻纸类特准挂号等字样，下一期可能就是《光明之路周报》的封面了。还用过《潮》刊的封面，“潮”字在右边靠上，左边是一个黑五星，下边是大海的怒潮。还用过《钟晨》的封面，等等。封底有时是广告，有时是与封面相关的图案。

《实话》创刊早一点，是1930年10月创刊的。它是中央有关政治、策略的机关报，有小四开纸那么大，是十个版面的报纸。

在我们这里还印过《布尔什维克》杂志，是当时党中央的理论机关报，出版的时间也比较长。

苏区来的文件、文章就经常登在以上那些报刊上，像博古、洛甫、王稼祥、凯丰等同志都经常有文章发表。1931年11月以后，毛泽东同志当选为苏维埃共和国临时中央政府主席，副主席是项英、张国焘，以他们的名义常在这些报刊上发布指示、训令。我还记得洛甫同志写过这样的短文，说江苏省委与中央有不同意见，这是一个误会，讲清楚就好了。将来有意见要讲清楚……

“九一八”事变后的第三天，我们就在《红旗周报》上发表了《中国共产党为日本帝国主义强暴占领东三省事件宣言》。后来，围绕反对日本帝国主义侵略中国，揭露蒋介石不抵抗政策，号召东北人民团结起来，全国人民团结起来，坚决还击日寇，收复失地……刊印了不少文章。像《中共中央为以民族战争反对帝国主义进攻苏联与瓜分中国告民众书》就在《红旗周报》上刊印过。

由于我们党的秘密印刷厂能够坚持工作，不断地把党的方针、政策和主张广泛宣传，对于打击敌人、教育人民、号召群众起来斗争，指导我党各级组织坚持战斗，都起到了很大的作用。

六

我是1933年春夏之交离开上海去中央苏区的。临行前，组织上交给我们每人一块肥皂，说这是与组织接头的一个暗记，让我们到苏区后交给组织。同去的有印刷厂的杨同志、钱宝林，护送的是党的秘密交通阿曾。我们路经汕头、潮州（即潮安）、大埔、清溪乡到才溪进的苏区。从上海到汕头是坐英国太古洋行的轮船，到汕头后改乘火车到潮州，从潮州坐小轮船到大埔。到大埔时天还未亮，本地人都下船了，我们人地生疏，言语不通，不敢贸然下船。我们商量了统一的口径，扮作收买香菇的客商，由交通先下船。他找来了一条小船，我们连人带行李过到小船上，这时，我们的精神才轻松些。在小船航行的路上，交通说，我们总算安全地到了这里，但很快要分手了，这以后由本地的交通护送你们，不两天就要进苏区，我们到前面去买点肉来会个餐，你们进了苏区就不容易吃上了。看来阿曾的任务到此就完成了，可我们不知道还要遇上什么风险。

小船到了清溪乡，阿曾领我们来到一户靠河边的人家，稍事休息，便上了后面的大山的草棚里隐蔽。这个草棚是老乡看庄稼用的。他们告诉我们，国民党正在调集重兵向苏区进攻，白天晚上经常挨户盘查，地主民团也很猖獗，让我们隐蔽好，不要出来，有什么情况，他们会来告诉的。连饭也是他们送来吃的。

到了晚上，他们派了几个人护送我们，都带着驳壳枪。在此与我们同行的还有姓戴的夫妇俩。交通说，他们也是上海来的，前往苏区，安排我们结伴同行。为躲避敌人，我们总是晚上9时动身，翻山越岭走羊肠小道。后来，戴同志的爱人吐了血，同志们都很着急，但又必须赶路。恰好碰上了我们的游击队，交通同志与他们取得了联系。因那位女同志正吐血，大家也很疲乏，我们要求休息一天再走。但游击队的负责人说，情况很紧迫，我们也是随时流动，你们还是继续走好。

的确，这些地方情况紧张，地形复杂，村子里狗又多，弄不好就会惹出麻烦。夜里行走，还不能有灯光，深一脚，浅一脚，难免绊上个小石头，发出点响声。要是在村后路过，顿时会引起狗的狂叫，交通同志就马上把提在手中的枪打开机头。虽然事先告诉了我们这些地方的地理、敌情状况，但这时仍要悄悄地说：注意，这里有民团驻扎。我们都紧紧地跟着，默不作声地悄悄前进。

到了才溪，我们才放了心，这里已是闽西根据地。到汀州（现在的长汀）见到了福建省委书记，我从他那里知道何叔衡同志正出差在汀州。何老在上海工作时，我们就熟悉。见到何老，很是高兴。他问起上海的情况，还谈起他女儿的情况。接着我向他打听毛泽民和钱希均同志的近况。他说，希均同志在瑞金叶坪国家银行工作，毛泽民同志出差去黎川了。我看到苏区的一切情况，心情格外兴奋，对何老说：这里与上海相比，完全是两种景象，两个世界。他说：是呀，全国、全世界都像这样就好了。何老本想留我在汀州歇两天，但我见同志们很忙，不愿打扰，便去了瑞金。

到瑞金后，首先在一个交通站落脚，交通站的负责人杨友清同志接待了我们。后来，他带我们去见陈云同志（当时陈云同志任中共中央白区工作部部长）。我向陈云同志汇报了情况，并把每人带的一块肥皂交给他。这块肥皂，是在上海临行时，组织上交给我们每人的，里面有我们的组织关系。陈云同志让我们先休息几天，再分配工作。当时国民经济部很需要能做经济工作的人，便介绍我们到了国民经济部，由林伯渠同志接见了我们，谈话后林老要我担任对外贸易总局局长，兼调剂局副局长。从此，我便从事经济工作了。

无名英雄

——记蔡威烈士

陈福初

蔡威同志1907年生于福建省宁德县，1926年参加中国共产党，是中国工农红军第四方面军无线电通信工作的创始人之一。他为我军无线电通信工作的建设作出了显著成绩，尤其在利用无线电手段对敌技术侦察情报工作方面，贡献更为卓著。1936年9月因病逝世。当年红四方面军总指挥徐向前曾称誉蔡威为“无名英雄”。

一

1931年10月，蔡威受党中央的派遣到鄂豫皖革命根据地开展无线电通信工作。他和王子纲同志化装成商人，由党中央派秘密交通员负责护送，从上海乘火车到蚌埠，再由地下党组织护送经合肥、霍丘进入苏区。途中，越接近苏区，国民党军队、地方民团盘查得越紧，要想进苏区真是困难重重。这天，他们来到正阳关镇。正阳关是靠近淮河的水旱码头，商业店铺很多，是山区、河南、安徽与苏区的贸易物资集散地。国民党军队在这一地区施行对苏区的经济封锁，不准行商货物进入苏区，就是一般百姓走亲访友也是不准许的。蔡威他们只得在镇上一家客店住下来，等待机会进入苏区。

日子一天天过去了，他们一直没有找到机会。正当他们十分焦急的时候，工农红军在当地打了个胜仗，占领了霍丘县城，并活捉了国民党委派的县长。经地下党组织多方活动交涉，蔡威、王子纲以该县长私人代表的身份到苏区与红军谈判为名，取得了合法手续，大摇大摆地进入了苏区。

蔡威、王子纲进入苏区后，在麻埠皖西北道委稍事休息后，即由道委派人护送他们到鄂豫皖军事委员会所在地的新集（新县），时为1931年11月中旬。这时，从信阳、罗山进入苏区的宋侃夫、徐以新也到达了。蔡威被任命为军委会参谋，受命着手选择地址，筹建无线电台。

经过反复考察选择，他们最后选定在新集南门外钟家畈村后的祠堂里建台。台址选好后，部队很快把历次战场上缴获的各种无线电器材集中到这里。蔡威看到这些器材真是既高兴，又发愁。高兴的是没想到根据地还有这么多“宝贝”；发愁的是一屋子器材杂乱无章、破烂不堪，清理起来真是难上加难。因为这里除一个警卫班和两个炊事员之外，再无其他的人手可用，特别是没有懂得机器的技术人员。为此，蔡威一头扎进了这个在别人看作是“破烂儿”的堆里，常常连饭都忘了吃。他每天满脸满身油渍，一个“白面书生”变成了“铜锤花脸”。经过一个多月的清理，总算理出了个头绪。可惜的是，只有各种发电机基本完好可用，而收发报机均已破损不堪，根本无法再用。

没有收发报机就不能与党中央沟通联系，怎么办？蔡威他们一面继续清查、修理现有的旧机器，一面寄希望于红军多打胜仗，多缴获敌人的电台。这时，红四方面军总指挥部也发出通报，要求各部队注意收集和保护无线电台及有关装备器材。不久喜讯传来，红四方面军打了大胜仗，占领了黄安县城。国民党军第六十九师被消灭，部队除缴获许多长短枪支和迫击炮外，还缴获了一部完好的无线电台。蔡威等听到这一特大喜讯后，马上带领无线电训练班的学员去黄安县押运电台。几天后，我们的无线电台便与党中央联络上了，后又与湘鄂西、湘鄂赣等革命根据地沟通了联络。从此，鄂豫皖革命根据地再也不感到孤独和消息闭塞了。

二

在蔡威、王子纲等来到苏区的前夕，苏区开办了一所电讯学校。学校有两个队，一队是无线电队，二队为有线电队。学生都是由各县小学调来的高小学生，教官则是被俘的国民党军队电台的报务员、机务员。蔡威等来后也在学校教课，电台建立后他们仍兼有课程。

1932 年 5 月上旬，红四方面军在皖西苏家埠又缴获了四部无线电台，在潢光战役中也缴获了一部电台。随着机器的增加，电台工作更加繁忙了。为解决人手不足的问题，电讯学校的几名优秀学生被挑选到电台见习。为保卫电台的安全，警卫人员也增加到一个排。电台的建设和学校的培训工作随着红军的不断胜利而得到加强。

1932 年 8 月间，正当无线电台紧张工作，加速培训人员的时候，蒋介石亲赴武汉坐镇，30 万大军以鄂豫皖为中心的第四次“围剿”开始了。敌人分八路向我扑来，由于敌众我寡，鄂豫皖省和中央分局、军事委员会所在地的新集各机关决定转移，无线电台是这次转移的重点。因电台人少器材多，后请示军委，调来了几百名运输人员，担负电台的转移任务。

电台转移时分为前后两个梯队，无线电学校跟随前梯队一起行动，蔡威负责前梯队。转移常是夜间行军，走的多是田埂小路。蔡威是近视眼，行军时经常是深一脚浅一脚，但他没有被困难吓倒。有时，他白天一个人到田埂小路上锻炼。组织上还曾照顾给他一匹马，尽管他对学骑马很有兴趣，但在行军中他却很少骑马，总是尽量与同志们一起走路。由于他刻苦锻炼，后来夜间行军再也不要人扶他了。他很高兴地对我们说："我自己会走路了。"

1932 年 9 月下旬的一个晚上，红军部队行军到罗田、英山地区，准备突破上官云相指挥的国民党军的南面封锁线。当时天很黑，电台运输队被部队和跟随的跑反群众插乱了，到处打枪，不知哪里是敌人，红军走的是哪条路。蔡威非常着急，但我们的运输队在警卫部队的掩护下，沉着冷静，队长把所有运输队的同志都找到了一起，终于使全部人员和器材到达安全地区。

三

1932 年 10 月 10 日晨，我们跨过了京汉铁路。部队经过一个多月的行军作战，没有得到休整，为冲破敌人的包围，我们已连续行军两天两夜没有休息了。蔡威带着两个警卫人员站在铁路孔道边，鼓励大家加把劲儿，过了铁路再休息。运输队快速跑到了离铁路 30 里路的一个小镇子。前面的部队在这里休息后已陆续向西走了。我们随七十三师的后勤机关、总部医院和其他后勤人员，正在这里休息。

大约 10 点钟左右，当我们准备开拔时，混在这个小镇子里的敌人便衣队发出了信号，敌人从三面向小镇子冲杀过来。唯一可以突出去的方向是一片梯田，而这片梯田两边的小山岗也被敌军占了。顿时，人员、马匹乱成一团。在这种情况下，无线电器材遭受损失是不可避免的。虽然运输队的同志非常勇敢沉着，但因敌人压得太紧，运输队有人中弹牺牲，有两个同志负了伤。蔡威在我们几个警卫人员的保护下拼命向外突围。他一边跑，一边往嘴里塞东西。当时情况非常紧急，敌人离我们只有二三十米远，蔡威急中生智，把身上带的 30 多块银圆扔在地上。这一招很灵，不少敌军士兵都去抢银圆了，对我们的追击缓慢下来。见到这个情况，我也把身上带的 100 多枚铜子往地上撒，这一下敌兵抢得更欢了。

这时，红军七十三师和其他部队跑步返回，向敌人进行反击。我们一口气跑出了 20 余华里，只见蔡威大口喘气，脸色苍白，但仍然面带微笑，他为党的机密没有丢失而庆幸。这时，我们才知道他在危急时刻吃的是密码本子。

红四方面军越过京汉铁路后，无线电第二台仍跟随七十三师行动。红四方面军原打算过京汉铁路与红三军会师狠狠打击敌人，但红三军已离开，会合已不可能。当我们于 10 月19 日晨到达枣阳县南面 80 里的新集时，尾追之敌八十三师、十师、独三十四旅也到了这里。红军被迫与敌交战，经过四天的激战，双方伤亡都很重。尾追之敌越来越多，情势危急，红军不得不作突围的打算。七十三师师长王树声告诉蔡威："情况很严重，今晚要冲过敌人三道封锁线，向西北方向突围，要掌握好部队，不要掉队。"蔡威听后当即召集运输队和警卫排的干部开会，作突围的布置。

傍晚 7 点左右，通讯员来传达命令，无线电台在二一八团后面行进。整个部队一出发就是跑步，尽管大家一溜小跑，前面仍不断传话："快跑！跟上，不要掉队！"蔡威发现运输队有个同志生病跑不动，立即将自己的马让给那个病号骑，他跟大家一起跑步前进。就这样跑了整整一夜，我们于 10 月 23 日晨，突破了敌人第三道封锁线。找老乡一打听，原来我们已到了河南省管辖的新野、邓县之间的地域。我们一夜之间竟跑了 180 里路，突破了敌人三道封锁线，把所有的敌人都甩到了我们的后面。

四

红军从枣阳突围后，又经过多日行军于 11 月初到达鄂豫陕交界之处的南化塘。这些天走的地区，是蒋冯大战过的地方，沿途到处是残垣断壁，一片凄凉。走几十里，甚至百多里路也见不到人烟，部队途中报告，最难忍受的是没有水喝。艰难的行军使大家疲惫不堪。

部队到了南化塘，总部决定在这里休息。蔡威不顾疲劳，立即带领大家架设电台，与党中央及湘鄂西红军联络。可是电台架起来以后，讯号既发不出去也收不进来。再三检查，机器则完好无损，可为什么叫不通呢？蔡威急得满头大汗，把天线升高，也无效。几个小时过去了，还是不通。是不是镇子周围山太高，影响无线电讯号传送？于是，他决定把电台搬到山顶上去。天已经黑了，大家扛着机器，抬着设备，片刻也没有停息。也不知道几点钟了，好不容易才爬上山顶。此时，满天星光闪烁，深秋夜里的山巅寒气逼人。我们架起天线，摆开机器。充电机嗡嗡地在这寂静的山顶上响着。

蔡威聚精会神地工作着。他一遍又一遍地呼叫，但一直没和中央联系上。这时已是第二天凌晨了。司令部负责同志关心蔡威的身体，派通讯员来叫他回转驻地。蔡威觉得没有完成任务，心里很是难过。我们把天线拆下，机器包装好准备下山。待我们回到南化塘镇子里时，天已经大亮了。后来我们猜测那里无线电不能通联的原因，可能是因为该地有铁矿或铜矿影响电波讯号的传送，因为我们离开南化塘进山不远曾看见不少老百姓用土法炼铁铸锅。但究竟是什么原因，这个谜到今天也没有揭开。

五

红四方面军自离开鄂豫皖革命根据地后，途经河南、陕西两省，两越秦岭，走汉中、过汉水、翻巴山，行程4000余里，历时三个多月，方到达四川省北部的通（江）南（江）巴（中）地区，并于1933年1月创建了通南巴革命根据地，建起川陕边区苏维埃政权。

四川各派军阀对红军到达川北惶恐不安，军阀田颂尧尤为甚之。因为红军所占地区除少部分为刘存厚的地盘外，其余都是田颂尧割据的土地。田颂尧调兵遣将，积极筹划，妄图乘红军立足未稳对红军进行围歼。蒋介石欲围歼红四方面军于西征途中的企图彻底失败后，遂连续急电四川各派军阀，要他们立即停战言和，共同对付红军，并委田颂尧为川陕地区"剿匪"督办，拨给42万元军费、100万发子弹，令其迅速拼凑力量围攻红军。田颂尧宣布就职后，即将其在川西参加混战的部队大部东调，对川陕边区和红军进行围攻，妄图一举歼灭红军或将红军逐出四川。田颂尧一开始就投入38个团的兵力，随后增加至45个团，兵分左、中、右三路，任命孙震为前敌总指挥，于2月中旬向川陕边区和红军扑来。

红四方面军到达川北后，无线电第一、二两台随总指挥部一起住在通江。原来未毕业的学员开始继续上课学习，电台也与中央沟通了联络，开始了正常的工作。由于当时通报对象少，蔡威、宋侃夫、王子纲等工余之时除负责抄收新闻外，还在电台里收听敌军电台通报的情况，从敌台报务员相互谈话中了解敌军各部番号、驻地、军官姓名等很多作战需要的重要情报。这些情报对于初到四川、对敌军情况不明的红军来说是极其重要的。蔡威等运用无线电掌握的情报，使红军更加具体地了解了敌情，为粉碎田颂尧组织的三路围攻，加强各战场的联系，作出了贡献。

无线电台当时一分为三，第一台由王子纲负责，跟随徐向前总指挥行动；第二台由蔡威负责，跟随王树声副总指挥行动；第三台由宋侃夫负责，留守后方跟随军事委员会。一、三台负责与中央和其他各根据地的通报工作；蔡威负责的二台除与后方电台通报外，主要任务是侦察敌情。

蔡威率领无线电第二台全体人员于1933年2月下旬，从通江出发经平溪坝、官路口等地，到达南江前线王树声副总指挥的司令部。王树声副总指挥对电台工作非常关心，几乎每天都来电台与蔡威谈工作，甚至在前方战斗打得异常激烈的时候，他也要来电台看一下总部有无电报，敌情有无变化，让电台查明敌人进攻地点、时间等。3月18日，红七十三师主动撤出南江县城，王树声的司令部和无线电第二台转移到三溪铺。蔡威整天坐在桌子边，头戴耳机，侦听敌人的电台，从敌台报务人员的谈话中了解敌方的动向，如敌人的驻扎地点、开拔时间、行动方向等。王树声副总指挥说："这些情报很好。如果能得到敌人的作战命令、主攻方向、进攻时间，以及兵力大小那就更好了。"

蔡威对首长的要求非常重视。他认真研究抄收到的每一份情报，甚至废寝忘食。有一次，他急着要上厕所，一只脚穿着鞋子，另一只脚却光着，边走边思考问题。我们发现后问他："蔡台长，你怎么只穿了一只鞋子啊？"他低头一看，才发现真的只穿了一只鞋："噢！还在屋里，还在屋里。"

当年4月，敌人连续向红军阵地发起进攻，但错误地把我军缩紧战线、诱敌深入看成是溃败，敌左路纵队集中13个团的兵力，气势汹汹地向红七十三师正面阵地扑来，妄图把红军歼灭于大巴山以南。就在这紧要时刻，蔡威领导的无线电二台发挥了作用，敌人的一举一动都被我们所掌握。部队根据掌握的情报，适时地组织了大反攻。那天夜里，天空下着大雨，枪声、炮声、雷声汇成一片，简直分不出来哪是雷声哪是炮声。蔡威桌子上的电话铃响了，电话里传来王树声副总指挥的声音：“徐总指挥带来的大军开始反攻了！”不大一会儿，第一批俘虏押来了。大家知道战斗即将结束了。后来，我们从电台里听到了敌人电台发出的“SOS”（救命的呼号）呼叫。捷报传来，大家高兴极了。敌人13个团被全歼了8个团，其余5个团除少数漏网逃跑外，大部分也被消灭了。

六

空山坝战役胜利后，红军只用了一周的时间就将被敌人用三个多月占去的地区全部收复，而且还扩大了一倍。由此红军的声望大大提高，翻身的人民掀起了参加红军的热潮。

不久，四方面军总部在木门场召集了高级干部会议，决定将原红四方面军的四个师扩编成四个军。接着又发起了仪（陇）南（部）战役、营（山）渠（县）战役，并取得了预期的胜利，解放了仪陇、营山、万元等县城。红军在很短的时间内取得了几次战役的胜利，大量消灭了田颂尧、杨森、刘存厚等部的有生力量，使苏区扩大到东起城口、西至嘉陵江边，北起镇巴、南至营山，红军也发展到8万余人。红军的重大胜利，震撼了整个四川各派军阀。在蒋介石的拉拢和撮合下，四川各派军阀之间的矛盾暂时在统一对付红军的口号下掩盖起来。蒋介石要刘湘把四川各派军阀组织起来，对付川陕边区革命根据地和红四方面军，并发给刘湘军费500万元、枪1万支、子弹500万发。刘湘于同年10月4日正式就任四川“剿匪”总司令，司令部设在成都。刘湘以其二十一军为主力，纠集四川大小军阀分兵六路，向川陕边革命根据地和红军进行“围攻”。第一路为邓锡侯的二十八军；第二路为田颂尧的二十九军；第三路为李家钰的新编第六师、罗泽州的二十三师；第四路为杨森的二十军；第五路为刘湘的二十一军；第六路为刘存厚的残部二十三军。此外，还有驻镇巴王三春的六个团，共约120个团，20余万人。敌人气势汹汹地向红军和苏区扑来。

在此紧要关头，蔡威等运用无线电为工具，科学地进行侦察工作，及时掌握了各路敌人的动态。他把敌第五路刘湘的二十一军作为重点侦听对象，对刘湘的前敌总指挥王陵基及其所属的各路军的部署调动情况，以及敌人的武器装备、后勤保障、交通运输、物资储备等情况了解得一清二楚。为此，红四方面军总部首长对无线电二台的工作非常满意。当我们第二台到达宣汉附近时，总指挥徐向前、总政治委员陈昌浩派参谋给蔡威送来300元大洋，以示奖励。蔡威把钱分给全台所有人员，使全台的官兵都感受到了总部首长的关怀。

以刘湘为首的全川军阀组成的六路“围攻”部署即将就绪时，红四方面军于10月19、20两日占领了宣汉、达县。刘湘急令王陵基率第三、第四两师及刘存厚残部二十三军的第一师，向开县、开江、新宇推进，以阻止红军前进。

11月1日，红军在开县城以西与敌人遭遇。经过五天激战，我军杀伤敌兵5000余人。但由于红军兵力分散，未能予敌以歼灭性的打击，加之敌后续增援部队陆续到达，对红军极为不利，因此红军由进攻转为防御，实行节节抗击。11月中旬，红军在南坝场、宣汉、达县一线与敌对峙。

蔡威率领无线电第二台来到宣汉前线后，便夜以继日地工作，并迅即搞清了敌人的番号、部署、武器装备、人员战斗力量等许多重要情况。这样，每次在敌人发起进攻之前，我们就能清楚地知道它进攻的时间、地点、投入的兵力，以及火力的配置，哪里是主攻、哪里是助攻、哪里是牵制、有多少门炮、多少挺机枪等等。往往是在敌人发起攻击前半小时，我军进入阵地。比如，敌人 5 点钟来，我们部队就 4 点钟吃饭，4 点半钟进入阵地，以逸待劳地打击敌人。最初前方指战员对二台情报将信将疑，但经过几次实践就坚信无疑了。次数多了，前方许多指挥员便议论猜测，有的说徐总指挥真是神机妙算，每次敌人要来他都能算准，没有一次算得不准。议论的人越来越多，而且越传越神。有些指挥员就打电话到总指挥部问陈昌浩总政治委员，怎么对敌人进攻的时间、地点了解得那么准确？陈昌浩总政治委员为对情报来源保密，遂说："我的房子后面有个菩萨，敌人要进攻，菩萨就显灵告诉我们，所以我们能在敌人进攻之前就知道。"这种说法，大家自然是不会相信的，因而总感到是个谜。不久，人们终于发现在离总指挥部不远的地方驻有无线电台，蔡威台长和其他一些同志，总是那样忙碌，通信员不断地向总指挥部送信，电台的电话不断地传达新的情报。但是有不少人还是不知道这些准确的情报是用什么手段得来的，因而有人说："蔡威同志真是活神仙啊！"

七

无线电二台由于跟随红军主力部队作战略转移，除留下敷用的装备外，所有笨重的柴油机、汽油机及多余的蓄电瓶都没有携带，因而在工作中遇到了许多困难。部队进入四川后，又因川陕苏区地域偏僻，即使有钱也买不到装备器材。红军虽然想从敌人手中得到一些装备，但四川境内各派军队的装备落后，想缴获一部完好的无线电台也是不太可能的事情。所以，克服困难，确保无线电台的正常工作成了蔡威经常思考的一个问题。

无线电台经常发生故障的是充电机。蔡威虽在大学学过物理、机械，但对充电机、柴油发电机却了解得不多，再加上缺少零件、器材，修理机器也就成了大问题。有一次充电机的火花塞出了毛病，火花塞的三齿断了一齿。没办法，只好自己焊接，可是用锡又焊不住。蔡威经过反复研究，提出用银焊。但机务员肖大来用小烙铁试了好多次也不行，因为烙铁化不了银，焊不上去。蔡威琢磨了半天，决定用“浇铸法”来试试。他用打铁的小化铁炉，把银放在高温炉中熔化后，直接浇到火花塞上，然后再用锉刀锉、砂纸磨，就这样终于修好了火花塞，使充电机又呜呜地响了起来。

修复火花塞的困难克服后，不久汽锤上的胀圈又磨损坏了，汽缸哐啷哐啷地直响，如不赶快维修就可能将汽缸缸体打坏。可是机务员在拆卸的时候，不小心又把胀圈弄断了。因无新的更换，所以只得勉强将断开的胀圈嵌入汽锤对付着使用。其实这更危险了，万一把汽缸打坏就得停止工作了。为解决这些问题，蔡威开动脑筋，自己动手设计了新的胀圈图纸，准备做新的胀圈。限于当时的条件，蔡威提出了用打铁炉翻砂的办法做胀圈。肖大来、熊远绪等几个同志找来木炭、风箱，按图纸做出了模具，用打铁的小炉化铁翻砂，终于搞出来了。但新胀圈太粗糙不光滑，不能使用，怎么办？“磨！”我们几个人异口同声地说。没有磨床就用手磨，没有砂轮就用缸瓦灰。就这样经过几天的辛勤劳动，磨得又光又亮，终于可以使用了。

我们的困难真多，解决了充电机的问题，蓄电瓶又不行了，充电机所需的燃料，以及必不可少的润滑剂也是当时的一大难题。但所有这样那样的问题，都在蔡威台长亲自参加和领导下，被我们一个一个地都解决了，一天也没有耽误工作。为保证无线电台的正常运转，完成上级交给的各项任务，蔡威开动脑筋、勇于创新的精神，给我们留下了深刻的印象。

八

1935年6月13日，红一方面军与红四方面军在川西的夹金山会师后，经过一系列的准备，开始分左右路北上。由于张国焘分裂主义的错误，已经越过草地的在右路的红四方面军第四军和第三十军又奉令南下。部队到达卓克基、松岗地区（现为阿坝自治州所在地）时，总司令部命令将原红四方面军无线电第二台改为二局，专管技术侦察工作，不再负责通信工作，蔡威被任命为二局局长。

为加速无线电工作的发展，蔡威任二局局长后，扩大了组织编制，从一方面军各电台抽调了一批熟练的报务人员来充实侦收力量。除原来的游正刚、马文波、冯志禄、刘忠生、何锦文、罗应钦、张天华、高吉明几个同志外，又先后调来李廉士、李广寿、朱宗春、郭宝华、肖森、刘泮林、郭龙飞、闻舜尧、黄荣、张友年等同志。校译人员除了原来的陈福初、肖全夫等人外，还调来了罗舜初、邱兰标、蔡有荣、谢特山、贺光华、叶茂荪、王家才等。机务人员有熊远绪、肖大来、陈明、廖昌林等同志。我记得当时二局技术人员共有50余人。这是一支强大的技术力量，它除了担负着对四川刘湘、刘文辉、邓锡侯、田颂尧、杨森等军阀的技术侦察工作外，还担负对蒋介石嫡系部队胡宗南、薛岳、吴奇伟等纵队的技术侦察工作，后来随着形势发展的需要，又担负起对甘肃的鲁大昌、王钧、毛炳文等部，以及青海的马步芳等进行侦察工作。在全体工作人员的积极努力下，这几方面的工作都取得了显著的成绩，从情报上保障了红军作战的需要。

蔡威原出身于富有家庭，又是上海工业大学毕业的知识分子。开始时，工农出身的干部、战士都不敢接近他，认为他是个大知识分子，怕他笑话别人是“土包子”。蔡威同志白白的脸，两只稍凹的大眼睛，戴着一副黑边眼镜，穿着西装裤，经常低着头思考问题，所以大家认为他是个特殊人物。时间一久，大家发现蔡威对人和蔼、平易近人，不但不嫌工农出身的干部、战士“土气”，他还经常虚心地向工农出身的干部、战士请教。同时，他也耐心诚恳地帮助大家学习文化技术。因此，大家都愿意与他谈心交换意见，并对他表示出敬慕之情。

刘忠生年龄最小，他既是无线电学校的学生，又是照顾蔡威生活的勤务员。蔡威把他当成自己的小弟弟，行军时让他骑在驮行李的马背上，并经常给他讲革命的道理，教他学习文化，上技术课，使这个放牛娃逐渐成长为一个对革命有所贡献的技术干部。肖大来出生在一个贫农的家庭，从小就和父亲一道在地主家当雇工，给地主放牛，受尽了残酷的剥削，黄麻农民起义后，革命风火燃烧到他的家乡，肖大来毅然参加了革命队伍。1931 年无线电台成立时，肖大来带领一个班来到电台担任警卫工作。他为人忠厚老实，工作认真负责，蔡威看中了他。肖大来虽然没有文化，但肯学肯钻，蔡威遂加以重点培养。一个是虚心请教，学而不厌；一个是耐心帮助，诲人不倦。经过不长的时间，目不识丁的肖大来被培养成了一个合格的机务员。后来，充电机、柴油发电机出了毛病，都由肖大来负责维护修理，解脱了蔡威的机务琐事，使他能专心致志地去搞侦听的分析研究工作。

1936 年 9 月，蔡威同志由于长期埋头钻研，夜以继日地忘我工作，积劳成疾，身染重病。尽管当时中央派来了最好的军医傅连暲同志给他治病，但苦于没有好药救治，蔡威同志还是离开了我们，病逝于甘肃省的岷县朱尔坪。

永不消逝的电波

——忆李白同志

申毅口述　贾晓明整理

今年是我党通信战线和情报战线的无名英雄李白同志诞辰100周年。新中国成立前，我们在延安中央军委三局总台党组担任联络敌占区我地下党电台的工作，那时我们还不到20岁，李白同志是我们的前辈，由于我们都师从于王诤同志，李白同志就是我们的“师兄”。如今我们已经是80多岁的人了，负责党组的唐士吉同志也已经90多岁了。每当我们十几个当年一起工作的同志聚会，我们都会回忆起那段岁月，都会不约而同地回忆起我们曾亲耳接收的、来自李白同志的那永不消逝的电波。

从战士到地下工作者

七七事变后，党中央计划在国民政府所在地南京建立通信电台，军委三局根据中央的这一计划，决定派遣李白赴南京负责这一工作。虽然李白希望上前线，但他毕竟是一位具有高度组织原则的共产党员，愉快地服从了组织的调动。李白来到云阳镇中央军委前敌总指挥部，三局局长王诤向他详尽地交代了去南京的任务和工作性质。一起到西安后，王诤向即将前往南京同国民党举行谈判的博古介绍了李白的情况。随后，李白与博古一同乘火车东进。

火车到徐州，他们换车沿津浦线到达南京，但由于种种原因，设台的计划未能实现。上海党组织与党中央的秘密电台原由田保洪担任报务，因上级准备另行安排田保洪的工作，故调遣李白接替他。这样，李白遂又奉命转到上海。

10 月10 日下午，李白由南京抵达上海，化名李霞在旅馆住下来。八路军驻沪办事处的刘少文派王少春专门负责与李白联络。几天后，王少春、机务员涂作潮和报务员田保洪分别来旅馆用暗号接上关系。

根据地下工作的原则和特点，李白必须另觅地方设立电台。“八一三”抗战爆发后，“租界”外围的居民纷纷涌入“租界”，致使房屋供不应求。组织上经过多方努力，终于向一位姓单的医生借到贝勒路（现黄陂路）148 号三楼一个约十平方米的房间。单医生与李克农、王少春是同乡，同情革命。这是一座位于两路交叉处的临街房子，底楼为单姓医生的诊所，二楼和三楼均为单家住房。电台设于此，论环境并不理想，不仅噪声大，且与崇山法国巡捕房邻近。

因为李白长期在部队战斗生活，突然要他转变成一名地下工作者，他感到有些为难，其坚定的革命态度一时无法完全掩饰——见到有钱有势的人便报以不屑的态度，遇到乞讨者，便会毫不犹豫地慷慨解囊，很多次都是身无分文地回来。党组织认为李白必须有一个熟悉环境的时间，在一段时间内没有给他安排工作。李白虽然也试着改变自己——蓄起头发、着长衫、穿皮鞋。然而，他的举止神态，还是显得与“身份”

不符。长期的“安定”生活也让李白感到不适，他再三向组织上要求迅速开展工作。一次，王少春来转交组织上拨给他的生活费，李白对他说：“我们的战友都在前方流血、打仗，我竟在这个花花世界安然度日。王二哥，你完全清楚，工作、战斗，我是为此而来的！”刘少文得知这些情况后，既肯定了他对工作的迫切心情，又指出他不够谨慎的方面，对他做思想工作说：搞地下工作，尤其需要胆量与智慧的结合。经过与同志们的谈心，李白认真检讨了自己的行为，迅速融入上海社会。一年以后，当李白和后来成为他夫人的裘慧英接头时，他的装束、神情已经完全与初到上海时判若两人。裘慧英的第一感觉是“大失所望”，因为李白头发梳得溜光，皮鞋擦得锃亮，穿着只有资本家才穿的长袍，戴着眼镜，清瘦的脸上略带着几分让人捉摸不透的感觉。接上头后，裘慧英放心不下，又去找领导上海工运斗争的市委副书记马纯古问：“看了不像个同志，会不会有错？”马纯古笑着说：“你别瞎疑心了，要是叫人看出是个同志，那还得了？”

这样，李白和裘慧英以“夫妻”的身份开始了工作。但是，裘慧英对这一切都感到极不习惯，悄悄跑回工厂。李白知道后对裘慧英说：“我们现在的工作环境和条件虽然变了，但是性质没有变，甚至更为重要了。从表面上看，工作似乎单调枯燥，而我们收发的每一个信号都与整个革命事业有关，所以干这一行就得有高度的责任心，有甘当无名英雄的精神才行。”他还担当起培训“新地下工作者”的任务，有时裘慧英出去遛遛。李白就教育说：“这怎么行？装什么就得像什么！这一带都是有钱人，谁这么早去遛马路呢？”

李白对革命的忠诚打动了裘慧英，从此，两人一起工作，配合默契。无线通信工作需要高度集中的精神和娴熟的技术，所以每当李白一戴上耳机，就完全沉浸在电波中。为了他的安全，裘慧英主动地担当起

“警卫”工作。为了不让裘慧英寂寞，李白就在业余时间教裘慧英学习发报。工作顺利进行着，两个人的感情也更加深了。经组织批准，两人正式结婚。

李白虽然身居上海已经多年，也“改变”了很多，但依然保持着红军时期的本色——过着极其俭朴的生活，把省下的钱交给联络员。除了过年，李白夫妇都是粗茶淡饭，有时也调节一下生活，到剧场看李白最喜爱的京剧，但每次都买最廉价的座位。偶尔外出，也是以步代车。

边工作边学习

李白不仅要侦察敌情，更要传达我党的方针政策。当时李白除收发密电以外，还要抄收新华社电讯。毛泽东的《放手发展抗日力量抵抗反共顽固派的进攻》《团结到底》等文章，经过李白抄录传播到我地下党手中，并迅速传播到广大民众之中。

在一切筹备工作就绪后，李白终于开始了他久违的工作。虽然和延安的联络取得了成功，但如何克服夜间声音传播和电波干扰的问题摆在了李白面前。电台发报时，住在附近的人如收听广播，会听到电波干扰声；收报时，在波长相同的地方又听到感应声。特别是使用大功率的电台，这种情况更为严重。为了解决这些弊端，李白就在工作的时候，挂上双层深色窗帘，将 25 瓦的灯泡换成 5 瓦的，再蒙上一块布，然后在电键头下垫一张纸片，以减轻声响。收报机是用收音机改制的，他将功率从 50 瓦调低到 15 瓦。然而，15 瓦机发出的信号，经过空中各种电波的干扰，等传到延安几乎就消失了。他反复试验、研究，最后选定在空间干扰和敌人侦探相对减少的 0 ~ 4 点为联络时间。李白虽有娴熟的报务技术，但没有系统学过机务修理，因此当机器发生故障的时候，不得不停止工作，须待联络涂作潮，经修理后才能继续工作。一次，一个邻居指着背工具包的涂作潮问李白："他是谁?"李白回答说是"修电灯的。"邻居却问："你们家的电灯怎么这么容易坏呀?"这句话提醒了李白。为了不延误工作并加强保密措施，李白向组织上提出学习机务技术的要求。龚饮冰十分赞成他的这一意见。1940 年冬，威海卫路 338 号新开张了一家"福声无线电公司"，此家公司的"老板"是涂作潮。作为"店员"的李白和裘慧英迁到无线电公司的楼上居住。白天，李白在涂作潮的指教下，安装、修理无线电收音机，夜间继续收发报。涂作潮对工作一丝不苟，但性格外向，有时为李白弄坏了一个小小的零件而大声训斥他，事后再向李白道歉。李白总是说："你是'老板'，我是店员，还是'学徒'，出于这种关系的需要应该这样。"

1942 年夏，为改变工作条件，李白夫妇移居到爱国人士、时任《新闻日报》总编辑许彦飞的房子里。

抗日战争期间两陷囹圄

太平洋战争爆发后，日军进入"租界"，加紧破坏我党的地下组织，并用无线电测向仪侦测我党电台。1942 年农历八月十四，李白、裘慧英不幸被捕。一个月后，敌人没有得到任何东西，只得将裘慧英释放。裘慧英出狱的时候，龚饮冰、王一知、涂作潮等已撤离上海。龚饮冰临行前，将营救李白的工作嘱托给许彦飞和从事情报工作的张建石。

李白被继续囚禁，他任凭敌人严刑逼供，一口咬定是为商业投机而私设的电台。当时上海各种投机商十分猖獗，敌人又无法掌握确切的证据。经党组织积极营救，张建石的朋友张建良（打入敌人内部的我党情报人员）通过党外人士张子羽与敌人上层人物的某种特殊关系，迫使"76 号"同意释放李白。释放前，"76 号"提出须有殷实的铺保和释放后不得离开上海的条件。后经许彦飞出面多方联系，终于由其朋友开设的酒店作保获释。

李白获释后，党组织为了他的安全，暂不给他安排工作。为了解决身份和生活问题，许彦飞又邀几位朋友集资开设了一家“良友糖果商店”，雇李白为店员。在没有“工作”的这些日子里，已经变成一名优秀地下工作者的李白，没有任何急躁情绪，将商店管理得井井有条，在业余时间与父母家人通信。他信中提到：“在外面多年，虽未有半点成就，但所交朋友对我都是很亲近的。”对于家人要他回家的要求，他以“我在外是有固定职业的，平时无论何人都不准请假……即使公司里能准许请假，甚至准许退职返乡，但家乡是否可有我生活和一切的保障呢？”为由予以婉拒。这些信件，从侧面表达了他对党的事业、地下工作的无限忠诚。

李白的等待终于有了结果。1944 年秋的一天，李白在静安寺与早已打入国民党军事委员会“国际问题研究所”（简称“国研”）的一位我情报人员接头。这位“国研”情报人员随即向李白介绍说，“国研”内已经有谈宗和、陈曼云、陈建邦等多名我方人员打入，这个名义上是国民党的情报机关实际上被我党所控制。近来，“国研”要在浙江淳安设立一部电台，需要报务员，我党决定趁此机会派他打入“国研”，利用敌人的电台传送党所需要的情报。李白当即愉快地接受了任务。

10 月，李白和裘慧英在这位同志的陪同下到达杭州，与谈宗和、张建石、陈建邦等乘坐一辆通过在日本某机关工作的人的关系弄来的汽车到达富阳，再搭船到达淳安县。

李白到达后急切地希望与延安取得联络。但县城里没有照明电，发报时只能人工手摇，且发电功率很小，周围又有高山，对电波起了屏蔽作用，经多次努力，依然无法实现联络，致使电台无法与延安接通。没有完成党交给的任务，李白的心情十分压抑。

不久，李白又奉命将电台转移到浙江场口镇外一个乡村，改为与上海地下党电台秘密联络。这次李白取得了成功：敌方情报源源不断传到上海，经过上海地下党中转，这些情报终于传到延安。

然而，好景不长。场口周边时常发生国民党各派军阀武装火并，有一次险些将李白的电台击毁。由于安全原因，“国研”决定撤销场口电台。调李白回淳安陈曼云管理的电台工作。春末，李白带了收发报机乘上一艘交通船，到达淳安时，被一队国民党兵拦截搜查。敌人很快就发现了收发报机。李白从身上掏出一张“国研”设场口电台的证明，但是敌人说这张证明是过期的，把李白逮捕。李白断定敌人要从自己的行动中找出破绽是绝对不可能的，对此泰然处之。第二天，由“国研”出具证明，李白无罪获释，被调遣到“国研”设置在江西铅山县霞落街祝家巷二号的电台工作。

为了党和人民战斗到最后一刻

在国共和谈期间，我党在上海的情报部门收集到大量国民党破坏和谈、部署内战的证据，需要及时传送到延安。于是，组织上决定派李白回上海继续从事与党中央的通信联络工作。在此之前，关于李白是否适宜留在上海的问题，党组织非常慎重，因为按规定被捕过的同志按原则可以回解放区工作。最后决定委托刘人寿征求李白的意见。李白明确地表示：“党需要我留在上海，我绝对服从！”

组织上为了李白和电台的安全，采取了一些措施。李白夫妇居住在“国研”上海分所的职工宿舍，楼下住的是打入“国研”的我党情报工作者潘子康、何复基夫妇，他们负责掩护电台。为了避免引起敌人的注意，李白取得了海洋渔业公司修理渔业电器设备的公开职业。渔船修理处位于上海东北端的复兴岛，李白每天用于往返途中的时间就有两个多小时，一天工作下来后，常常还要在夜晚进行长达三四个小时的通报。由于长年累月经常性的日以继夜地工作，李白的两鬓过早地出现了几丝白发，额头、眼角添上几道深深的皱纹。党组织为他的身体担忧，曾多次委托陈曼云关照他要劳逸结合，但李白说："公开的职业既是从事地下斗争的需要，又是为党节省经费开支的一个办法。我还可以趁这些机会学到更多的无线电技术。这真是件一举多得的好事啊。至于身体我是从小就吃惯了苦的，所以不必为我担心。"

不但平时，就连星期天，李白也从不休息，研究无线电技术，从早上搞到中午，夫人裘慧英叫他吃饭，每次李白总是说：你和孩子先吃吧。说着就继续钻研。有时搞到晚上很晚，才幽默地对夫人说：我研究的东西成功了，你把饭多烧些，把中午的饭和晚上的饭让我一起吃。

1946 年夏，敌情日益严峻，张唯一、陈曼云等先后撤离上海，刘人寿接替张唯一领导电台的工作，由于经济状况不佳，李白也失去了工作。环境的日趋恶化和失去职业的掩护，都没有使李白产生情绪变化，他依然对革命工作激情不减。

1948 年 9 月，解放战争开始进入决战时刻，我上海情报部门获取了大量敌军兵力部署以及敌海军将黄金运往台湾等重要情报。李白的工作量骤然增加，但依然忘我地工作着。此时，敌人开始注意我方电台的活动，采取分区停电、暗中抄收信号等手法，妄图破获我党的地下通信网。李白在发报过程中，频频被中途停电所困扰。

鉴于危险迫近，党组织决定建立预备电台，以替换李白的电台。到 1948 年底，李白协助预备电台与党中央取得了联络。1948 年 12 月29 日深夜，李白正在给延安发一份非常重要的国民党绝密江防计划，敌人已经来到李白住所的周围。正在发报的李白听到一阵敲门声，他立时意识到问题的严重性，于是飞速把一份电报发完。他发完电报把电文稿撕碎丢入抽水马桶冲走，而后将天线、机器拆散藏于壁橱里，并吩咐夫人裘慧英把三岁的儿子送到楼下潘子康家。

1949 年 5 月 7 日夜晚，毛森根据蒋介石亲批“坚不吐实，处以极刑”的指令，将李白押至浦东戚家庙杀害。为了中国人民的解放事业，李白在狱中始终严守党的重大机密，保护了党组织保护了同志，特别是保护了党的预备电台，使党的预备电台与党中央一直联络到上海解放。李白不愧为中国共产党的优秀党员，不愧为我党情报战线和通信战线的无名英雄，他用自己的鲜血和生命为抗日战争和解放战争做出了重要贡献，永远值得后人怀念。

苍坪山下的秘密电台

刘 德

在秋高叶红的10月，我们来到北京西苑，了解周恩来同志解放前曾设电台驻雅安的一段史实。这部秘密电台的负责人，前中央人民政府情报总署副署长王少春同志虽已作古，但他的夫人秦惠芳还健在。特别令人欣喜的是，她就是这部电台的译电员。应我们的请求，秦惠芳老人向我们忆述了当年那段难忘的经历。

接受重任

1942年6月的一天，夜深人静，在重庆红岩村八路军办事处周恩来的办公室，王少春聆听着周恩来介绍国民党川康地方实力人物刘文辉的情况和中央决定派人去搞统战工作的意图。周恩来亲切地说："二哥（王少春排行第二，年龄又大，故老同志都亲切地这样称呼他），还是你去吧，怎么样？"1927年蒋介石在上海发动反革命政变，王少春在芜湖被捕，是阿英（钱杏邨）叫着"二哥"的名，把他营救出狱来；又是李克农等在“四一二”大屠杀后，介绍这个“二哥”入党的。今天周恩来这样亲切地称呼他，使他更充满了信心，说：“坚决完成任务，请中央放心！”

“你还有什么困难和要求？”周恩来关心地问。王少春恳切地说：“我现在只剩下一个女儿了……”

周恩来安慰他说：“你放心去，我会照顾她，三年后，一定给你送去。”

“四一二”后，王少春被国民党反动派通缉，被迫离开老家芜湖。临走时他的妻子和三个孩子，哭天嚎地，拽着不让走，经他再三劝说，方才勉强脱身。谁知这一走，竟成了和亲人的永别，后来才知道他们母子都被贫困和疾病吞噬了。他在上海搞地下工作时，经中共地下党的一位领导夏三娘的介绍，1930年和秦惠芳结成革命伴侣。她是上海申新纱厂的纺织工，1931年正式参加我党的情报工作，1941年6月在延安加入中国共产党，并长期从事敌后地下工作。1932年秦生下一女，因家贫如洗，幸由上海法国电车公司一个姓叶的职员不断周济，才得以存活。后因工作需要秦惠芳调到延安，又从延安转到重庆，一家人才得以团聚。周恩来和邓颖超一直把王少春的女儿当做自己女儿对待，周恩来同志的父亲有点好吃的，都要给她留着。有一次，小家伙生了重病，周恩来急坏了，说老头就剩下这一根苗了，一定要千方百计地抢救过来。他们请来八路军驻渝办事处的医生，找来最好的药，终于把她的病治好了。开学了，周恩来把她交给陶行知，进入育才学校读书。对今天王少春的要求，周恩来能不答应吗！

6月23日晚，在办事处二楼会议室召开的一个小型欢送会上，周恩来鼓励他们（王少春、秦惠芳、杨作爱）到雅安要像杨柳一样生根发芽，要像松柏一样坚韧不拔。这一席话深深印在他们的脑海里，成为他们战胜一切困难的动力。

欢送会结束后，王少春夫妇由周恩来的牟副官带路，沿着小路高一步、低一步地走下了红岩咀，乘上汽车，到了成都，住在邵石痴家里。后持邵的信，他们又搭上国民党二十四军师长唐英的车到雅安，与该军参谋长张伯言接上了头。

赴雅建台

7月24日，王少春一行到雅安，住在四川旅行社，并成立了党小组，开展工作和学习，等待张伯言安排与刘文辉接触的时机。

一天，刘文辉早早地在会客室里等待着，不久即见张伯言引进一个人来。见来人中等个，50岁左右，小平头，正方脸，两道浓眉，鼻梁上架着一副高度近视眼镜，给人一种胆识具备、举止老练的感觉。张伯言把王少春介绍给刘文辉，刘上前操着浓重的四川腔招呼说："一路辛苦了，请坐！"王少春首先代表周恩来表示问候，而后同刘文辉一起就有关事宜进行了磋商。双方商定，王少春作为刘文辉的私人顾问，以张伯言的朋友为避日军之难到雅安住家；报务员杨作爱是王少春的秘书，译电员秦惠芳是教书的，称方先生。联络方式指定由川康边防指挥部参谋长、刘文辉的心腹张伯言同王少春单线联系，不与外界接触往来，如有急事则临时约时间、地点，与刘文辉直接面谈，如刘不在时，则用书信往还；物资方面由刘文辉提供。王等人的住处选在偏僻的、张伯言早已废弃的旧旅部，一座破庙似的院子里。

一切商妥后，王少春返回旅社，和大家一块儿用了五天的时间，对住地四周的环境及雅安当时的社会情况，作了初步的调查，遂决定架设单独的秘密电台，与延安建立直接联系。

坐落在雅安城南苍坪山下的那所院落，正前面是一片荒芜的草坝，中间是空地，后部左右各有三间破房，中间是堂屋，左房住着王的女儿（三年后，周恩来派人送至王少春身边的），右房是王少春夫妇的卧室，旁边是电台室，院后角有几棵古树，院外左边是条通往山上的曲径。此外，他们住地四周，还布满了刘文辉部的各式电台，什么参谋部的、军部的、三青团的，还有国民党西康省党部的，反倒起了一个掩护作用。

8 月 1 日，他们按照中共南方局编好的密码，第一次沟通了同延安的联系。从此，每天深夜 12 点都要和延安联络一次，及时向中央请示报告，并接受指示；平时，主要是抄收延安新华社的电讯稿。

开展工作

电台沟通联络后，如何开展工作？大家重温了周恩来的指示：“蒋介石排斥异己，与刘有某些矛盾，要充分利用这一点去做工作；去后要把工作做好，不能失败，主要是策反刘文辉及潘文华、邓锡侯；要生根立足，起码做三年打算。”明确了工作的重点，他们又分析了过去中共地下党组织做刘文辉工作的经验教训，确定对刘文辉采取以诚相待，要千方百计拉住他，不让他倒到另一方去，同时设法保住他的武装，保护好中共地下党和进步人士，使革命事业少受损失。他们还对刘文辉及其辖地和部队作了全面的调查，认为：西康是个多民族的省份，封建迷信浓厚，文化落后，土匪武装多；虽蕴藏着丰富的地下资源，但交通不便，是个未开垦的处女地；刘文辉是集地主、军阀、官僚于一身的地方实力派人物，其反蒋虽是基于个人的野心，和共产党拉关系也是基于个人的利害，但一定要按中央的指示，竭力地争取他。

电台开始工作后，由于四周电台多，干扰大，加上延安、重庆方面的电力不足，往往听不清。电报的密码是中共南方局的机要科长童小鹏教给秦惠芳的，她当时因时间紧不熟悉，有时与重庆南方局的联络老是搞不好。为此，他们曾向周恩来汇报过，王少春亦曾两次去成都向张友渔反映，情况虽有改善，但仍不太通畅。为了搞清密码，秦惠芳在1946年专赴重庆八路军办事处与钱之光、袁超俊联系，经过邱松夫妇向她具体交代清楚密码后，由秦装在一个小万金油盒里带回雅安，从此通电情况就好一些。

为了帮助刘文辉了解共产党的方针和政策，自建立电台的第一天起，凡收到明码电报，王少春都要用毛笔抄写一份送给刘文辉看，前后共八年从不间断。刘文辉对这些抄报是每日必读，有时事情多忙不过来，就利用抽大烟的时间，边抽边看，时常看得入神，忘了抽烟。

有一次，石励（原在延安中央军委三局工作，1945年夏天调到重庆八路军办事处，被童小鹏派去雅安替换生重病的杨作爱）收抄新华社播发毛主席《目前形势和我们的任务》一文时，每收抄一小时，才能休息五分钟，连续收抄了两天三夜，手抄痛了，眼熬红了，连饭也顾不上吃，但他情绪却很高。王少春在一旁挥毫疾书，把收抄下来的电文用毛笔工工整整地转抄在毛边纸上，严重的哮喘病使他咳得上气不接下气，也没有放下笔。直到电文全部抄完，王少春才长长地舒了一口气，赶快派专人送给刘文辉。

刘文辉读过康有为的“维新”著述，学过孙中山先生的“三民主义”、“建国方略”，但是从未接触这样深邃的见解。读后连声称赞：“好文章！好文章！”然而，对于这样的“好文章”，刘文辉虽是拜读再三，可有的问题仍难以理解，疑虑自己是革命的对象，即使倒向人民方面，也不会被谅解。他去请教王少春，王少春耐心而诚挚地告诉他：“新民主主义革命的任务，就是要消灭地主阶级和官僚资产阶级的剥削和压迫，但不是消灭个人。只要共产党以外的其他任何党，任何社会集团或个人，对于共产党是采取合作的而不是敌对的态度，我们是没有理由不同他们合作的。”王少春还列举了李鼎铭先生参加联合政府，国民党二十六路军将领赵博生、董振堂在江西宁都起义后加入红军的事实加以说明。刘文辉听后连连点头。

共同对蒋

王少春身负党给的光荣任务，不仅帮助刘文辉学习理论，提高对共产党的认识，而且还和他共同商讨反蒋的一些具体办法，在一些重大问题上，根据党中央的指示，帮助刘文辉化险为夷。如 1942 年下半年到 1943 年上半年间，蒋介石曾借口西藏地方亲英势力拒绝修筑康藏公路，命令二十四军出兵讨伐西藏，另派中央军的两个师进驻西康接防，借图藏以图康。为此，刘文辉和王少春经过一番磋商后，决定来个将计就计，拟定了作战计划，开了一个向蒋要枪械、要装备、要经费、要扩大编制补充实力的清单，指派军参谋长伍培英专程到重庆坐催。蒋一见此“计划”又气又恨，又说不出口，只好派何应钦出面，以中央财政困难，负担不了这笔庞大的经费为由，宣布“对藏用兵暂缓进行”。

1945 年 10 月 3 日深夜，王少春从密电里收到蒋介石命令杜聿明以军事突袭解决龙云的消息后，他冒着雨夜的寒冷去找刘文辉，把这个消息告诉了他，并提醒他注意，要镇静处之。刘文辉听罢如坐针毡，忧心忡忡。王少春回家后，由于受到雨水和冷风的侵袭，气喘病又发了，咳喘得难以入睡，只有背靠在床头直到天明。

次日黎明，电台又收到蒋介石发表刘文辉为川康绥署副主任的消息，王少春顾不得自己的病痛，翻身起来，急促地去见刘文辉，把这事告诉他。正在提心吊胆的刘文辉听到这消息，心里的石头才算落了地。王少春对刘说：“看来蒋介石暂时不会对你下毒手了。但也不能大意，更不能对蒋抱有任何幻想，这很可能是老蒋一打一拉，或者是杀鸡给猴看的阴谋。”刘文辉对王少春的看法连连点头，共产党对他忧喜与共的诚恳态度，令他既感动又钦佩。

王少春除了直接做刘文辉的工作外，还经常搜集一些重要情报，上报延安。早晨，他穿着一件白土布对襟上衣，青色宽裤腰的肥腿裤，裤脚系上带子，精神抖擞地上苍坪山去打八卦掌。当时的苍坪山，是国民党官员汇集的地方。国民党二十四军、西康省政府和其他一些形形色色的要员常常上山打拳练武，同时谈天说地，论古道今，其中也不乏对蒋介石不满的议论和涉及国民党军情的消息。但是，他们都视王少春为刘文辉的幕僚，所以从来对他不作回避。王少春手在练拳，耳在静听，有时也凑过去搭讪几句，利用一切时机搜集情报。

一天早晨，王少春与一个军官闲聊得知，胡宗南曾派人借口来雅安安置军官家眷，见刘文辉满口答应，接着又透出胡部想经过雅安，开往云南的问题，被刘文辉以山多林密，人烟稀少，大部队行动困难，必须自带粮草为借口，周旋应付过去了。

王少春将这一重要情况立即向党中央报告，可是中央方面老是收不好，急得他在屋子里走来走去，像只热锅上的蚂蚁。“这是特急报，老发不出去是要误事的呀！”王少春边走边说，像自言自语，又像是对石励说的。过了几分钟，仍发不出去，一向乐呵呵的王少春眉毛倒竖，眼睛也瞪大了，提起笔来，在石励面前写了句英语“Go away”，要石励立即发出去。石励莫名其妙地望着他说：“英语怎么发呀？”王又译成中文“滚蛋”。石励一见怔了一下，说：“骂人是犯纪律的啊！”王少春说：“骂人是小，误事是大，你发，将来我检讨。”石励没法子，只好发了个“99”，就是说把“滚蛋”变成了“换人”。后来，这份情报终于发出去了。

事后才知道，当夜中共中央所在地河北平山县西柏坡下大雨，雷电干扰太大，王少春不了解对方情况，要求换人，冤枉了那边的同志。以后，王少春每提及此事，就感到内疚。

过了几天，中共中央来电嘉奖全体电台人员，称提供的这些重要情报，对军委指挥西南战役很有参考价值。

1948 年 11 月 2 日夜里，电台收到辽沈战役我军取得胜利的战报，王少春特别高兴。第二天，他主动拉上石励、秦惠芳和女儿，一道出去庆祝一番。他们化了装，坐木船摆渡过雷公河，来到对岸山上的尼姑庵。这里山清水秀，风景宜人，大家自建台以来第一次外出活动，王少春笑嘻嘻地说："今天喊几个菜，庆祝胜利！"不一会儿，尼姑为他们端上几盘菜，有鱼、有鸡、有蛋、有虾，真是丰富，一吃才知是豆腐油炸后做成的素鱼、素鸡。王少春那天心情特别好，他笑着问尼姑："你们出家人以吃素为本，不伤生灵，为什么要把豆腐做到鸡、鱼呢?"问得那尼姑难以回答，只是抿着嘴笑，逗得大家笑个不停。

1949 年 10 月间，人民解放军以排山倒海之势，相继解放了西宁、银川、广州等地，战争中心逐步转向西南。王少春接中央指示，加强了同刘文辉的接触，并劝导刘联合西南实力派走起义的道路。刘文辉虽有这方面的思想准备，但还是顾虑重重，下不了决心。王少春对刘文辉说："川康解放，为期不远，要认清形势，当机立断，用自己的行动写自己的历史。"并针对刘文辉既怕蒋介石杀害，又怕保不住自己的权利的思想，严肃地给他指出：现在已是大势所趋，人心所向，应抓紧时机，在解放大西南的斗争中为人民立功。经过反复工作，及国内局势一天天明朗，刘文辉终于表态要起义了。王少春立即给周恩来发报，汇报刘文辉的态度，请示机宜。周恩来复电大意是：大军行将西行，希望积极准备，相机配合，不宜过早行动，招致不必要的损失。

王少春根据周恩来的指示，向刘文辉明确表明自己是中共代表，在政治上可以对刘负责，决不能再三心二意了。刘点头，并承诺将尽力去联络邓锡侯、潘文华等西南实力派人物，一同起义。王少春又和刘文辉一起研究了起义的时机，起义的准备工作以及如何对付蒋介石，阻击蒋军窜入西康，配合解放军作战等问题。随后，刘文辉积极地按计划对西康军政作了新的部署，又亲赴成都与邓锡侯、潘文华商量有关起义事宜。

战胜困难

王少春等从1942年7月建台到1949年12月9日刘文辉起义，在雅安坚持工作了八年，不言而喻，工作和生活都是艰苦的。王少春不仅要和自身疾病做斗争，还要与敌人巧妙地周旋，战胜种种险恶。

有一次，军统局发现他们电台的信号，便急电雅安组长徐伯威，令其查明具复，同时派两名特务前来侦破。王少春他们事先得知这一消息，连夜作了对付意外的准备，把收、发报机卸下来装箱，妥善地隐蔽起来。即使这样，大家还是谨慎防范，担心万一露出破绽，会给党带来损失。好在刘文辉态度鲜明，来了个矢口否认。特务经过一番侦察，没有发现任何蛛丝马迹，弄得好不沮丧。

不久，国民党特务机关又派在二十四军任政训处处长的丁国宝用电台来侦破。王少春他们侦听到该台信号，便立即去问刘文辉：这是怎么回事？为什么特务搞电台来雅安，你还不知道！刘文辉一听急了，立即派人去把这部电台予以没收，并把丁国宝撵出雅安。

有一次，王少春去成都汇报情况，在返回雅安的途中，被土匪把钱和东西抢光，而且连身上穿的衣服也扒去，仅给他留下一条短裤。他赤着上身，拖着病躯，又冷又饿，白天找个破庙躲着，夜里才出来赶路。当他借着夜色的掩护返回住地时，石励吓了一跳，连问："你是谁？""我是老王，你怎么认不出来啦！"石励赶快去找衣服来给他穿上，可王少春还风趣地说："我是在进行马拉松运动。"石励关心地问："这几天饿得够呛吧！我去做点吃的。”王少春不在乎地说：“早就习以为常了……”

在八年的日日夜夜里，王少春他们战胜了一个个的困难。他们住的是透风的破庙，吃的是自己种的菜，夏天睡报纸，冬天睡稻草，没有看过戏，也没有进过餐馆，这些他们都不在乎。

1947年3月，中共中央决定暂时放弃延安。刘文辉对解放军能否取得胜利一度产生疑虑，对王少春他们的态度也起了变化。开始刘文辉对他们比较热情周到，派了四五个警卫员跑前跟后，现只剩下一个叫戴吉安的士兵。这一变化，王少春他们并不在意，但恼火的是没有干电池，没有电源，无法与党中央联系。过去刘文辉派人送来的都是新电池，而现在拿来的却是旧电池，没法用，石励只好在电池底部凿几个小洞加些盐，土法充电，勉强维持一阵。刘文辉还减少了对他们的供应，机器没有电池，人也没有经费了，几乎闹到断炊的地步。

后来，他们发扬南泥湾的精神，自己动手，开荒种菜，来个生产自救。

王少春面对当时的处境，一面向组织反映，一面严肃地告诫刘文辉：“你要当‘政治家’，不要当‘政治商’。希望你把眼光放远点！”

周恩来得悉这一情况，便通过王少春转告刘文辉：“如果认为不需要，请你们买张飞机票把他们送到香港，包括飞机票钱都会给你们送来。”这下刘文辉才警觉起来，逐渐改变了态度。

后来，周恩来指示王少春去成都，由张友渔代表组织给了些钱。由于当时国民党地区通货膨胀，他们马上买了两个金戒指、一个金手镯以备在紧急情况下使用。

那时，王少春他们生了病，既无医又无药，轻病拖成重病，重病积成残疾。杨作爱刚到雅安时身强力壮，由于整天在阴暗潮湿的屋里工作，染上肺结核病，因无钱治疗，病情越来越重。南方局童小鹏派身体更强壮的石励接替杨作爱，石励来后工作了一二年又病了，来时红光满面，现在是面黄肌瘦，不时发烧。王少春急得没法，想送他去看病，又没有钱，只好找个偏方，买了点肉给他炖芭蕉花吃。秦惠芳脊椎骨折，需要及时住院治疗，可手里没有钱。她把长期节省买下的两个一钱多重的金戒指，拿出一个换成钱，还是住不上院。因为住院费要 22 元，戒指只卖了 20 元，还差 2 元，她只得在家躺了两个多月，带病坚持工作，以致腰部落下了残疾。

迎来胜利

1949 年春，形势很紧张，敌人的活动更加频繁。组织上决定要秦惠芳连同她的女儿先转到香港，由潘汉年安排住处，准备三个月以后，再返回西康。在香港她们接到军委社会部李克农部长的电报，叫他们回北平汇报，并说西康很快就要解放了，不要回去了。

秦惠芳走后，她的译稿任务就压在王少春身上，他一人顶两人干，带着病夜以继日地坚持工作。

周恩来自始至终亲自指导着王少春策动刘文辉起义的工作。12 月 5 日，周电王少春："望即转告刘自乾先生，时机已至，不必再作等待，对蒋之一切伪命不仅要坚决拒绝，且应联合邓（锡侯）、孙（震）及贺国光诸先生有所行动，要守住西康、西昌，不让胡宗南匪军侵入。"8 日，周又电告刘（司令员）邓（政委）："已电告我派驻雅安之王少春同志，要刘文辉派负责人员携带密码呼波至前线找你们接头，建立直接电台联络。在未建立之前，雅安台与京台每日通报两次，有报再经京台转你们。"王少春不仅以最快的速度把这些指示转告刘文辉，并提出了具体意见，督催刘行动。

1949 年 12 月 9 日，国民党西康省政府主席刘文辉，西南军政长官公署副长官邓锡侯、潘文华联名在雅安发表通电，宣布起义。雅安苍坪山下的红色电波划破万里长空，载着川、康将领的心愿，载着党的儿女的红心，飞向党中央，向毛主席报告了起义的喜讯。

不几天，王少春等又收到了朱总司令代表党中央表示慰问的复电。他们的心久久不能平静。八个春秋，他们经历了“雨城”雅安的多少风风雨雨，聆听、传播过多少来自红岩村，来自延河之滨，来自西柏坡，来自中南海的声音！

蒋介石听到刘、邓、潘起义的消息，担心西安事变重演，10 日清晨，仓皇飞往台湾。

12 月中旬，胡宗南和王陵基部在即将被我军围歼的情况下，集中了十来个团的兵力，分两路向雅安起义的二十四军进攻，企图打开一条逃路。在这紧张危急的时刻，当时的二十四军参谋长杨家桢再三劝王少春等撤离雅安，王少春拒绝了。12 月 17 日，王少春把“密底”统统教给了石励，准备一旦他牺牲了叫石励坚持到底，为解放西南，完成周恩来交给的光荣任务而战斗。

王少春一面向军委告急，请求解放大军迅速进军；一面告知杨家桢：西康阻击战意义重大，如果成功，四川可提前解放，要全力以赴打好阻击战；要将成雅公路彻底破坏掉，以阻止胡宗南的坦克、大炮进入西康；要做好向南撤退的准备工作，节节抗拒胡军南进。在二十四军代军长刘元瑄、参谋长杨家桢率领下，全军官兵终于阻击了胡宗南的进攻，配合解放军歼灭了进攻之敌。

全国解放以后，周恩来同志代表党中央赞扬王少春同志任务完成得好，并任命他为中央人民政府情报总署的副署长。1955 年 5 月 10 日，王少春由于旧病复发在北京医病医治无效，与世长辞了。弥留之际，他对守护在身边的家属说：“我是赤条条来，赤条条去，共产党员，不留什么！”

周镐策反孙良诚

阮银甫

1948 年 11 月 6 日，人民解放军以徐州为中心，发起空前规模的淮海战役。战役开始后的第七天，国民党第一绥靖区副司令官兼第一〇七军军长孙良诚，被迫率军部及一个师共 5800 人，于江苏睢宁西北的大王集向解放军投诚。孙良诚部的投诚，不仅进一步造成了国民党军的上下混乱，严重影响了国民党参战部队的士气，而且继何基沣、张克侠起义打开了敌徐州东北防线缺口后，又使徐州的东南大门为之洞开，从而导致南京国民党政府“坚守徐州重点”的战略计划成为泡影。孙良诚部的投诚，是中国共产党长期艰苦工作的结果。其中，中共中央华中分局第三工作委员会特派员周镐起了关键作用。

周镐（1909—1949），湖北省罗田县三里桥乡人，黄埔七期肄业，原国民党军统少将。1943 年他在任国民党军统南京潜伏站少将站长期间，结识了中共地下党员徐楚光。在徐楚光的影响、帮助和启发下，周镐逐步成为反动营垒的叛逆者，不断靠拢中国共产党和人民军队，终于在抗战胜利后不久，秘密投身于革命阵营。1946 年 10 月，经中共中央华中分局、华中军区政委邓子恢和副书记、副政委谭震林亲自批准，周镐成为中国共产党特别党员，并被委任为华中分局第三工作委员会京沪徐杭特派员，开始了他的短暂而光辉的革命生涯。

早在淮海战役前的1946年11月，周镐就秘密接受了党交给他的策反孙良诚任师长的国民党暂第二十五师的任务。当时，中共中央华中分局第三工作委员会主任徐楚光化名王祖训，由淮阴解放区经扬州潜往上海，在上海南京饭店705号房间秘密召集京沪一带的我党地下工作人员开会，要求周镐利用他抗战中潜伏南京时与孙良诚有旧交的有利条件，做好孙良诚的工作，促其反正。周镐回到南京后，先找到孙良诚部的副师长兼南京办事处主任谢庆云密商。谢庆云是1944年加入中共的秘密党员，当即表示全力协助周镐的工作。经过谢庆云的联系，孙良诚立即来电欢迎周镐前往。

1946年11月28日，是周镐、谢庆云约定去宿迁前线孙良诚部的日子。可是天公不作美，一场大雪铺天盖地而来，只好临时改变行期。就在这一天，军统局毛人凤派人突然逮捕了周镐。原来革命队伍内部出了叛徒。为了能继续完成党交给的工作，周镐在敌人未抓到真凭实据的情况下，决定与敌人斗智。他拒不承认与徐楚光有任何政治上的联系，只承认两人是同乡，平日甚少往来，只是11月下旬在上海相遇同住一宿而已。同时，他在狱中不断写申诉书，证明自己与共产党无关。周镐被捕后，党组织立即作出了暂时切断可疑关系的决定，致使叛徒找不到任何联络人，无法取得周镐是共产党员的佐证。最后，军统局念其“抗战时曾潜伏伪方工作，系一冒险犯难之同志也”，遂于1947年1月21日将周镐释放。

周镐出狱后，充任国民党军统局少将设计委员。不久，蒋介石得到秘密情报，说孙良诚有私通新四军的一段隐情，为了查明事实，蒋介石指派周镐前往调查，并任命周镐为一〇七军高级参议。周镐在来不及向党组织请示的情况下，决定利用这一难得的机会促使孙良诚走上新路。他来到孙良诚部后，有意出示蒋介石的手令，孙良诚见后脸色骤然大变，禁不住号啕大哭。他明白自己的末日来临了，连连央求周镐给他指一条出路。周镐趁势指出："你没有第三条路可走，只有投奔共产党，带兵起义。"孙良诚经过考虑，表示同意，但他提出需要先做好高级军官家属的转移工作，为此中共方面要提供1500两黄金作转移费。周镐表示请示上级后再作答复。此时，周镐的组织关系已转到华中分局第六工作委员会，由该委员会主任郭润身领导。郭润身听取周镐汇报后即赴解放区向华中工作委员会书记陈丕显汇报，华中工委即请示中共中央华东局。1947年9月下旬，华东局来电同意拨给孙良诚部起义经费500两黄金，其余拨给棉花等物资。这时，蒋介石又得到密报，说孙良诚私通李济深。此时李济深为反对蒋介石的反共独裁政策，正加紧进行联合国民党民主派的工作。蒋介石担心后院起火，命令周镐再到宿迁县孙良诚部调查。国民党"双十节"那天，周镐见到孙良诚，告诉他自己是奉蒋的命令而来，再次强调指出，蒋介石对他疑心重重，跟着国民党走没有出路，要坚定起义的决心。他把华东局来电同意拨给孙部起义经费的消息正式通知孙良诚，并与孙谈妥了起义的条件，至于起义的具体时间、地点则让孙等候通知。回南京后，周镐像上次那样，回复蒋时为孙良诚打了掩护，使孙再次过关。

正当策反工作进展顺利之时，徐楚光的政治交通在郑州被捕叛变，供出周镐是共产党员。1947年12月30日，国民党保密局将周镐再次逮捕，押在南京宁海路19号保密局看守所。周镐仍然拒不承认与共产党有联系，叛徒也拿不出什么有力的证据。周镐的妻子托保密局的熟人疏通，1948年3月，周镐由保密局几名处长联名作保而获释。7月底，周镐撤离南京到达苏北解放区。

1948 年 9 月初，中共华中工作委员会书记陈丕显指示周镐，进一步做好孙良诚的工作，并洽商起义时机。几经坎坷的周镐当即告别了分娩不久的妻子，出发西行，于 9 月 29 日抵达高作。10 月 4 日，陈丕显指示："某部尚未成熟，宜缓不宜急。"周镐即修书孙良诚，促其认清形势，弃暗投明。信中写道：

少公[①]钧鉴：别来两月，心曲常萦……目前时局，我公洞悉，济南已下，徐州垂危，为我袍泽，为我人民，均赖我公机先胜算，尽速决定。巨潮所至，固莫可逆御。去年双十危机，诚当奉为前车，万乞我公及时警觉，勿为不仁不义者所再欺。晚以忝沐知遇，故敢知无不言，言无不尽，然出自至诚，绝无私念，谅为我公所垂察焉！更请迅派要人接引，俾晚面陈一切。

10 月 6 日，周镐抵达宿迁后，又给孙良诚去信，约好在睢宁战场起义，具体时间待定。这时，蒋介石已获悉周镐正在前线活动，遂令国防部连下两道通缉令，逮捕周镐，并派国防部第二厅蒋振苹率领约 30 人，在睢宁、高作一带密访缉拿。周镐闻讯后，在日记中写道："此垂死的贼人，尚图最后的反噬，殊堪一笑。"

蒋介石为了拉拢孙良诚这支国民党的杂牌军，同时也由于两年内战大败，主力不断被歼，兵力空虚，遂决定将作战相当卖力的孙良诚提升为第一绥靖区副司令官兼一〇七军军长，统辖二六〇、二六一两个师，共 1 万人，作为徐州"剿总"的直辖部队，驻守睢宁城。孙良诚遂成为

---

① 孙良诚，字少云。

抗日战争胜利后，被蒋介石收编的伪军高级军官中唯一升到副司令兼军长的人。根据蒋介石的命令，孙良诚属下的军官都提升一级，部队扩编，发钱、武器、弹药。于是，本已对蒋介石失望的孙良诚又感到有希望了，对起义发生严重动摇，压根儿不再提起义的事，把周镐派来的代表打发回去了事。10 月 29 日，周镐获悉这一情况后，在日记中写道：孙良诚“为阶级立场决定了他的终身走狗事业，夫复何言！前次以时机和时间相嘱托，今日升官发财，就有小儿得饼之乐，殊不知加官晋爵，即送进坟墓之时”。为了等待时机，周镐决定暂时由前线撤回苏北解放区六分区住地——谢河。

11 月4 日，国民党军参谋总长顾祝同衔蒋介石之命，在徐州召开高级军事会议，孙良诚等非蒋介石嫡系将领也应召参加了，但他们只能了解一般态势，整个作战计划并不让其知晓。这使孙良诚很不痛快，与蒋介石的隔阂复又加深。他想起前些日子冯玉祥将军的夫人李德全通过电台广播，号召原西北军将领弃暗投明。蒋介石亲自召见了冯治安、刘汝明和孙良诚，要他们表示“忠党报国”的决心。三人联名通电拥蒋后，蒋介石对他们仍放心不下，密饬军务局局长俞济时、政工局局长邓文仪对他们严加监视。想到此，孙良诚感叹说：“蒋指挥我孙某多年，无役不从，如此卖力，现在还把我当杂牌来看，怎不令人灰心。”

11 月6 日，淮海战役打响。11 月8 日，第三绥靖区副司令张克侠、何基沣率部起义。孙良诚听到这一消息，思想又受到震动。几天来，他目睹人民解放军主力纷纷南下，其势如秋风扫落叶一般，自己孤军被摈弃在双沟、睢宁一线，终究逃脱不了被歼命运。看来要重新考虑前途，于是他又想起周镐与他约定在睢宁集中全军起义的话，几经权衡利弊，决定践前约，开始秘密作起义准备。

与此同时，周镐也开始了行动。11 月8 日，陈丕显电示，希望周镐能到达孙部做争取起义的工作，最低限度也得让孙部中立。11 月 11 日，陈丕显再次给周镐来电："盼孙于此时起义。"周镐立即带领四人马不停蹄地向目的地进发，于当天深夜到达高作。他想，事急时危，对方恐怕无再拖的余地了。

孙良诚于 11 月 10 日命令驻双沟（徐州与睢宁中间）的二六一师在其堂弟孙玉田师长率领下开到睢宁，师部驻城内天主堂，部队在城外，为起义做准备。这一调动引起国民党总统府少将战地视察官武之棻的怀疑，当时国民党军都往徐州方向撤，为何孙良诚的二六一师反其道而行之？追问之下，孙良诚回答说："孙玉田与军部分割两地，时日已久，我想集中一处整顿整顿。"当天中午，黄百韬电令孙良诚主力进攻宿迁，以解被解放军包围在窑湾镇的六十三军之围。孙良诚对武之棻叫苦说："黄百韬要往西撤，却要我向东打宿迁，这不是明明要牺牲我的部队吗？我的军编制小，人枪少，哪比得上整编师？一百多里去打宿迁，孤军深入解围，我没有这么大的力量，去了也无济于事。"因之孙良诚没有执行黄百韬的命令，部队主力未动。

可是，11 月 11 日，孙良诚接到徐州"剿总"司令刘峙的电令，让他率领一〇七军尽快向徐州靠近。孙良诚再度动摇，他思忖，只要能迅速逃往徐州，靠拢大部队，那么他的部队就有保存下来的希望。既有逃脱被歼厄运的可能，为何非走战场起义这条路不可呢？孙良诚在关键时刻又改变了决心。他先命令二六一师火速返回原驻地双沟，接着又向"剿总"要来十辆大卡车，当晚装满弹药，定于夜 12 时或翌日凌晨 2 时，率军部及二六〇师偷偷西撤睢宁。但派出的一个掩护营发现公路两侧有解放军活动，并有小接触，不得不推迟出发。这一夜，孙良诚十分焦虑不安，害怕陷入解放军的包围之中。12 日上午 8 时，孙良诚督促部队沿海郑公路向徐州方向拼命逃跑，但刚到睢宁西面之高集镇，即遭苏皖解放区江淮军区第二旅的拦击。孙部且战且走，眼看天已黄昏，当天无法赶到双沟，便决定在邢圩、高集一线防守，等待二六一师回师接应他们突围。

11 月12 日下午 1 时半，周镐经过长途跋涉，由高作飞跑赶到邢圩。这时，包围孙部的解放军华野二纵五师已进入战斗位置，但仍未放弃争取其投诚。为了尽量减少伤亡，给孙良诚最后一个机会，周镐立即写了一封信叫人送交孙良诚。孙良诚派了一名副官前来接周镐。两人在步哨线下遇冷枪，险遭不测。周镐来到军部，严肃批评了孙良诚的动摇和反复，并根据苏北兵团韦国清司令员的指示，敦促孙良诚放下武器。孙良诚不同意，认为投诚不体面，要求按起义部队对待。孙说："这是早在我军驻防宿迁时，就与你当面定好了的。你们不能失信。"周镐严正指出："失信的不是我们，而是你孙将军。原来洽谈好全军集中睢宁，然后通电起义，可是你却背信弃义，带领部队西撤徐州，这能怪谁呢？现在你的部队已被解放军包围，再谈起义，为时晚矣。只有放下武器这一条出路!"

在做孙良诚的工作的同时，周镐又找到好友王清翰，要他密切配合自己的行动。王清翰是一〇七军副军长兼二六〇师师长，抗日战争时期曾任汪伪第二方面军第五军军长，与周镐早就熟识，受他的影响较深，1948 年被接收为中共特别党员，与周镐同属中共中央华东局第六工作委员会领导。为了策反孙良诚，周镐曾多次与他秘密联系。10 月 25 日，周镐让政治交通给王清翰带去一封信，用暗语谈了加速部队起义的事。信中说，"现在的生意一定很难做……阿嫂甚念……魏家的姑娘大了，催着结婚，这个年头，做父母的当然想了却一段儿女姻缘，横竖都拖不下去了……还是早到一堆的好。"王清翰接信后，加快了工作的步伐。对此，孙良诚十分警惕，他之所以未与二六一师一起撤回双沟，就是担心王清翰会率领二六〇师在睢宁起义。现在，王清翰根据周镐的布置，利用开会名义，将一〇七军军部和二六〇师全体师、团军官软禁，使孙良诚陷于彻底孤立。

当晚7时，周镐陪同孙良诚乘坐吉普车去五师师部办理投诚事宜。由于联络工作欠周密，吉普车亮着大灯驶来时，未听见哨兵发令停车，遭受机枪射击，双方一场虚惊。停车后，五师政委方中铎代表二纵队接待了孙良诚。方中铎要求孙良诚立即缴械投降。孙良诚再次提出按起义部队对待，遭到方中铎的拒绝。孙良诚还想拖下去，周镐和方中铎便仔细地对他分析利害关系，告诉他：如果坚持已见，不放下武器，解放军部队马上可以打进去，那时候你就不能享受国民党投诚将领的待遇，而是解放军的战俘；对于战俘，人民会怎样处置，这点你自己不会不清楚。孙良诚无言对答，只好拿起笔来，在手条上写了“放下武器”四个字，然后签名。但他还是不死心，伺机密告身边的随从副官：“这个条子是被迫写的，不作数。你告诉杜参谋长，赶快率部突往徐州，不要管我了。”但孙良诚的这一举动未能逃过周镐的眼睛，他立即从副官手里取来了孙良诚写的手条，交给另一名副官，并在手条的背面详细写明部队必须将武器集中在一处，不准任何人破坏，官兵分别集合等候安排等语。

11 月13 日上午，孙良诚被留在五师师部，周镐与二纵五师政委方中铎一道前往邢圩接收孙部。周镐将孙良诚的手条交给一〇七军参谋长杜辅廷，宣布“放下武器”，命令将所有武器架在村内，官兵分别到村外集合。周镐对孙良诚部的300 余名官佐讲话时，简要回顾了这次迫使孙良诚投诚的经过，他批评说：“孙良诚不够朋友。我和他多次接洽起义，他犹豫不定，毫无诚意。这次他同意在睢宁起义，后来又失信，把部队开往徐州。所以不能不要他放下武器!”他希望大家认清局势，顺应时代潮流，不要再充当蒋介石的殉葬品。人民革命的风暴，将席卷一切反动派。

从 11 日到 13 日，周镐的工作高度紧张而繁忙，用他自己的话来说，就是“是时千军万马忙得不可开交，两天两夜未成眠”。直到 13 日下午 7 时才将孙部 5800 人接收完毕。

11 月 15 日，陈丕显在宿迁县城高兴地听取了周镐的汇报，同他一起研究了下一步的工作计划。这次孙良诚投诚，我军接收的武器有：六〇炮 27 门，山炮 40 门，汽车 27 辆，骡马 80 余匹，冲锋枪 58 支，轻机枪 221 挺，重机枪 96 挺，步枪 3694 支，子弹 30 万发，炮弹 800 发，还有大批电讯器材。

一个月后，1948 年 12 月 17 日，毛泽东亲自起草了著名的《敦促杜聿明等投降书》，号召被围困的杜聿明部所部官兵“学习这次孙良诚军长……的榜样，立即下令全军放下武器，停止抵抗”，并强调指出：“只有这样，才是你们的唯一出路。”在此之前，孙良诚、王清翰等也起草了一份《告国民党官兵书》。于是发生连锁反应，从 1948 年 12 月 16 日至 1949 年 1 月 5 日，即杜聿明集团被围时期，有 14000 多名蒋军官兵步孙良诚后尘，向人民解放军投诚，脱离了国民党反动阵营。

智取巧送太原城防图

张全禧[①]

新中国成立前夕，太原的防御体系坚固严密，星罗棋布。方碉、圆碉、砖石碉、梅花碉、人字碉、百川碉、卧虎碉、好汉碉……各式各样的碉堡5000余座，部署了各种口径的火炮600余门。阎锡山曾吹嘘其城防工事“固若金汤”，“可抵150万精兵”。然而，太原前线中国人民解放军，在徐向前、周士第、罗瑞卿等同志率领下，只用了不到两天的时间，就一举攻破城池，结束了阎锡山38年的反动统治。为什么我军能够迅速打下太原，就缚群凶？其中的一个重要原因，就是我军在攻城前，获得了阎锡山的太原城防图。本文作者张全禧同志是当年的地下情报工作人员，最近，他回忆了智取巧送太原城防图的经过……

1945年8月，日本投降后，阎锡山在日军的支持和配合下回到太

① 张全禧，自太原解放后，一直在公安部门工作，曾任山西省公安厅一处处长等职，现已离休。

原，抢夺抗战的胜利果实。风云突变，内战大有一触即发之势。当此时刻，太行情报系统太原站领导决定让我和正在太原“福制车行”任会计的张景宏（我的族叔）合伙，在城里搞个店铺，作为太原地下党的一个秘密联络点。

1946 年夏，我们在太原市府西街 18 号开设了一个“谦益信车行”，族叔任经理，我任副经理。但为时不久，因孙某告密，致使张景宏以八路军嫌疑之名被敌特扣押。鉴于孙某所知无多，他既不认识我，又对“谦益信”底细不明，所以我们破费了三分之一的资金，才使张经理勉强获释。但事情并没有彻底了结，为了摆脱敌特今后的经济勒索和政治讹诈，党组织让张景宏撤离太原，去北平工作。

1947 年冬至 1948 年春，阎锡山在运城、汾孝战役中被我军打败后，兵力损伤过半，地盘日益缩小。为了维护其苟延残喘的反动统治，阎锡山以惨绝人寰的“三自传训”，对山西人民进行血腥镇压。同时在太原强征青年加入所谓的“民众自卫军”，以充实其反动力量，妄图垂死挣扎。我与本店青年，由于在修车时结识了阎锡山侍从参谋室上校参谋张鸿文与张光曙，在他俩的刻意庇护下，才得以幸免。

张鸿文家住半坡街，我们的“谦益信车行”是他每次从太原绥靖公署下班回家时的必经之路。一天，张的车子损坏，前来修车，我有意让师傅不收费。从此，他即常来闲扯，并邀我这个副经理到他家做客，或打麻将，或聊天。他结交商人朋友，当然是不会吃亏的。张本人性格外向，好说喜吹，为显露他闻多识广，什么机密都讲。一段时间以后，他和我的交往简直到了无日不见、无话不说的地步。好多重要消息，都来自他的口中。1948 年 11 月 3 日，黄樵松起义事泄，被阎锡山扣押的当晚，正是张鸿文在侍参室当班。次日清晨，我尚未起床，他就神色慌张地来到床前，向我叙述了昨晚黄军长被抓的经过。张鸿文始终认为我是循规蹈矩的生意人，当军用机场被我军炮火封锁，阎锡山要在红沟一带另建机场而派他去探察地形时，他居然约我随同现场观察。由于他资历浅、职务高，所以他对阎锡山感恩戴德。但因他思想反动，所以他又对共产党极端仇视。他曾扬言："誓死效忠阎主任，准备与太原共存亡。"鉴于此种情况，我认为在短期时间内很难争取他弃暗投明。

仕途坎坷、情绪低落的张光曙，情况正好与张鸿文相反。这位自幼家境贫寒，中途曾一度发迹的旧军官，为人正直，具有军人特有的那种气质。他曾在黄埔洛阳分校学习，抗日年代就是陈长捷部的团长。日本投降后，调任冲锋枪大队队长，只因对阎锡山继续勾结日本帝国主义不满，思想苦闷而嗜食鸦片，被阎锡山剥夺兵权，贬为侍从参谋。由于张光曙练兵有方，阎在重建"亲训师"时又起用他为"亲训师"参谋长。但为时数月，又被撤了下来。新仇旧怨，使他对阎锡山极端不满，再加上他为嗜好所累，家境日益穷迫，这使我与他的交往具有"引人向善、助人为乐"而又顺乎自然的绝好条件。我在劝他戒烟的同时，经济上不断"雪里送炭"，终于赢得他本人与家属发自内心的感激。随着时间的推移，他在我面前流露出对阎锡山的牢骚越来越多，但从不贬斥共产党，甚至还谈到抗战初期在忻口战役中，他作为阎军联络参谋，曾接触过一位八路军团长，印象甚佳等话。不难看出，张光曙与我们的连接点与共同点远远胜过张鸿文。故此，我决定把争取弃暗投明的重点对象转向张光曙。

1948 年 7 月，晋中战役结束后，阎锡山惊恐万状，蒋介石冒雨飞临太原安抚，答应空运一批部队增援。阎的残兵败将龟缩在太原城围布防，遍设哨卡，严密封锁，我与情报站的联系由此中断。9 月，正在焦急不安之际，组织派王启华（我的同乡，曾在国民师范就读）潜来太原，传达了太行情报站的紧急指示：太原解放在即，要竭尽全力搜集重要军事情报；眼前急需查清最近空运太原的国民党军三十师（不久扩为军，军长即黄樵松）、八十三旅的情况。经多方努力，我主要是从张光曙和张鸿文身上套取了空运太原部队的番号、人数、防地、主官姓名等重要情况，之后，让王启华出城秘密转告太行军区情报站。

1948 年年底的一天，我与张光曙聊天时，他向我明确流露：目前困守孤城的阎锡山，惶惶不可终日。断定太原战局已难以扭转，他不愿坐待城破为阎锡山陪葬，打算先给老上司陈长捷写封信，然后伺机前往天津投奔，但又顾虑邮检，担心招来麻烦而举棋不定。我当即赞叹这是明智之举，顺告："我们店内伙计常连伟最近正要乘飞机前往北平购货，让他捎信，万无一失。"他深信此办法可靠，便立即写好信，当面让我看过后封口。

张光曙因信中首先讲了太原孤城被围的严重形势，接着表示对陈长捷的敬重与怀念，字里行间皆显露他对阎锡山的失望与怨恨，恳求老上司能助其一臂之力，尽快离开山西等等。因他的反阎把柄握在我手，他也担心万一泄露，后果不堪设想。故此，两天过后，他诚惶诚恐，极为不安地来车行询问送信情况。我告以机票难买，暂时恐难成行。他听后颇为焦急，我乘机就他要去天津这个话题谈论起东北战场的结局，联系对比天津、太原的前途，设想陈长捷那里即使能去，出路又在哪里？更何况远水不解近渴。我劝他是否再考虑别的出路，他连连摇头，表示无路可走。我进一步试探说："晋中战役最后不是在太谷小常村结束的吗？那里是我的故乡，抗日战争时期，就不断有八路军秘密活动，想来可以找到几个相识，如能悄悄回去一趟，我愿代你疏通关系，我想他们用得着你这样的人。"张听后先是一怔，接着长叹一声说："如果我掌握着部队，搞个起义什么的，人家可能欢迎，现在赤手空拳，光杆一条，能有什么作为！"我接着说："你现在虽不带兵，但绝不会没有用途，是否考虑先弄一份‘见面礼’，让我想办法代你和他们取得联系，我亦想顺便回家看看。村里经过那场战祸，家里老小还不知怎样呢？”一席话触动了他，我和他商定先搞一份阎军兵力部署图。

1949 年 3 月上旬的一天，张光曙把太原兵力部署图交给我，并由他亲自护送我出城。当时，布防在太原南郊的晋军，正好是阎锡山“亲训师”第三团，团长是张光曙的老部下。他向团长说：“为了减轻负担，渡过眼前困难，打算将家属疏散出去，想托熟人回太谷老家打听一下，能否找个落脚的地方，事毕再由此返回。”三团长面有难色地说：“向外疏散人口，都由亲贤村放出，这里只是便衣进出通道，不过可以设法变通一下。”说着，便随手写了一张通行证明，准予放行。我立即脱掉阎军军装，由团长的勤务兵送我过前沿阵地与哨卡。

我通过三团防地，直奔榆次，向我军情报站负责人张常瑾汇报了争取张光曙的经过。领导充分肯定了争取张光曙和此次行动的成就，并给予多方勉励。同时提出新的任务说：“太原解放在即，阎锡山的兵力就那么多，怎样布置已无关紧要。当前急需进一步弄清敌人的城防工事，以减少我军伤亡和缩短破城时日，能否要张光曙在短时间内将太原的城防工事绘制成图，迅速送出，这是当前情报工作的头等大事。”我答应一定全力以赴，回去与张光曙仔细商量。领导再三叮嘱要胆大心细，争取全胜。

我返回太原后，当天晚上就去会见张光曙。我的突然出现，使他喜忧参半，半晌才说：“你怎么还敢回来呀！”我说：“你托办之事，还没个结局，俗话说：‘受人之托，忠人之事’嘛。就是冒点风险，也得回来呀！其实只要你我守口如瓶，也没什么可怕的，我不是平安地回来了吗？”张光曙听完渐渐冷静下来。接着，我对他讲了“搭桥牵线”的经过，并向他转达了情报站领导对他主动弃暗投明的赞许，希望他能为解放太原再立大功，有分量的东西是绘制一份太原城防工事图。他听后面有难色，思忖半晌，才勉强答应下来，我也疑虑重重。

第二天，我再次到张光曙家，他异常兴奋地说："昨晚猛然想起，家里还放着一套万分之一的军事用图，"边说边从箱子里拿了出来，"这上面地形地貌都有，只要把工事位置标上去就可以了。"见此情景，我的疑虑顿释。之后，张光曙有时乘坐军用吉普车到前沿阵地视察防务，有时以"核实校正作战图"为名，向各守备部队索取资料，有时伏案精心绘制城防图……总之，他每天早起晚睡地干了起来。哪个地方是明碉，哪个地方是暗堡，哪个地方火力强，不宜作为主攻方向；哪个地方火力弱，可以出奇突击；什么地方有壕堑，什么地方有电网；什么地方是炮兵，什么地方是步兵等情况，他都精心地一一绘制在军用地图上。

1949 年 3 月 10 日，是张光曙绘制城防图成功之日，也是进山中学地下党员乔亚、刘鑫等八位同志，因转送军事情报事泄露，被山西特警头子梁化之杀害之时。在白色恐怖笼罩全城，政治空气极度紧张，我军急需城防图之关键时刻，如何才能把城防图迅速送出戒备森严、盘查严密的太原地区，这的确又是一大难题。我想，如果出城不得法，中途被查获，就会前功尽弃，人头落地。乔亚、刘鑫等同志搞的城防图不仅未能送出，反而引出杀身之祸。我军攻城之日在即，前车之鉴，此时此刻必须引以为训。我和张光曙经深思合谋，商定了一个较为理想的办法。在夜深人静时，我请修车技术高明、为人老实可靠的张宪明师傅来帮我把城防图分成 50 多个长圆形小卷，用线扎紧，挨个塞入两条剪断的自行车内胎里边，然后把车胎再重新接好。还剩下几卷，就拔出车座，塞入梁管，再重新安装好车座。

诸事打点停当，我再次身着阎军军服，推着那辆塞满城防图的自行车，在张光曙的护送下，直奔城南的杨家堡前沿阵地。谁知负责杨家堡防务的敌军已由"亲训师"三团换为一团。张光曙因与一团长不熟悉，故决定到驻防亲贤村的二团那里试试。他与二团长虽无深交，但二团长对这位原参谋长张光曙却热情敬重，并主动介绍说：“我们的防线本来可向外疏散人口，现在的情况是我们往外放，八路军不让过，结果一批人既出不去，又回不来，就睡在两家防务之间，整天乱哄哄的，特警处还整天在这里严加盘查。”在此无可奈何之时，我决定仍走杨家堡，并让张光曙去找“亲训师”王师长疏通转圜一下，但张光曙认为师长王楫为人很坏，因此信心不足。但事到如今，不找他再无别的办法，他最后还是硬着头皮勉强去了。

张光曙从师部回来，笑嘻嘻地对我说：“王楫开始表示为难，让我们从亲贤村出去；后来还是给了面子，当着我的面给一团长打了电话……”我听后十分高兴，立即同他奔赴杨家堡。由于王师长已打来电话，所以一团长表现得分外客气，点头哈腰地说：“目前形势虽然吃紧，但要放个把人出去，还没多大问题。”随后要给我们备饭。此时已下午2点多钟，我心急如焚，哪有心思吃饭，便推辞说：“今晚还想赶回太谷老家，请留参谋长招待吧。”团长照章办事，随即签发了一张“兹有绥署二处×××外出公干，请予放行”的便衣通行证，交给了我。我匆匆脱下军装，道谢而别。我顺利通过哨卡后，直奔榆次，终于把“太原城防图”安全及时地送到代号为“909”的我太行军区情报站。

1949年4月24日凌晨，我军的1500多门大炮，从四面八方一齐朝太原城垣的各个军事目标猛轰，顿时火光冲天，硝烟弥漫，碉堡炸飞，城墙坍陷。经过四个小时的激战，守敌失去抵抗能力，只好缴械投降。

智取巧送城防图一事虽相隔近40年，但因是我一生中印象至深、难以忘却的往事，所以至今仍然记忆犹新。

隐蔽战线上的奇人杨登瀛

苏智良

1929 年初秋的一天，一辆别克高级轿车风驰电掣般地驶出中央巡捕房，由福州路经河南路折入法租界，然后畅通无阻地开至毕勋路梧桐树浓荫深处。车门开处，走下一位头戴礼帽、颇具风采的中年男子。此人正准备将一份刚刚获得的紧急情报交给中共地下党联络员。他就是赫赫有名的国民党中央组织部驻沪特派员杨登瀛。

一

杨登瀛原名鲍君甫，祖籍广东，自幼就在日本生活与求学，毕业于早稻田大学。十余年的留学生涯，使他不仅精通日语，而且对东瀛政界、经济、文化乃至民间风俗诸方面均了如指掌，成为一名名副其实的日本通。

1919 年，杨登瀛回到风潮初动的上海，在一家日商洋行担任高级职员，同时以娴熟的日文为日本的一些通讯社撰稿。1924 年，他加入了改组后的中国国民党，投身于大革命的洪流。在“五卅”的风暴中，杨结识了青帮中人、洋务工会负责人杨剑虹，因同乡、同党而成为莫逆。后来杨剑虹去广东投靠陈立夫，成了陈的亲信助手，杨登瀛也就此与陈立夫等相识。就在此时，杨的生活中发生了一件事，他没有料到这件事影响了他的一生。1926 年的一天，他的一位朋友登门拜访，说有一个人久慕你的大名和才华，希望跟你学习日语，杨慨然允诺。这位“学生”就是共产党员陈养山。此后两人经常在一起杯酒论时局，吟诗抒抱负，而逐渐成为情投意合的密友。

1928 年的初春，蒋介石在总司令的盛装之外又戴上了军委会主席和国民党中政会主席的桂冠。为巩固自己至高无上的地位，剪除政敌，蒋指令陈立夫建立中央组织部党务调查科，这个调查科就是后来与军统齐名的中统的前身。陈立夫在筹建中排斥异己，重用亲信，杨剑虹因此被擢为采访股总干事。为搜集共产党及反蒋团体的情报，调查科除在南京设立总部外，还拟在上海、武汉、开封等重要城市派出特派员。为了在上海这个“第二首都”建立可靠而高效的下属机构，陈立夫煞费苦心多方物色人才，经慎重考察，决定由杨登瀛出任上海特派员。于是，杨剑虹代表陈立夫两次拜访杨登瀛，正式要他出山。

此时的杨登瀛，思想处于极度矛盾之中。他看透了国民党的一党独裁与腐败政治，不愿意为其卖命，但政治信仰又与共产党人有距离，因而举棋不定。时陈养山因农村暴动失利而由浙返沪，暂居杨宅。杨与陈养山多次倾心长谈后，意识到共产党人光明磊落，勇敢无畏，将来之天下必定是共产党的。经再三考虑，便向陈吐露了自己的心事，表示愿意为共产党提供情报。陈养山感到杨登瀛有正义感，态度真诚，便立即向党中央报告，建议抓住这一良机，与杨合作。周恩来得悉此事后十分重视，派陈赓同杨面谈。

1928年5月，一个细雨绵绵的晚上，杨登瀛依约走进霞飞路的一家咖啡馆。要与传奇人物陈赓会面，杨起初不免有点紧张，但看到烛光灯影里的陈赓镇定自若，言语幽默，不禁渐渐地松了一口气。双方约定：杨除为调查科工作外，还要尽快打入淞沪警备司令部和租界情报机构，取得他们的信任；中共地下党派忠诚卫士连德生充杨的保镖，进行单线联系，并每月提供可观的经费。不久，为提高杨的社会地位，地下党又破例给他添置了一辆私人轿车，并在北四川路大德里的过街楼上设立杨登瀛办事处，让中共党员张红惠化名安娥任其专职秘书。

这样，国民党在上海建立的第一个专业反共特务机关，一开始就在共产党的控制之下，杨登瀛也成为中共历史上第一个不是党员的特工人员。

二

为博取国民党方面的信任，杨登瀛根据地下党的部署，制订周密的计划，一步步打入其核心圈。

每次陈立夫、张道藩等到达上海滩，杨便是今日“一品香”，明夜“大都会”，声色犬马，尽心招待，以巩固私人友情。当他得知张道藩在国民党内有一政敌时，便设计将这个政敌除掉，使张在国民党中央组织部站稳了脚跟，从此张对杨感激不尽，视为知己。

当然，要应付国民党特务机关，还须经常提供共产党的活动情报。经党中央特准，连德生定期将党的宣言、飞行集会的传单，《红旗》、《布尔什维克》等刊物，以及真真假假的各种情报，提供给杨。每当国民党或租界方面刚刚侦知共产党的某些活动，地下党便迅速通知杨登瀛，让他立即上报调查科。有时，地下党有意在租界内外布置一些假机关，放上几册文件，让杨带人“破获”，以作为夸耀和报功的资本。这样，在中共地下党的配合下，杨轻而易举地成为敌特机关中效率最高、能量最大的实力人物，从而取得了国民党高层的信任。不久，杨剑虹因贪污事泄和青帮内讧而自杀，但此事并未妨碍国民党对杨登瀛的重用。陈立夫亲自到上海，郑重其事地把蒋介石签署的委任状授给杨登瀛，上面写着："特派杨登瀛在沪协助办理重要案件并处理之。此令。"后来调查科主任相继由张道藩、钱大钧、叶秀峰担任，虽人事几经更替，但他们却无一不对杨登瀛另眼相看。1929 年 12 月，陈立夫以表弟徐恩曾出任调查科主任，徐也视杨为台柱，特准杨可自由支取经费，还派人常驻杨登瀛办事处，以便随时转送最新的情报。

凭着"中央特派员"的头衔，杨登瀛又与淞沪警备司令钱大钧建立了良好的关系，还将触角伸进了国民党上海市政府、市党部和宪兵系统，成为眼观六路、耳听八方的高级特工。

三

20 世纪 20 年代末 30 年代初，中共中央设在上海租界内，一些反蒋组织如邓演达的国民党临时行动委员会、汪精卫的改组同志会也视租界为活动基地。因此国民党指令杨登瀛设法与租界巡捕房联络，以便"中外协同，精心合作"。

接到这一任务后，杨登瀛便动开了脑筋。他想到了同乡——公共租界警务处帮办、探长谭绍良，便开始有意无意地与之接近。一次，谭的爪牙、两个码头工贼被淞沪警备司令部抓获，谭请求杨设法营救。杨抓住这个机会一口应承，言明不日听回信。是日下午杨即电请钱大钧放人，当次日谭、杨见面时，那两个工贼已返回捕房了。警务处督察长兰普逊极为感激，请谭赠 200 块银圆给杨。杨见了一堆白花花的银圆，只淡淡一笑道：你认错人了，你我至交，区区小事何足挂齿。此后，兰普逊也与杨熟识。不久，租界方面要杨秘密提供一份淞沪警备司令部的印鉴式样。杨通过司令部副官处长茅乃功，将司令部各处及侦缉队的大小印鉴式样全部弄齐。兰普逊如获至宝，并得出结论，杨不是司令部的人，但可以使司令部的人听他指挥。从此更看重杨登瀛，并在与国民党交涉办案时表示，租界不希望同杨以外的人合作。

在兰普逊的眼中，杨登瀛不仅是只手通天的国民党高级官员，而且是不可多得的日本通。自 1927 年田中奏折出笼后，日本便准备发动侵华战争，为此，日本各系统的情报机关在上海活动猖獗，租界内的英日矛盾也日趋尖锐。当兰普逊就日本情报机关内幕及中日、英日关系的前景请教杨登瀛时，杨如数家珍般地将日本政府及各财团的情报系统一一道来，其渊博的知识、准确的判断，使警务处官员们佩服得五体投地，力邀杨就任巡捕房顾问。还特准杨登瀛在公共租界紧急办案时，不必履行常规拘捕手续。从此杨成了兰普逊的座上宾，经常自由出入兰普逊的寓所。后来，兰氏又将杨介绍到法租界巡捕房，杨又成为法租界巡捕房的顾问。国民党方面见到杨登瀛成了两租界的红人，也乐意将重要案件交给他处理，以减少麻烦。而中共地下党则通过杨登瀛，基本掌握了两个租界巡捕房的动向。

四

站稳脚跟后，杨登瀛帮助地下党工作人员打入国民党党政机关和租界巡捕房，为地下党购买枪支弹药。每天傍晚，他把四方汇拢的情报全部送到大德里办事处，由安娥仔细辨读，凡属有价值的即抄录下来。遇到有人告密，杨即设法及时通报地下党，化险为夷。

地下党工作人员宋再生（宋启荣）经杨登瀛介绍，担任淞沪警备司令部第四号政治密查员。一次，有个铁路工会秘书顾某贪图 5 万元赏金，企图出卖中共中央政治局委员李立三，正好撞在宋再生手上，宋一面稳住顾某，一面通知地下党，这个叛徒还在做发财梦时就被镇压了。1930年4月，共产党员、黄埔一期毕业生黄第洪从国外返沪，周恩来代表中央与黄联络。哪知黄对革命悲观失望，竟密函蒋介石，准备出卖周恩来，以换得荣华富贵。蒋介石得信后十分重视，指令徐恩曾经办，徐让杨登瀛去南京路邮局门口与黄接头。杨马上紧急通报中共地下党员刘鼎，地下党经过周密调查，掌握了黄第洪向国民党自首的证据，便将这个叛徒抓获并处决。

有一次，杨登瀛接到南京特务机关的密电，称在共产党内部物色到一个告密者，时机成熟时，他会提供重要情报。过了不久，淞沪警备司令部要杨将一公函送往公共租界警务处，杨送去后谭绍良拆开一看，正是这个告密者的报告。巡捕们立即出动，破获了平凉路一地下党秘密机关，当场逮捕7名共产党人。情报由自己的手送去，又目睹共产党人入狱的惨景，杨登瀛恨得咬碎钢牙，发誓抓住这个内奸。于是他以中央特派员的身份四处查访，却一无收获。也是这个内奸活该命绝，竟自己找上门来了。在他看来，杨是党国大特务，投靠杨一定会有好处。一天，杨登瀛正准备出门，却看见手下人领了一个人进来，口称有要事报告。屏退左右后，此人神秘地对杨说出了中共地下党活动的一些情报，并不无得意地描述着自己的“功绩”，杨这才知道上次送情报的告密者就是眼前这个人。他不动声色地把告密者送出门后，立即通过最便捷的联络渠道，向中共地下党报告。得到杨的消息后，地下党立即行动，除掉了这个内奸。

五

营救被捕同志，是杨登瀛的另一项重要使命，经他救援的革命者不胜枚举。1929 年 9 月，中共中央委员、江苏省委常委任弼时外出开会时，被公共租界密探抓住，关入西牢。敌人将他绑在电椅上受刑。这种电刑可使受刑者处于半昏迷半麻木状态，身心受到极大损伤，致使神经系统混乱而招供。但这种利用现代文明成果制成的野蛮刑具在意志坚强的共产党员任弼时身上完全失效了，随着电压的不断升高，正负电极在任的背部烙出了两个窟窿，但他没吐半个字。中共上海党组织得到消息后令杨登瀛出面营救，杨即找到兰普逊，称任是他手下的人，巡捕抓错了，又塞上一笔巨款。这样任弼时很快获释。出狱后，任化装成画师离开上海，去武汉担任长江局组织部长。

1931 年春，公共租界捕房在查封上海工联机关时，逮捕了中共中央政治局候补委员关向应，并在他的居处搜去一大箱文件，文件中又有不少是绝密性质的。中央领导对此极为重视，责令上海地下党务必尽一切力量营救关向应，并将其中手抄和复印的绝密文件取回。这时巡捕房因从关向应身上没有得到有用的东西，也把目光转向了文件；而国民党得悉此案后，似乎也从中嗅出了什么，提出由他们派员来清理这箱文件。兰普逊考虑来考虑去，说此案是租界查获的，只准杨登瀛一人插手。于是，杨即介绍刘鼎以“中共文件专家”的身份到捕房鉴定文件，刘鼎与杨合作，晚上将一些真文件带回家“研究”，次日早晨再将一些精心仿制的假文件交还。一周以后，杨登瀛告诉兰普逊，这些材料均为“学术资料”，被捕者是位“激进的学者”。在狱中，已化名李世珍的关向应参加了陈为人、刘晓等组成的临时党支部，根据党的指示，他配合杨登瀛的行动，装得庸庸碌碌，悲观消极，从而把敌人敷衍过去。最后租界对关向应这个“激进的学者”从宽判刑，押了几个月即行释放。关出狱后即去香港，旋进入湘鄂西根据地，出任红二军团政委，与贺龙并肩战斗。就这样，杨登瀛用他的机智与勇敢，多次将革命者从死亡线上营救出来，回到党的怀抱。

1931 年 4 月 24 日，中共地下党驻沪负责人顾顺章在汉口被捕，即叛变投敌，供出党中央的所有秘密。由于打入敌特心脏的钱壮飞及时报信，中央和上海党组织才及时转移。28 日，陈赓在十分困难的情况下，找到杨登瀛，告诉他顾顺章已叛变，要杨尽快去外地躲一躲。杨激动地握着陈赓的手说："王庸（陈赓的化名），你真够朋友，危难之时没忘记我。"但杨自恃有张道藩这把"大红伞"，能够对付顾顺章。两天之后，杨被顾顺章出卖而入狱。国民党对他恩威兼施，杨始终未供出共产党的任何情况，还痛斥顾顺章诬陷好人。由于国民党未抓到任何把柄，再加上已爬上国民党组织部副部长高位的张道藩的疏通，半年后，杨被保释出狱。1934 年还担任了南京反省院副院长。

华克之虎口脱险

沈美娟

1935年11月1日，在国民党六中全会期间突然发生震惊中外的刺汪案件之后，军警宪特们如同炸窝的蚂蚁，在南京、上海等地四处搜捕与此案有关的人员。直接行刺的“晨光通讯社”记者孙凤鸣当场被卫士击中要害，送医院抢救无效死亡后，不久，孙凤鸣的妻子崔正瑶和“晨光社”成员张玉华，以及与“晨光社”关系密切的中共党员陈惘子，南京钟英中学校长李怀诚等均被拘捕，杀害。后来，资助并支持这一行动的反蒋人士王亚樵也遭到了特务的暗杀。但是，此案的组织者、主使人华克之却一直未被捕获。

当时，身为军统上海法租界行动组长的沈醉曾率特务前往上海赫德路的华克之家中进行搜捕，并埋伏了三天三夜，除搜到一些无关紧要的信件和两张模糊不清的照片外，根本未见到华克之的踪影。后来，军统头子戴笠派人四处张贴通缉令，悬赏重金10万捉拿华克之，同样一无所获。有人说，案发后，华克之即去了延安；有人说，华克之一直在上海活动，来无踪，去无影，敌人就是抓不到他。其实，华克之是在西安事变发生之后才去延安的。在这之前，他一直往返于香港、上海之间，为营救被捕人士，为资助死难志士的家属而奔走……

1985年夏天，笔者有幸在北京西郊的中央某部宿舍拜访华克之老人。这位销声匿迹大半个世纪的神秘老人，中等身材，面目白净而清癯，尽管他已年逾八旬，却依然思路敏捷，口齿清楚。当笔者问起他当年怎样躲过敌特追捕时，他习惯地拢了一下满头的银发，即兴致勃勃地向笔者叙述了几桩与敌人周旋，脱离险境的往事……

由于长期从事秘密工作，华克之从来不照相，连当年沈醉在其寓所搜得的两张照片也不过是事先布下的迷魂阵。照片上的人根本不是他和他的妻子，而是他特意找来的两张不知何年、何月、何人照得不清楚的废照片。当然，凡事都有个例外，尽管他从不照相，但那一次他却不得不去照。

那是刺汪案发的前两天。黄昏之际，华克之陪着被他们称为“四弟”的孙凤鸣信步登上了南京玄武门城墙。因为华克之第二天就要离开南京护送孙凤鸣的妻子、侄子去香港，而孙凤鸣却抱定必死的决心要在两天以后的国民党六中全会上行刺蒋介石。这无疑是他俩最后一次并肩散步了。

此时，秋风习习，落叶飘零，夕阳已隐入天幕，只有天际还剩下一片血红的晚霞。修伟潇洒，白皙英俊的孙凤鸣英姿勃勃地伫立在墙头，深情地俯瞰着东面那烟波荡漾的玄武湖。那神情，那气势，大有“风萧萧兮易水寒，壮士一去兮不回还”的英雄气概。

华克之站在孙凤鸣身后，久久地望着孙的背影，心里一阵阵地绞痛。作为“大哥”，他多么不愿意眼睁睁地看着这位平时少言寡语，腼腆得像个大姑娘似的“四弟”去送死啊。他何尝不知道“四弟”年仅二十五六岁？他何尝不清楚“四弟”还有一个年轻美貌且新婚不久的妻子？但此时此刻他却不能不让他去行刺，去送死。他们策划了一年多的刺杀蒋介石的“搏浪一击”行动不能再往后推了，必须借国民党六中全会之机，背水一战。因为，王亚樵、陈铭枢等人资助他们成立“晨光通讯社”之始，就是希望他们尽早除掉对日寇持不抵抗政策的蒋介石。他们在国民党五中全会之际，因签证晚了一步，未能得手；后来准备在蒋介石由南京去庐山途中行刺，又因警卫森严，无法接近而告吹。两次失手之后，陈铭枢等人认为他们成不了大事，不再给予经济援助。“晨光通讯社”眼看无法维持，故必须要在六中全会上除掉蒋介石。

孙凤鸣本人亦早已将生死置之度外，发誓要亲手除掉蒋介石。尽管华克之曾多次想另外物色杀手，代替孙凤鸣去行刺，但均遭到了孙凤鸣的反对。因为，日寇入侵东三省之际，搞得孙凤鸣家破人亡。“一·二八”事变时，孙凤鸣怀着国恨家仇参加了十九路军。不料，又因蒋介石的不抵抗，十九路军被迫撤出上海。此事更激起孙凤鸣对蒋介石的仇恨，他认为蒋介石不除，国将不国。所以，1934 年初，华克之等酝酿“五步流血”的“搏浪一击”行动时，孙凤鸣即自告奋勇地要求承担这一行刺任务……

此时此刻，华克之仿佛又听到了孙凤鸣吟诵过的《宝剑诗》，“……可使寸心断，不可绕指柔”。他不禁深情地拍了拍孙凤鸣，希望在诀别之际能多听听他的声音。不料孙凤鸣转过脸来时，眼里竟噙满了泪水，并吞吞吐吐地说：“大哥！我，我有个要求，不知道能不能行?”

面对这位不久即将离开人世的壮士，难道还能拒绝他的什么要求吗?“说吧，四弟。”

“我，我想咱们兄弟四人在一起照张合影。”孙凤鸣说完便腼腆地低下了头，仿佛做了什么错事似的。

华克之未料到他会提出这样的要求，不由一怔。孙凤鸣看了他一眼又接着说："不过，如果有危险的话，那就算了。"

"不，不！我们马上找玉华和坡光，这就去照。"华克之当然清楚这样做将会给敌人留下把柄，但他又怎能拒绝孙凤鸣这最后的要求呢！

当晚，他们去南京新街口照相馆照了张快相。分别时，孙凤鸣激动得像个孩子似地说："这下好了。我死后，三位兄长也能常看到我的容貌了。"

能让孙凤鸣得到一点安慰，华克之心里也高兴，但考虑日后的工作和其他人的安全，他第二天一早就去照相馆把照片和底片①全取了出来，带往香港，准备事情平息后，再分给其他人。他这一步棋还真走对了。因为事发不久，特务们不知从哪里得知他们曾在新街口照相馆合过影，派了几个特务把照相馆搜了个遍。当然，敌人一无所获。所以，敌特很长时间不识华克之的真面目。

由于叛徒谷子丰的出卖，许多人被捕，华克之的身份，与此案的关系以及外貌特征亦为敌特所知。敌特悬赏 5 万大洋缉拿华克之，但这并不能阻止华克之营救战友，募捐资助死难者亲属的活动。

为了迷惑敌特，华克之除了经常迁移住址、更换姓名外，还去香港的一位牙科医生那里，给自己原本凹进去的上牙上又配了一排假牙；到眼镜公司给自己那双炯炯有神的双眼配了一副很厚的平光镜。他谎称自己是"明星公司"的演员，正在扮演一个戴眼镜的大龇牙的角色。医生、店员皆信以为真。每次外出，华克之就把假牙一安，平光镜一戴。这样整个脸都变了形，即使是最熟悉的朋友，也难认出他来。所以，他能够自由自在地在敌特眼皮底下过来过去。

不过有那么几次，他的处境也真够悬的。一次，他的老朋友胡允恭

---

① 当时的相片底片是玻璃的，一般都是留存在照相馆里。

东渡日本之前，特去他在上海法租界青年会附近的寓所辞行。华即请胡到青年会旁的一个小餐馆吃饭。正巧胡的一个姓周的老同学在青年会任职，胡即提议让周一道进餐。华克之一向重义气，认为朋友的朋友也就是自己的朋友，便欣然同意了。席间闲谈之际，华克之无意中冒出了一句英语，姓周的顿生疑窦。因为华克之当时没有化装，只穿件蓝布袍子，戴顶灰黑色的圆形毡帽，看上去像个土气十足的小商贩，此时嘴里却念出了英语。

饭后，姓周的邀胡允恭到青年会的宿舍小坐时，问道："刚才这个老夯土头土脑的，怎么会讲英语？"胡一时疏忽，脱口说道："你别瞧不起人，他是金陵大学英文系毕业的，身上穿的还是'龙袍'呢！"当时上海人都知道，"龙袍"是指十九路军在福建成立人民政府时统一做的袍子。话一出口，胡顿感失言，连忙转移话题。分手后，他深感不安，立即返回华克之寓所，将刚才的事告诉了他，劝他赶快转移。华克之当即离开了寓所。胡允恭却因此而被捕入狱。因为那姓周的早已沦为了特务，胡允恭却一无所知。

还有一次情况就更加危险了。那是刺汪案发的一周年之际，为纪念死难的战友，华克之亲自写了份《告全国同胞书》，揭露蒋介石的不抵抗罪行，指明刺汪案既与共产党无关，也与王亚樵无关，而是几个爱国青年所为，其目的在于刺杀蒋介石一人。汪精卫被刺，纯属孙凤鸣临时决定所致……

华克之把《告全国同胞书》印了上百份，四处散发，并分别给毛泽东、蒋介石各寄一份。该文寄出不久，他又募捐了一笔钱，准备返回上海给死难者和被捕人员的亲属送去。这一次他更加谨慎了，不再与案件无关的友人来往，也不坐客轮，而是租了怡和轮船公司货轮上的一个舱位。他这次没戴眼镜，只套上假牙，剃了个光头，再在阳光下狠晒了几天，把白皙的皮肤晒得黝黑后，才换上一身苦力穿的短裤褂，扮成押货的苦力，随货船由香港去上海。他以为货运码头会比客运码头搜查得松一些，更容易过关。没想到，货船一靠上海货运码头，就见有一队宪兵警察持枪荷弹地站在岸上，密切注视着从船上下来的每一个人。见此情景，华克之便躲在自己租的货船里装成点货的样子，直到装卸工上船搬货，他才扛上一麻包货物，随着装卸工一起上岸。上岸后他并不急于走出货运码头，而是夹在歇息的苦力中间，像他们一样坐在货包上抽着烟，静静地观察环境。他不但发现货运码头上有流动的巡逻宪兵，而且货场出口处站着四个宪兵。此时他心里明白，一个人往外走是危险的，就在货场上帮着堆放货物，直到装卸工收工时，才随着人群一起往外走。在出口处门岗旁的墙壁上，他清清楚楚地看见一张缉拿他的通缉令。白纸黑字，清楚地写着：刺汪案之要犯华克之，30 岁左右，中等身材，面目清瘦……若发现并拘捕者，付大洋 10 万元……

他没想到因为那份《告全国同胞书》，他的身价由 5 万元增到了 10 万元。他不禁一笑，随着装卸工们大摇大摆地走出了码头，脱离了危险。

我将第五次“围剿”红军的计划转交中共

莫　雄

薛岳的食客

“福建人民政府”失败后，我回到上海。由于没有职业，我便到江西南昌找薛岳，薛岳此时任江西“剿共”部队第二路军总指挥。他待我非常热情和客气，似有感恩之意。说起来，我与他是有一段情谊的。1929 年，张发奎联合李宗仁在两广发动倒蒋失败后，薛岳离开张发奎到了香港。借着他在军界中的名气，先后受到广州陈济棠、广西李宗仁以及南京蒋介石的邀请，但他对这三个方面的去向犹豫不决。刚好此时我在香港九龙塘遇见他。故友重逢，无所不谈，当我知道他正考虑何去何从的问题，本着我对薛岳的了解，我向他提议道：“这三个方面都不是革命的途径，但为将来三民主义复兴起见，你应该到最有发展前途的地方去。广西贫瘠，广东地小，而南京长江一带是鲲鹏展翅之所在，大有可为。”薛岳听了我的劝告，到了南京，后因蒋介石让他任第五军军长的许诺没有兑现，只给了他一个副职而愤愤不满。这时，我又见到了他，并且给他打气。此后不久，他很快得到蒋介石的赏识，得以青云直上。我到南昌当他食客的时候，正是他春风得意之时。故此，他对我格外热情。

薛岳与张发奎是保定军校同学，后因参加孙先生的中华革命党，一同被袁世凯的反动势力开除出校。薛此后在广东跟随朱执信、李朗如参加倒龙济光运动，到四乡发动民军起义。1922 年，他受孙中山的委派，与林直勉、林树魏等到广西梧州协同我发动和组织东下讨陈。在我的印象中，他是颇具革命志气的。因此，可以说我们之间是相交甚深。谁料他自投身蒋介石后，却一改初衷，成了蒋介石手下一员悍将。当我在南昌耳闻目睹到薛岳的这一变化后，自觉无力挽回。

蒋介石给我两张委任状

从 1933 年底至 1934 年初这段时间，我都在南昌薛岳的第二路军驻南昌后方办事处赋闲。一天中午，我吃过饭后，在市内一名叫“百花洲”的花坪中溜达，忽然见迎面而来的一辆小汽车在我身旁停下，从车子里走出了杨永泰。“莫大哥，原来是你！巧极巧极，你怎么到这里来了？”杨张开双手，热情地向我走来。正是他乡遇故人，我高兴地走上前去与他握手，寒暄一番后，便说了自己目下之处境。杨听后，也不说什么，便把我拉进小车内，将车开到他家。

这是一座别致的二层楼房，门前有几个士兵荷枪守卫，看上去警戒森严，杨陪同我进到屋内，见到陈布雷、陈方子、罗君强等，他们正在等候杨进餐。杨将我引至餐席旁，向他们一一作了介绍，他们都说认识我。

在杨永泰的盛情挽留下，我在他家住了下来。这个家其实是他的办公室，二楼是不让别人上去的，他在二楼办公。我则被安排在楼下一舒适的房间里，悠游自在地住了大概有一个月。杨永泰此时是蒋介石“江西剿共行营”秘书长，是蒋介石至为信赖的幕僚人物。他对我如此热情，我想是必有用意的。

果然，有一天，杨永泰亲热地与我谈话，他说，他知道我一向与蒋委员长关系很好，只不过其中断了两年线（在私交方面，我与蒋氏表面上是较融洽的，我每次去见蒋，侍从室的人极少刁难，蒋见到我时亦是哼哼哈哈地应答我，颇具老同事的味道，这点杨永泰是清楚的）。杨又说，他很乐意为我与蒋“驳线”（广州话接续之意）。我听罢心中自然有几分明白，便说：“畅公（杨的别名畅卿）既然肯栽培我，哪有不好之理?”杨接着说：“蒋先生最近拟在江西实行专员制度，为了剿匪方便，把全省划分为几个行政区，我给你弄个专员干，你看如何?”然后他又解释道：“行政督察专员是文官，等于道台衔，又兼保安司令，是武官，等于镇台衔，又文又武，一手抓两印，极好玩的。”我说：“保安司令是打仗的，我还可胜任，至于行政督察专员这个文官，畅公，你知道我是个老粗，干不来的。”杨没等我说完，就说：“管它什么文武，我说你得就是咯!”还说：“这个位置是要当过师旅长或军长的将官才有资格担任，所以由你去当是很合适的。”正是“却之不恭”，我也就应承了下来。

两天之后，杨永泰把蒋介石给我的委任状和组织表送到我手里。我看着手里的委任状，一份是江西德安赣北第四区行政督察专员委任状，另一份是江西赣北第四区剿共保安司令委任状。再看组织表，两份组织表都是空的，我便对杨说：“畅公，承你介绍，让我当这两个官，可是，怎么一个人也不给我呀?”杨笑呵呵地说：“我一个人也不介绍给你，你做过师长，干过许多事，难道还找不到人帮忙吗?”言下之意，是极其信任了。我说：“我在南昌一个人也没有，要找得到上海找。”杨说：“好的，你到上海找吧，这是你的旅费。”说罢他递了张3000元大洋的支票给我。当时一元钱可买一罐汽油，这3000元是很可观的数目了。

我拿着委任状、组织表及支票走出杨永泰的住宅时，心里很不平静。我想，世间哪有这么便宜的生意，把官送到你手里，还把钱送到你手里？蒋介石、杨永泰对我如此厚待，说明他们要用官、禄引诱我，让我为他们效命。

我想，我要求过参加共产党，也答应过帮助共产党办事，我认为这次是与共产党合作的好机会，蒋介石要我“剿共”，我偏要反其道而行之！遂即动身到上海找中共朋友。

“剿共”保安司令部里安排共产党员

到上海后，我找到了严希纯、项与年、刘哑佛等几个中共朋友。待他们在我家客厅坐下后，我将两份委任状及组织表交给他们看。

他们看罢后互相对视一番，谁也没有说话。我便说：“我准备与蒋介石斗法，用他的拳头去打他自己的嘴巴。请你们将这两份材料拿回去与你们上级商量研究，我莫雄很佩服你们共产党，孙先生说三民主义的民生主义即共产主义，因此我相信你们的主义是可以救国强国的。假如你们信得过我莫雄，请你们派些共产党员来与我一齐干吧！我当司令，你们来当我的部下。蒋介石要我剿共，我却要剿蒋！”他们听罢显然非常高兴，由严希纯郑重地接过我手中的委任状和组织表。

1934年3月末，我江西赣北第四区“剿共”保安司令部以及第四区行政督察专员公署，在中共上海地下党的安排下正式组成了。

江西赣北第四区行政督察专员公署的组织情况：

督察专员：莫雄

专署主任秘书：刘哑佛（后牺牲）

情报股长：贾绍谊（又名宜作，解放后任四川长寿县狮山滩招待所所长）

文教科长：阮退之（解放后任广东省文史研究馆馆员）

主任科员：薛代旦（在广州某医院任职）

科长：傅肖先（解放后任江西省政协副主席）

科员：丘镛（后牺牲）

江西赣北第四区“剿共”保安司令部组织情况：

司令：莫雄

副司令：胡毅、陈修爵

主任参谋：卢志英（解放前夕牺牲）

情报参谋：项与年（解放后任辽宁省监察厅副厅长）

当时上海地下党在组织表上给我安排了几十人，能回忆起的仅此几人。这些人除上述曾谈及的刘哑佛、项与年外，其余皆是陌生的。后来不知什么原因，陈修爵副司令被上海地下党调走了。

与此同时，中共上海地下党还利用了蒋介石对我的信任，委托我介绍了好些地下党同志打入国民党高级特务训练班，在大特务头子康泽手下任职，又委托我介绍了十多人到蒋介石的南昌行营工作。

我这个督察专员公署及“剿共”保安司令部在德安县城正式设立后，德安县长亦由我兼任。江西省主席熊式辉拨了两个省的保安团归我指挥。督察专员兼保安司令是杨永泰的“独创”，认为是根除“匪患”的得意之作。

德安距南昌 50 公里，距九江 55 公里，是南浔铁路中心点，为军事上必争之地。四区专署辖下德安、九江、星子、瑞昌、彭泽、湖口等七个县。按蒋介石的说法，这是红军活动最“猖獗”的地方。司令部及行政督察专署成立后，这里的党组织马上与当地红军及苏维埃政权取得秘密联系，在共产党的巧妙安排指挥下，我率“剿共”部队煞有介事地与红军打了几仗，均“击溃”红军，“消灭”当地苏维埃政权。不到六个月，“共匪”在我第四区内业已“剿绝”。而实际上，红军部队可以抽身转移到别处打击敌人，苏维埃政权全部安全转入地下（解放后据项与年告诉我，我“剿共”部队在“进剿”山区时，通过各种巧妙的形式将大量弹药物资送给了红军）。这样一来，别的专区天天闹警报，我的专区“风平浪静”。我遂将一连串“剿共”捷报呈报蒋介石。蒋派人来调查视察，果然见红军在我第四区内已销声匿迹。于是蒋介石大喜，给我来个通报表扬：“传令嘉奖、考成第一。”

其实蒋介石对我也不完全放心，他的“行营”曾指派一名叫谢也夫的军统特务，到我专署及司令部内任“联络员”。谢也夫是一名心狠手辣之徒，他到德安后，不知怎地让他抓到一个年轻的女共产党员，把她关在一房间内。这位女中共党员宁死不屈，夜间用蚊帐布扭成绳索系于梁上，自缢身亡。对待谢也夫，我部诸共产党人均分外戒备。刘哑佛则主动与之周旋，整日好酒好肉地招待他，并投其所好，与他吟诗作对，在他面前俨然是一个文质彬彬的书生，解除了谢也夫的疑心，并缩小了他的活动范围，以掩护其他同志的活动。谢也夫自然也知道蒋介石、杨永泰等与我的交情，因而不敢放肆。但他不时在司令部或专署内行来踱去，甚为讨厌。

在司令部及专署内，一切事务主要由刘哑佛、项与年、卢志英等负责。我虽然实际上处于不管事状态中，但我亦有很多机会与项与年等见面谈心，与那些“陌生人”同样也有不少接触。我很尊重他们，他们生气勃勃，给人一种坚强勇锐的印象，与国民党政府人员的作风迥然不同。在司令部内与我经常在一起的卢志英给我的影响最为深刻。他体魄魁伟，器宇轩昂，煞是一副英伟的军人形象。我与他虽素昧平生，但自他接受党的委派到我部任参谋长后，我与他大有相识恨晚之感。他称我为“老前辈”，又说早闻我在军界中的“大名”。但深谈之后，我才知道，人家竟是一位到过德国、澳大利亚和苏联专门学习过军事指挥的将才。曾在冯玉祥部任团长，后因冯被蒋介石搞垮了，他才转到上海来的。他渊博的知识其实并不局限于军事方面，古今中外，天文地理，似乎无一不晓。在交谈中，我往往在自觉与不自觉之间，接受了他革命的启蒙教育。

他向我介绍了几个国家不同的政治制度，并热情地讴歌苏联的十月革命和以后的发展壮大。他讲中国以后要强大，就要走苏联的道路，推翻法西斯专制主义的蒋介石政权，建立一个民主的社会主义制度的国家。当他谈到这些时，总是眉飞色舞，其坚定的共产主义信念洋溢于眉宇之间。可惜这位优秀的革命志士，于解放前夕不幸被捕，在南京雨花台被蒋介石惨无人道地杀害了。

自我到德安上任后，严希纯不时从上海来德安“做客”。每次来都找刘哑佛、卢志英、项与年等去密谈。严除了到德安外，还往来于南昌、南京之间，我司令部及专署内的共产党组织是秘密地直接受上海地下党领导的。

参加庐山军事会议

1934 年 9 月底，我奉蒋介石密令上庐山参加秘密军事会议。开会的地方叫牯岭，这是一个墟场，坐落在 1000 多米高的庐山顶上。这次秘密军事会议就在离墟场不远的一座礼堂里召开，整个牯岭都置于严密的警戒之中。此刻在这里召开的是部署第五次“围剿”以来对中央苏区的最后包围。200 多名与会者都是江西、湖北、湖南、河南、山东五省的省主席、部队司令、军师长、高级参谋。我跟他们大都是老相识了。会议由蒋介石亲自主持，杨永泰负责布置会议的具体事项。江西省主席、行营第一厅厅长熊式辉也负责会议的布置工作。

会议打算开一个星期，但才开始两天，其计划规模之巨大，各项布置之细微，阴谋之毒辣，看过材料后，我暗自吃惊！第五次“围剿”计划名曰“铁桶围剿”，是由法西斯德国顾问提出来的。计划由国民党150万大军，对以瑞金、于都、会昌、兴国为目标的中央苏区革命根据地，在指定的某一日同时从四面八方突然合拢包围。包围半径距瑞金150公里。这个包围是有严密的部署的，地图上划分了很多编了号码的格子，哪个部队或单位在何时何地必须到达地图上某个格子所规定的位置，并按规定马上布上铁丝网，预留缺口，装以鹿砦、拒马，构筑火力网及碉堡，并分段建立粮秣、弹药仓库、医院、绑带所，以及有线电话网、中继站等，这些都有极为周密的布置。

一俟包围圈完成，各部队便依照命令每日向瑞金中心推进7～8华里，每推进1华里布上一重铁丝网，每5公里筑一道碉堡线，碉堡的设置使得他们的火力构成极为严密的交叉封锁网。计划每月向纵深推进25公里，6个月便能进逼到红都瑞金，而红都四周届时将竖起300重铁丝网，30重碉堡线，以及难以计数的障碍物，这是何等惊人！为防止红军突围，计划又规定每重铁丝网之间的防守要绝对保证，不但设有大量的碉堡，布置地雷阵，而且在发现突然情况时立即调拨部队的大量美国军用卡车，运行线路都布置得详详细细，无一遗漏，为实施其计划，已有1000辆美国军用十轮卡车运到南昌，并随即分配到各部待命。

作为“铁桶围剿”的前奏，在包围圈尚未完成之前，派出12个师的兵力与红军纠缠，迷惑红军，争取包围部署的时间，一俟包围圈形成，这12个师随即撤离，同时立即断绝这里一切除军事需要以外的交通，以封闭苏区的消息，断绝红军的一切物资来源。

这是我第一次看到阴险毒辣、规模巨大而又布置周密并已着手实施的军事计划！与以前的四次“围剿”自然不可同日而语。若此计划得以实现，则红军的处境不堪设想！我想起了前两个月的一件事。我在德安看到大量铁丝网运到，友邻部队及我部的装备都有了很大改善，数十数百的美国大型军用新卡车也开来了，我怀疑将会有一次大的行动，于是，我向一个曾在我部下任连长、现已是南昌行营少将军械处长的李英豪打探虚实。他用诡秘而又肯定的口气对我说：“这次围剿不同以往，有颜色给红军看的，定然会致红军于死地！”随后我便将李英豪这番话，以及我对局势的动向看法与刘哑佛和卢志英说了，我说：“红军四次反围剿都胜利了，但这次围剿来势凶猛，红军还是易地为宜吧？”卢志英同志淡然一笑，说道：“我们红军是离不开江西的，江西的民众是水，红军是鱼，鱼是离不开水的，我们不管怎样，都要在江西坚持下去。”我想，若是他们知道这其中的巨大阴谋，恐怕是不会有笑容的。

后来，这个巨大的阴谋果然被我不幸言中了！会议最后由蒋介石致“闭幕词”，他兴致勃勃地说：“现在剿共大业已握胜券，望各方负责人积极执行会议的决策，”“毕其功于一役！”在场的200多名国民党军政大员个个气势汹汹，摩拳擦掌，纷纷赌咒发誓要在这次“铁桶围剿”中“剿绝”共产党。

这次会议的文件有高高的一大摞，足有一二公斤重，其中除了包围图表、计划书、指示文件等外，还有蒋介石的“语录”及指示汇编成的小册子。每份文件上都打上了蓝色的“极秘密”字样，并按名单编号存档。

散会后，我将这些文件装到一个大公文包里，然后便匆匆下山。

将“铁桶”计划报告中共中央

我踏进司令部的时候，已是掌灯时分。我也顾不上吃饭，马上吩咐左右将刘哑佛、卢志英、项与年即刻唤到我办公室。待他们到后，我便将从庐山带回来的所有文件从公文包中取出，让他们细看。他们飞快地看着，脸色随之而变。花了约一个小时工夫，当他们大致看完后，他们三人交换了眼色，刘哑佛开口问我：“大哥，你说怎么办？”我说：“还能怎么办，这么危急，你们马上拿去交给党中央！天大的事情，由我承担就是了！”他们听罢，异口同声地说：“我们代表党感谢你。”

随后，他们便由项与年将此全部绝密文件带到南昌我司令部后方办事处。在那里将文件的主要部分用薄纱纸密写抄录，然后由地下党同志藏在鞋底，化装成老百姓千方百计地送上瑞金。同时，他们又发电报给党中央，将庐山会议上获得“铁桶围剿”计划这一绝密情报向党中央汇报了。幸而他们干得都很漂亮，蒋介石在“围剿”计划泄露后也没有向下追查，否则查到我身上，要我拿出那些文件来，我将必死无疑了。

后来，项与年在外地不幸被捕，他为了保护我，并没有说自己是莫雄的参谋，后又幸得地下党同志多方营救，越狱逃跑。为了逃避敌人的耳目，他用砖头敲掉了四颗门牙，化装成乞丐，通过了重重封锁，历尽艰险，花了很长时间才到达延安。

自项与年去南昌约两个星期，也就是1934年10月中旬，中央红军赶在蒋介石“铁桶围剿”最后包围态势完成之前，撤出革命根据地，开始了举世闻名的二万五千里长征。最后胜利到达陕北抗日根据地。

乘张学良的飞机到贵阳

1935年3月某天，我突然接到蒋介石的命令，要我马上乘飞机前往贵阳，我看着这份没有具体内容的电令，心里有些犹豫不决。我想，为什么项与年一去不返呢？莫非他给逮捕了？怀着这一矛盾的心情，我便问刘哑佛说："此行不知是凶是吉？"刘考虑有顷，便笑着对我说："若是我们的事情败露了，蒋介石用不着叫你乘飞机去贵阳，他只吩咐你到省城开会，便可以在那里把你抓起来，大哥，你放心去吧！"

我到了南昌，蒋介石派的飞机正等着我。飞机飞到汉口，在加油的时候，一群军统特务如狼似虎地向我走来，我正吃惊，原来他们是借口运送重要物资而要占用我坐的这架飞机，我自知斗不过军统特务，只好让他们飞走了。但我却不能按时飞赴贵阳了，怎么办？我正愁闷间，行营参谋处长晏勋甫劝我找五省"剿总"副总司令张学良，向他借用他的私人座机。我从不认识张学良，但亦唯有此计了。于是我持名片找到了这位"少帅"。

张学良"少帅"看上去像个二十多岁的人，他为人爽朗热情。他得知我来访的目的后，爽快地答应把飞机借给我。他送我出门时说："莫司令官，你的大名我在念书的时候就听到过了，你是我们的老前辈啊！"从"少帅"府出来后，我就乘他的飞机飞往贵阳。

果然，蒋介石完全不知道我干的"好事"。他是调我来"围追堵截"长征的红军，要我到川、滇、黔三省交界的贵州毕节当"剿共"保安司令及行政督察专员的。蒋介石为说明他的意图，叫我把随身的笔记本拿给他，他翻开本子在上面画出了三省交界地图，标出四川古蔺、贵州毕节、云南镇雄这几个县名，蒋介石说："这里聚散着七八千红军伤病员。你的任务就是剿灭这些残余红军。"为此，蒋配给了我中央军一个师——六十三师（我在江西原属的三个保安团已归属熊式辉）。接受这个命令后。我将江西第四区保安司令部及督察专署的原班人马开到贵州毕节。

已经归属我指挥的六十三师师长陈光中，是有些名气的战将，但他更大的名气是“好色”。在一些宴会上，他见薛岳对我“大哥”前“大哥”后地非常尊敬，也不知道我有什么来头，故此对我万分顺从。我出巡时，他给我派上百人的警卫连护卫，还拉出几十人组成的军乐队为我大奏军乐。

据情报，毕节地区果真有不少红军伤病员。若陈光中师专门去对付这些伤病员，那么他们的处境肯定不妙。刘哑佛、卢志英抓住了陈光中“好色”之癖，借口与他“谋娶妾侍”，整日用酒灌他，陈光中喝了“迷魂汤”，昏昏沉沉。他每隔五天左右就请我及卢志英、刘哑佛去赴宴，饱尝当地茅台名酒，早将“剿共”之责抛到九霄云外，我当然也不给他发指示了。半年后，毕节地区的红军伤病员已不知所踪了。

弃守毕节遭囚禁

1935 年 12 月，陈光中师调离毕节。1936 年 2 月，忽闻红军有三四万之众由贺龙、萧克等率兵向毕节开来。我遂命令所部撤到了毕节城外 10 多里的山沟，让红军顺利通过。红军派了一个参谋送给我一封信，内容大致如下：“莫雄先生，你是我们革命的老前辈，现在我们组织反蒋民主联军，李济深先生已加入。我们一致公推莫老先生为黔军总司令。”签名的有贺龙、萧克、夏曦等九人，并署名红军军事委员会。接到这封信可真苦了我，我司令部及专署职员合起来才几百人，加上彝族的县政警大队 300 余人，也未及 1000 人，枪械又陈旧，要我任这个“总司令”，未免有点为难了。于是我向这位红军参谋说：“你们两三天内就要走，你们一走，我不成了无兵司令？要是你们不走，让我当个排长也可以。请你告诉贺龙将军，以后日子还长，我还可以帮助你们的。”

半个月后，几万红军浩浩荡荡地过了毕节，我司令部及专署中不少革命同志亦加入长征行列。

蒋介石知道我部竟然一枪未发，放弃城池，让红军顺利过境后，勃然大怒，命令把我扣押。后来我获悉扣押我的另一个原因是：我曾托司令部参谋黄觃书回上海打听老朋友华克之的下落，殊料黄觃书的朋友李怀诚参加了暗杀国民党六中全会首脑行动（这次事件汪精卫被击中两枪，蒋介石在临拍照前，忽然改变主意不参加拍照，故能幸免），李怀诚正被追捕，黄觃书回到上海找李，在李家中了埋伏，被捕后在他身上搜出了我的信件，于是我便犯了“通共”兼“暗杀”罪嫌疑，被押往南京军法处关起来。

我的监房倒有点“豪华”，设有沙发椅、书桌、弹簧床等，还备有浴室。军法处的军警对我也很“客气”，并没有给我上手镣脚铐。刚进来的时候，我听狱官说邓演达先生遇难前就是住在这间监房的。我身居邓先生蒙难前的囹圄之所，心里总有点不寒而栗。

想起了邓先生的惨死，我对自身的安危已不敢抱半点侥幸。开始几天，每逢晚上有汽车的马达声传来，都引起我的极大不安。奇怪的是，我在这里关了150天，却一次也未被提审，我想，这恐怕是杨永泰出的力了。

1936年6月，我被张发奎、陈诚保了出来。事后我才知道，的确是杨永泰叫他们将我保释的。这时正值南方两广闹独立倒蒋，杨永泰见是机会，便对张、陈二人说：“你们常说要保莫大哥出来，但他是有通共罪名的，这一点委员长是最忌恨的，提出来只会令莫大哥更不好过。现在两广闹独立，正是保释的好时机，你们可到委员长面前说莫大哥在两广很有人缘，愿保他出来到两广策反，军前效力，立功赎罪，这样便公私两全了。”张、陈二人依计而行，果然奏效。

出了监狱，蒋介石召我去谈话。他一见我便劈头劈脑地问：“你身边为什么总有共产党?”

我暗自吃惊，但我还是故作坦然地说：“没有这回事。”

蒋严厉地望着我说：“哼！没有？你司令部参谋黄什么的（指黄觃书）他都承认是共产党了，他是谁介绍给你的?”

我料想不到蒋介石对我的审讯竟是在我出狱后的现在，但我想，既然他让我出狱，他肯定是不知道我与共产党的真实关系的，于是我胡编乱诌道：“哪有人介绍，是他自己找上门来，他以前曾是陈炯明粤军的一个主任参谋，是我的旧同事。”

这番话我是随口编出来的，蒋见我对答如流，只好恨恨地说：“哼，你根本不知道共产党，他们是很厉害的。他们是积极、能干、有本事的人，但很危险，不能用的，知道吗?”

我点头道：“唔，请委员长放心，以后我留意就是了。”

蒋训斥完了，便对我说：“你现在跟陈诚参谋长到两广搞策反，戴罪立功，要多立些功!”随后蒋委任我为中央军事委员会特派员，嘱我到汉口找陈诚研究进行两广策反之事。

所谓两广反蒋，其实是广东陈济棠、广西李宗仁联合发起的一次与蒋介石分割地盘的行动。虽然陈、李早已是独立于中央之外的西南政府首脑，但像现在这样发动南方几省反蒋，也是颇具煽动性的，况且陈济棠拥有一百几十架飞机，比南京政府的还多，因此蒋介石决心用策反手段将他们的力量拉过来。不久，陈济棠的第一军军长余汉谋率六师人马在赣南与广东交界一带宣布归顺中央，陈济棠的各军亦被蒋介石收买，一百几十架飞机全部投蒋。这样，也就不需要我去“策反”了。

为了人民，毁掉 B－25

郭春生

1942 年 4 月，美军 16 架 B－25（“空中堡垒”）型双引擎轰炸机，在詹姆斯·杜立特中校率领下，从“大黄蜂”号航空母舰起飞，轰炸了日本东京、大阪、名古屋等城市。这是日本本土历史上第一次遭到空袭，它强烈地震动了当时不可一世的日本军国主义势力，给了世界反法西斯人民以巨大鼓舞，一时间，杜立特中校成为功盖一时的空中英雄，B－25 型轰炸机也被渲染上神秘的传奇色彩。然而，很少有人知道关于这批飞机后来的命运。这中间还有一段感人的故事。这故事记述了一位潜伏在国民党空军中的中共地下党员，以其卓越的才华智慧，出色地改良了这批美国飞机，为在抗日战争中中美航空合作史写下了一段友谊佳话，他因而备受信任。在解放战争中，他又巧妙地利用自己的公开身份和敌人内部矛盾，把这批轰炸机与其他大批飞机一起报废销毁，以特殊的方式削弱了国民党反动派反共反人民的力量，支援了解放战争。

故事的主人，就是我的爸爸郭佩珊。

爸爸 1912 年生于河北定县一个普通农民家庭，1930 年考入北洋大学，1933 年参加革命工作，因领导学生运动被学校开除。1935 年考入武汉大学机械工程系。在“一二·九”运动中，是武汉大学学生抗日救国联合会主要负责人之一。1936 年加入中国共产党。1938 年，爸爸根据董必武同志的指示，考入国民党空军机械学校高级班，毕业后潜入国民党空军，做了 11 年地下工作。中华人民共和国成立后，爸爸曾任云南军区航空站站长，西南空军工程部部长，中国科学院物理研究所副所长、党委书记等职务。1985 年 10 月 7 日，爸爸因心脏病突发不幸逝世。

1942 年，爸爸刚由第二飞机制造厂转到第十飞机修理厂，任白铁股股长兼机翼车间主任。杜立特率领的 B－25 型轰炸机轰炸了日本本土后，都没有返回航空母舰，一架降落在苏联境内，15 架降落在中国境内，大部分油尽坠毁或被日军俘获，还有五架迫降在国统区，后来都飞到昆明第十飞机修理厂检修。十厂是国民党空军中规模最大的飞机修理厂，也是美军第三〇一航空修理基地，设备比较先进完善，但厂内弥漫着崇洋媚外气氛，一切技术工作唯美国顾问马首是瞻，技术人员对美国飞机上的一切设备都盲目崇拜，维修工作历来都是尽量恢复原状，绝不敢作任何改动。爸爸却没有这些思想包袱，他很快就发现了 B－25 型轰炸机设计上的缺陷：一是炸弹悬挂装置不够合理，炸弹舱内只能悬挂一枚一吨重的炸弹，或在机身两壁各挂一枚 500 公斤的炸弹。重磅炸弹适用于摧毁坚固防御阵地或攻击大型军舰，若配合野战陆军杀伤暴露之敌，效果则肯定不如多枚小型炸弹。二是飞机上装有 12.7 毫米口径机关枪 12 挺，机身上下各有两个机枪塔，过于笨重，而机枪手操作不便，极易疲劳。三是机外附属设备太多，尤其尾部气动外形不够合理，影响飞行速度。爸爸向美军代表提出合理化建议，当即被采纳，并责成爸爸主持实施：

一、创造了新型炸弹架，爸爸把它命名为“蜂窝式炸弹架”。一般炸弹是顺着机身方向平挂，如悬挂多枚炸弹，投弹时极易相互碰撞。B－25也是如此。蜂窝式炸弹架把小型炸弹像蜜蜂幼虫般一个个安放在小圆筒内，避免了相互碰撞。炸弹头向下，尾部挂在联结起来的支架上，五枚炸弹一排，五排联成一个架子，炸弹舱内可挂两个架子，即50枚小型炸弹，投弹时根据需要，一次可以投放1枚、5枚、25枚炸弹。这样，挂多枚炸弹操作安全、投掷方便，使用同样总重量的炸弹，可以杀伤更多暴露之敌。

二、取掉了机枪塔，装上由爸爸设计的活动机枪架，大大减轻了飞机重量和飞行阻力，机枪射手操作灵活自如，提高了射击精度，增大了射击范围。

三、设计制造了整流罩，改善了飞机的气动外形。综合这些措施，使飞机在同样动力下时速提高二十英里。

这样改装了五架B－25型轰炸机，整个改装工作用了近一个月。

1942年5月，日军攻陷缅甸全境后，沿怒江西岸挺进，直通云南边境。此时，陈纳德率领的美国志愿航空队（即“飞虎队”）驻在昆明基地，配合中国守军抗击日寇。这批飞机即交付“飞虎队”使用。5月12日，日军一支庞大的地面部队聚集在怒江西岸30公里长的公路线上，架起浮桥，准备渡江北犯。突然，十几架漆着飞虎标志的P－40型战斗机掩护B－25轰炸机从陡峭的山崖间冲出，以超低空俯冲掠过公路，猛烈轰炸和扫射暴露在公路上无处藏身的日军。顿时，日军的坦克、卡车、摩托车簇拥成团，陷入火海之中。战斗中，经过改装的B－25表现尤为出色，“蜂窝式炸弹架”瞬时就投出密如雨点般的炸弹，重机枪织成一片弹网，打得日军哭爹喊娘。此役，日寇损失惨重，人员伤亡大半，浮桥和全部架桥设备都被炸毁，只得放弃渡江企图，沿滇缅公路后撤。

在以后的两年中，B－25 又频频出击，不断打击入侵印支半岛的日军，日军再不敢在怒江一线发动大规模攻势了。参加作战的美国空军官兵交口称赞改良后的 B－25，而爸爸却认为这不过是一个爱国的中国人应该做的一点事，不值得大肆宣扬，所以他并没有将情况上报。倒是美军官兵们对此事念念不忘。1946 年底，驻华美军撤离中国，蒋介石设盛宴送行。席间，杜立特、陈纳德（都已升为少将）两将军郑重地向蒋介石推荐爸爸的事迹，代表美国空军表示真诚谢意，并索要设计图纸。蒋介石还不知此事，即询问空军总司令周至柔。周至柔急电第十飞机修理厂厂长向惟萱，命立刻将改装 B－25 一事具情上报。向惟萱把爸爸找去，要他赶快制图写说明书上报。爸爸照办后，大约过了两个月，空军总司令部来文说，经蒋介石特准，给爸爸破格奖赏：晋一阶一级、赏现大洋 1000 元。这样的奖赏在国民党空军中是罕见的。后来了解到，整个抗日战争期间，中国人改良美国飞机并得到美军承认的仅此一宗，无怪乎蒋介石如此重视了。从此，爸爸在国民党空军中的地位有了改善，升任修造课课长，兼任生产总工程师，逐渐成为与美军打交道的主要负责人和说话算数的技术权威。凭这样的经历，他又被云南大学聘为航空工程系副教授、教授。

1945 年秋，日本投降，美军急速撤离，在云南境内各机场的 250 多架各种飞机就地停飞，曾经屡建奇功的 B－25 型轰炸机也在其中。按照美国处理战争剩余物资的惯例，由中央情报局派专员监视，用吊车碰撞，铁锤敲打，将这批飞机破坏，然后以废品价格卖给国民党空军。这时美军人员早已归心似箭，破坏工作越做越草率，多数飞机仅伤及表面。国民党空军买下这批飞机后，统交十厂修理。到最后一批美军撤离时，还有运输机、轰炸机、联络机等 17 架在使用，空军第五路司令部有心保留这批飞机，便设宴招待了美军人员，请他们手下留情，不要再破坏了。这时中央情报局人员已经回国，美国军官们乐得送个人情，把17架完好无损的飞机移交给国民党空军，仍按废料价格上账。

如何处理这些飞机，当时有两种意见：一派属于嫡系的反动分子主张积极修复。实际上，这批飞机虽经美国人破坏，但发动机、仪表、电器、军械仍然是完好的，按照爸爸的估计，至少能够修复160多架。另一派的态度则比较消极。当时十厂厂长陈鸿汉，副厂长施盛德都出身杂牌，年龄大了，早已无心为蒋帮卖力，只想搞点钱退休，因此，对这批飞机，想通过与亦官亦商的贪官污吏做买卖，赚一笔外快。在十厂中，爸爸是空军机校一期毕业，算是嫡系和老资格了，加上与美军的亲密关系，历任厂长都不得不言听计从。所以飞机的命运，实际上掌握在爸爸的手中。当时蒋介石反共反人民的面目已经十分清楚，爸爸决定：为了人民，一架不漏地毁掉这批B－25型飞机，绝不让它们成为蒋介石打内战的工具。

爸爸建议把这批飞机拆卸后公开拍卖，卖不掉的也要报废处理。厂长陈鸿汉见有利可图就同意了。但是要把17架完好的飞机同样报废，陈鸿汉却不敢点头。因为这是空军第五路司令部特别请客才保留下来的好飞机，万一上面追问起来，怕担不起责任。为了毁掉这些飞机，爸爸先将一架C－47型运输机修好，油饰一新，刷上漂亮的亮光漆，内部装上舒服的沙发座椅，以十厂名义赠给空军第五路司令晏玉琮，作为晏司令的专机。晏搞到一架专机自然十分高兴，立即通电嘉奖十厂全体官兵。爸爸乘机打了一个报告，说明这批美国飞机在战争中反复摔打，使用频繁，都已不堪修理，而且是按废料接收的，如果硬要修复使用，出了问题谁也担待不起；且17架飞机中，有一架已改成专机，其余的又老又旧，有些仪表已经挪用到司令专机上去了，修复后难保飞行安全，建议同样报废。那时，空军总司令周至柔的秘书已弃官经商，爸爸到他家问他愿不愿买这批飞机材料，他坐在家中，财从天降，喜出望外，急忙表示愿买，立即出面请客送礼，打通了上上下下各种关节。这位秘书是周总司令多年旧属，神通广大，谁还敢对此事持有异议呢？不久之后，这批飞机就以铝制锅盆、螺钉零件的形式出现在昆明等地的市场上了。

飞机上还有大批军械、通讯器材，拍卖前都拆了下来。陈厂长和几个课长都是舞迷，爸爸请厂长批准，用这些器材装修美军留下的舞厅。爸爸精心设计，用电炉伪装成壁炉，用20多支重机枪枪管做壁炉护杆，用飞机机翼铺设成地板，地板上按图形挖空，镶上有机玻璃，玻璃下面是彩色信号灯、仪表灯，无线电台改装成扩音器。舞厅开放时，彩灯闪烁，舞乐悠扬，皆大欢喜。没人注意到，装修舞厅只用了飞机上拆下的武器装备的一小部分，其余大部分机枪、弹药、电台、微型发电机等，爸爸都依靠他亲自发展的进步官兵隐藏起来。后来，在地下党的安排下，爸爸亲自驾驶吉普车和卡车，把这批武器装备送往滇东北、滇东南游击区，为敌后人民武装解决了物资匮乏的燃眉之急，以特殊方式有力地支援了解放战争。

国民党特工的对日谍战

沈美娟

蒋介石一声令下，军统全员出动

战争年代，情报机构的作用非同小可。抗战期间，国民政府所设置的影响最大的情报机构是曾经令人谈虎色变、臭名昭著的以戴笠为首的“军统”。从1932年特务处（军统的前身）成立之始，这个组织一直是蒋介石最得力的“御用”工具。

七七事变爆发后，蒋介石在庐山发表“七一七”讲话，表示了准备坚决抗日的决心。他说：“我们既是一个弱国，如临到最后关头，便只有拼全民族的生命，以求国家生存。那时节，再不容许我们中途妥协。须知中途妥协的条件，便是整个投降、整个灭亡的条件。全国民众要认清‘最后关头’的意义……”并表示：“战端一开，那就是地无分南北，年无分老幼，无论何人，皆有守土抗战之责任，皆应抱定牺牲一切之决心。”

蒋介石的讲话是对全民的抗战总动员。对于军统这个以少壮派军人为主的情报组织而言，则是一道必须执行的“圣旨”。军统的工作重心由此从防共、反共、排除异己，转到了对日作战的工作上。我曾经听家父说，“七一七”讲话后，戴笠便跑到上海，布置对日情报工作。上海特区成立了几个潜伏组，家父当时就奉命带一组人马潜入日本人集中居住的虹口地区，主要任务是侦察、刺探日本人的军事情报，为我方炮兵指示轰炸目标，同时做一些破坏日方军用设施、暗杀日本人的工作。因为准备得太仓促，他们小组除了指示炮兵炸毁了一座日本人的弹药库、袭击枪杀了几个日本人外，并未取得什么大的成绩。“八一三”淞沪抗战前夕，日本人在该地区大肆搜捕、驱赶中国人，他们被迫撤离。

在八年抗战期间，军统派往各日军占领区的这种情报组、行动组不计其数，也对日伪做了不少反间、策反、暗杀等工作。在此，我只讲几桩对战局、对军统而言都是意义重大，颇具影响的历史事实。

功不可没的“万人别动队”

1937 年 8 月 9 日，驻上海日本海军陆战队的中尉大山勇夫率士兵斋藤要藏驾军用汽车强行冲击虹桥中国军用机场，进行武装挑衅，被机场卫兵击毙。事发后，中国上海当局当即与日方交涉，要求以外交方式解决。但日军无理要求中国军队撤离上海、拆除军事设施，同时向上海增派军队。8 月 13 日，日军便以租界和停泊在黄浦江中的日舰为基地，对上海发动了大规模进攻，中国军队奋起抵抗，淞沪抗战开始。

9 月 4 日，戴笠奉命赶到上海，一是要抢运重要物资，以免资敌；但更主要的是联络杜月笙，把爱国市民组织起来，协同我军作战。他准备成立一支万人以上的游击武装——别动队，配合正规部队，在上海近郊牵制阻击日军，严防、肃除敌谍、汉奸的骚扰、破坏。戴笠决定把京沪地区的特务处部属集中起来，编成一个特务大队，再把特务处在京沪办的两个训练班也集中起来，总共有两三千人；并请杜月笙把其门徒掌管的上海各区的保安队、各工厂的护卫队集合起来；同时招收一些自愿参加的工人。当时，他和杜月笙计划邀宋子文，上海市市长俞鸿钧，新任广东省主席吴铁城，工商界的贝祖贻、钱新之，军警界的吉章简、蔡劲军等人一道组成一个筹备委员会。第二天，筹备委员会正式成立，立即着手筹备工作。

在“别动队”筹建期间，戴笠将特务处的部属和地方上的治安机关、招商局的航警等迅速组织起来，成立了一支巡查队。一部分人专门搜捕汉奸和日本特务，保护电线、桥梁、渡船的安全，以利我军作战；同时协助救护受伤军民，或掩护难民撤出战区。另一部分人由部下王兆槐带领，负责把政府存放在浦东一带的武器、汽油及重要军用物资抢运到沪西一带，接济我方前线军队。戴笠考虑到，将来“别动队”正式成立后，一万多人的武器装备完全靠中央批拨是不可能的，他随即向招商局借了三条驳船，让王兆槐和沈醉等人带领 40 多名年轻力壮的部属，前往位于黄浦江小码头附近的日本三菱银行和三井洋行的仓库，去抢夺、偷运仓库里的武器弹药。

家父曾回忆说，那天晚上，黄浦江面上，有七八条日舰的探照灯，不停地冲着江面和沿岸来回照射。他们驾着驳船，巧妙地躲过敌人的探照灯，悄悄地驶到仓库附近的码头，摸掉守护仓库的日军岗哨，溜到仓库门前。仓库门上的大铁锁是有大拇指那么粗的锁环。为了不惊动别处的岗哨，他们用湿毛巾将锁环裹住，轮流地用钢锯锯锉锁环，其他人均分布在仓库四周的隐蔽处，监视着敌人的动静。几乎所有的人都紧张得汗流浃背。他们都知道，万一被敌人发现，他们将腹背受敌，无路可逃。他们足足花了半个多小时，才把仓库门锁锯断。库房里果然堆满了各式各样的枪支弹药。他们一刻也不敢松懈，连背带扛地抢运武器。敌人的探照灯扫过来时，他们立即匍匐在地上。探照灯一过，他们又跳起来，一路小跑地把五六千支枪和弹药搬运到了驳船上。然后又躲过日舰的探照灯，顺利地把武器运了回来……

不到一个月的时间，一万多人组成的“别动队”就正式成立了。当时，除了戴笠和杜月笙的人马外，还有许多工人、学生、教师、店员等市民踊跃报名加入。蒋介石亲自给这支队伍颁发了“苏浙别动队”的番号。戴笠担任别动队委员会的书记长，总指挥则由杜月笙推荐的早年担任过军长的老友刘志陆担任。该别动队共分五个支队和一个特务大队。第一支队队长何天风，主要成员都是杜月笙的门徒；第二、三支队队长分别为陆京士等，主要成员为上海各厂家、企业的工人；第四、五支队队长分别为张业、陶一珊，主要成员是戴笠在京沪地区的部属和被招入特训班的年轻学生。特务大队队长是王兆槐，成员是淞沪警备司令部侦缉大队的人马。

在此期间，戴笠并未忘记他的老本行——搜集情报。他除派人设法搜集敌方情报外，还派了一些可靠的部属前往正规部队充当联络员，以随时掌握部队及战争情况，向老蒋汇报。家父当时就被他派到上海北郊罗店、浏河一带王耀武师对日作战的前线，去了解部队伤亡实数、阵地变动等对日作战情况，同时监督部队，防止部队投敌或部队长官玩忽职守。

随着日军大量增兵，且海、陆、空一齐向我守军反攻，我方守军虽也增加到三个集团军共 54 个师的兵力，但终因武器装备太差而不能继续反击，双方处于相持状态。10 月下旬，日寇来势更加凶猛。“苏浙别动队”第四支队奉命掩护正规部队由闸北撤往苏州河南岸。该队全体人员与日军展开了激烈的巷战，逐街逐房地抵挡日寇。但由于他们都没有受过正规训练，所以，正规军撤退之后，第四支队的2000余人几乎全部阵亡。

11月5日拂晓，日军利用大雾、大潮在杭州湾的全公亭、金山咀登陆，对淞沪实施迂回包围。中国右翼军部分沿海守备部队已抽调支援市区作战，猝不及防，阵地相继失守，战局急转直下。日军第十集团军于11月6日占领金山，力图与上海派遣军达成合围。蒋介石被迫于11月8日下令全线撤退。

当正规部队奉命大撤退时，别动队的第五支队及第二、三支队的部分队员约5000人，却接到了配合五十五师某旅固守南市、以掩护主力部队往浙皖边境撤退的命令。奉命固守南市的别动队成员中，就有2000多人是戴笠的部下或特训班的青年学生。第二天上午，大部队撤出南市之后，日寇开始用飞机、大炮向南市狂轰滥炸，整个南市地区终日硝烟弥漫，烈焰腾空。南市守军与日寇激战了三天三夜。第四天凌晨，大部队全部撤退。守南市的五十五师某旅和警察总队，也先后接到撤退命令，向吴福线转移。戴笠这才下令让“苏浙别动队”第一、二支队转移到浦东去打游击。第三、五支队则通过杜月笙和宋子文的共同努力，于当天下午取得了法租界当局的同意，在当晚12时开放距南市最近的南阳桥铁珊门，放别动队进入租界。但此时，敌军已到达徐家汇以西地区，炮弹已落到了别动队阵地上。第三、五支队进入法租界后，部队全部化整为零。戴笠命一部分人随周伟龙留在上海执行潜伏任务，另一部分人转往安徽祁门打游击，后改编为“忠义救国军”。

与此同时，王兆槐率领的特务大队则在日军距他们驻地——警备司令部仅半小时路程之际，化装成难民向后方撤退。临行前，他做的最后一件事就是释放了关押在那里的40多名死刑犯。他颇为激动地对犯人说：“你们都是死囚，但也都是中国人。在敌人到达前的几小时处决你们，我也于心不忍。现在我自作主张放了你们，你们今后要好好做人……现在赶快离开吧！”

据当年在“苏浙行动委员会”任人事科长的文强统计，淞沪抗战中，“别动队”官兵牺牲了1500多人，约500人受伤。淞沪抗战虽然以失败而告终，但中国方面以空间赢得了时间，粉碎了日本政府三个月内打败中国的“速战速决”的阴谋。其中“别动队”的功劳不可忽视。

暗杀锄奸——军统敌后工作之一

抗战期间，暗杀铲除汉奸、日军政要是军统在敌后工作的重要任务之一。早在七七事变前，戴笠就已经对大汉奸们开了杀戒。

原湖南督军张敬尧早在1932年就投靠了日本人。日寇占领热河后，关东军司令部寻找原北洋政府中地位较高的军阀或政客，出面成立傀儡政权，以达到华北分治或独立的局面。日本特务机关首脑土肥原了解到张敬尧政治上失意，且不甘寂寞；经过开价还价，双方一拍即合。关东军司令部委任张敬尧为“平津第二集团军总司令”，并供给700万元活动经费。张敬尧随即潜入北平，住进东交民巷六国饭店，秘密开展起了组织伪政权的活动。此一罪恶行径被军统侦知后，戴笠即上报蒋介石。蒋介石认为，张敬尧之流与日本特务勾勾搭搭，蠢蠢欲动，将来很可能酿成大患，应立即予以制裁。戴笠奉命后，与郑介民（郑时以特务处副处长兼华北区长坐镇北平）共同研究方案，集中华北区、北平站、天津站所有力量，执行暗杀计划。1935年5月7日，经调查行踪后，戴笠派王天木、白世雄潜至六国饭店二层开房间，欲行刺张敬尧，却偶然发现张敬尧也住二层（原情报认为张住三层）。两人当机立断，连发三枪，将张敬尧击毙。

南京沦陷之后，戴笠坐镇武汉，下令各沦陷区潜伏组织要积极开展锄奸刺杀敌酋活动，亦取得了不俗的成绩。

如军统天津站暗杀了当时日本扶持的伪华北临时政府头面人物王克敏、汪时璟；“反蒋大会”会长，公开反对抗战的天津商会会长王竹林；日伪华北联合准备银行天津分行经理兼伪天津海关监督程锡庚等。苏州单位击毙了伪清乡委员会署长谢叔锐，浙西单位击毙了伪军事委员会委员兼“潮汕军”总司令黄大伟，武汉单位击毙了伪湖北省政府秘书长兼财政厅厅长张若柏、伪中央银行总裁戴秉清、伪社会局局长杨辉庭等。

不过，当时军统锄奸的重点主要还是放在了上海。因为上海沦陷较早，汉奸有恃无恐，活动十分猖狂。戴笠严令军统上海潜伏区区长周伟龙，对所有投靠日本侵略军恶迹昭彰的大汉奸坚决予以制裁。除 1938 年 9 月误杀了原北洋政府第一位国务总理、国民党元老唐绍仪外，以后的几桩暗杀对象都是货真价实的大汉奸。如伪维新政府外交部长陈篆，于 1938 年除夕被军统潜伏人员击毙在沪西愚园新村 25 号寓所；1938 年 3 月，伪维新政府军政部长周凤岐也在上海法租界被军统行动组暗杀。同年，上海的军统潜伏人员又在南京将“维新政府”海军部长任援道击伤。此后，还击毙了附逆的帮会头目张啸林、伪上海市长傅筱庵、投敌变节的伪和平建国军第十三师师长何天风、原忠义救国军第一纵队司令陈第蓉、伪特工总部电讯室主任李开峰等。

刺杀汪精卫

军统铲除的汉奸、叛逆远不止这些，在此不必一一叙述。不过军统暗杀大汉奸汪精卫、伪特工总部头子李士群的事，却不得不详细地写一写。

淞沪抗战后，日方自知与中国长期作战对己不利，便请求德国驻中国大使陶德曼出面调停、诱降。当蒋介石拒绝了日方提出的七条丧权辱国的停战条件时，日方即发表声明“不以蒋介石所领导之政府为谈判对象”。消息传开后，一向对抗战持悲观态度的汪精卫、周佛海等国民政府内部的“主和派”都非常恐慌。他们认为日本的国力比中国强很多，中国一旦战败，后果将不堪设想。在代理宣传部长周佛海、外交部亚洲司司长高崇武、艺文研究会负责人梅思平等一群“主和派”败类的暗中联络、奔走、游说下，日方决定抬出地位仅次于蒋介石的国民政府副总裁汪精卫，让他在沦陷区以外的中国某地成立一个反蒋、反共、反战的新政权，并接受日方的停战投降主张，进行所谓的“和平运动”。汪精卫一向主和，早就想脱离蒋介石，另起炉灶。他相信，只要他出山，树起旗帜，以往受蒋介石排挤的云南、四川、广东等省的实力派人物龙云等人都会出来支持他的新政权；而且，他若能以和谈的方式停止了这场战争，将来必能取代蒋介石，成为国民政府的头号领导人。1938 年 12 月 18 日，汪精卫带着老婆及亲信曾仲鸣悄悄离开重庆，前往昆明，在龙云的护送下，离境飞往越南河内。他到河内第三天，日本首相就再次发表声明，表示“将彻底击灭抗日之国民政府，与新生之政权相提携”。不久，汪精卫也发表“艳电”，响应日相的声明。汪精卫投敌的企图终于暴露了出来。尽管蒋汪两派争权夺利多年，但国民政府的副总裁出走投敌给国民政府造成的影响是相当恶劣的。蒋介石为了挽回局面，下令封锁消息。他一面派外交部长王宠惠、汪的好友陈布雷等前往河内去劝说汪回国；一面令戴笠去监视、警告汪精卫及其追随者，防止他们公开投敌；同时还不能让汪精卫抓住任何把柄，以至于公然与蒋介石决裂。这项任务无疑是相当棘手的，分寸很难把握。因为没有人会相信，汪精卫会放弃中国的第二把交椅，而甘心去当汉奸。若拿不出汪精卫投敌的确凿证据，光凭他出走河内，发表“艳电”是不足服众的。戴笠一面抽调了天津站站长陈恭澍、临澧特训班副主任余乐醒和他的贴身警卫王鲁翘等人去河内监视汪精卫及其追随者，一面令上海的潜伏人员杀掉一两个大汉奸，以达震慑的目的。伪维新政府外交部长陈箓就是在这种情势下被暗杀的。就在上海杀陈箓之际，河内方面也取得了重大突破。他们截获了一封汪精卫煽动云南省主席龙云脱离国民政府、拥护他在西南成立伪政权的密函。

原来，汪精卫到河内发表“艳电”后，实指望云南、四川、广东等拥有军队的实力派人物会出来响应，拥护他回西南成立新政权，与蒋介石抗衡。谁知，“艳电”发表了三个多月，竟无一人响应。他等不及了，故冒险给云南的龙云写了封信，进行煽动。信中，汪精卫投敌叛国之心昭然若揭，此信成了他当汉奸的铁证。戴笠获信后，即密令陈恭澍等作好行动准备；一面将信呈送给蒋介石，等待他下达对汪精卫的“制裁令”；一面从国内把枪支、弹药、匕首、斧头等武器秘密带到河内，让他们随时准备行动。陈恭澍等在河内监视汪精卫已达两个多月了，早已把汪精卫隐居的高朗街27号那三层小洋楼了解得清清楚楚。一接到准备行动的命令，就跃跃欲试地忙了起来。按余乐醒的意见，最好买通给汪精卫家送面包的人，把注入毒药的面包送进汪宅或设法把装有毒液的瓶子放入汪家的浴室。只要有人在浴室洗澡，瓶子一受热，毒气就会散发出来，让人窒息而死。可是，他们在实验时发现，毒液注入面包后会结成像黄豆大的硬块。就在他们设法把装有毒液的瓶子送进汪宅时，接到戴笠的密令，让他们立即对汪逆进行制裁。接到密令后，陈恭澍等人都非常紧张。因为河内当局规定。任何人都不得携带、使用枪支武器。否则将被捕坐牢。而且行动中万一被当地警察抓住，后果将不堪设想。可是，他们也清楚，戴笠既然下达了命令，即使去送死，也得不折不扣地执行。

前仆后继，震慑伪政权

经反复商量，他们准备于第二天，也就是 3 月 22 日午夜袭击汪宅，打死汪逆。22 日清晨，负责监视的人急急忙忙跑来报告说，汪精卫一家正在打点行李，可能要全家逃离河内。陈恭澍担心汪逆会逃到西贡再转道日本，便立即把他们自备的唯一一辆福特牌小汽车装满油，带上枪支整装待发。上午 10 点左右，监视的人打来电话说，汪逆一行乘两部黑色轿车往达莫桥方向去了。陈恭澍立即亲自开车，带六名部下追去。他们过了达莫桥不远，就看见前方几百米的空地上停着两辆黑色轿车。他们估计这就是汪逆的车，可是距离太远，根本看不清汪精卫到底坐在哪部车上；同时又担心车里有雇来的当地警察，便放慢了车速，想驶近点，等看清楚了再动手。孰料，当他们看清楚汪逆时，汽车已经冲出了几十米。他们刚要掉头时，汪逆的车已经转头向来的方向驶去了。他们掉转头再追时，汪逆的车已经驶出了 200 多米。陈恭澍加大油门，拼命猛追。可是到达达莫桥边时，由于过桥的汽车越来越多，他们被黑色汽车远远地甩在了后面。陈恭澍担心众目睽睽之下，事后无法逃离现场，便准备过了桥再动手。但黑色轿车过桥后，他们却被红灯和其他的车拦在了桥这边，失去了动手的机会。情急之下，陈恭澍决定当天晚上强闯汪宅，击毙汪逆。

1939 年 3 月 22 日午夜 11 点多钟，陈恭澍带着几名部下来到汪宅。他让枪法最好的王鲁翘和轻功最棒的唐英杰等四人入院，其他人在院外警卫，他自己开着汽车在外准备接应。唐英杰翻身越过一人多高的院墙后，准备打开院门让其他人进去，结果发现汪家院门在里面用大铜锁锁着，根本无法打开，只好让王鲁翘等搭人梯翻墙进去。这情形显然对他们撤退非常不利。四个人心里都非常紧张，但已经来了，不得不采取行动。他们用板斧砸开楼门，直奔三楼汪精卫的卧室。负责守在楼下和院内的陈邦国遇到了被砸门声惊醒的用人，情急之下举枪就射。冲在前面的王鲁翘、唐英杰等人听到枪声更慌了。他们三步并成两步奔到汪精卫的卧室门前，抬腿就踹。可是那门实在是太结实，根本踹不开。他们只好用板斧将门砸出个大窟窿，用手电往里照。王鲁翘看见一个男人光着大腿往床底下钻，以为就是汪精卫，便毫不犹豫地朝他腰部开了三枪，转身就跑。此时，远处已传来警车的嘶鸣声。唐英杰慌了，不顾一切地冲出楼门，蹿上了一人多高的院墙，准备逃命。而王鲁翘自知翻墙乏术，就紧跟其后，逼着唐英杰把他拉上去，翻墙出院，跳上了陈恭澍开着的汽车。而留在院内的陈邦国两人既找不着出去的门，又爬不上那么高的院墙，只好束手就擒；另外一名在院外望风的人也未来得及撤离，就被迅速赶来的河内警察逮捕了。

陈恭澍等以为任务已完成，非常兴奋。谁知，第二天一早才打听到，昨晚打死的不是汪精卫，而是他的亲信——秘书曾仲鸣。原来，汪精卫在那天上午被追踪后，曾仲鸣夫妇特意赶来探望，当晚留宿汪宅。汪精卫便把自己的卧室让给了他们夫妇，自己住在了隔壁的房间里，免了一死。事发后，各方反应都很激烈。河内当局派了大批警察日夜守护汪宅；日本政府立即召开“五相会议”，决定派影佐祯昭组织人员把汪精卫救出河内，并租了一艘 5500 吨的轮船，前往越南海防港口接应。一个月后，汪精卫终于在日、越两方的配合掩护下，逃离河内，去了上海。1939 年 3 月 30 日在南京成立了伪政权，自任伪政权代理主席兼行政院长。

刺汪行动的失败，令蒋介石和戴笠都气急败坏。戴笠立即派王鲁翘潜往上海继续跟踪行刺汪精卫；撤掉了余乐醒特训班副主任之职，将之发配到遵义一个小小的炼油厂；陈恭澍闲置重庆，听候处置。

1938年夏，王鲁翘因牵扯到其他案件被捕，未能完成使命。同年11月，戴笠又派军统衡阳办事处少将主任吴庚恕带部下戴静园前往南京。戴静园在南京取得了伪社会部的职务，正在准备对汪采取行动时，被其妻无意中泄密，两人被捕遇害。其后戴笠又先后派了已混入汪伪组织的陈三才、邵明贤、黄逸光、尚振声等多人去行刺汪逆。最后都因汪逆防范甚严，伪特工、警宪严密的保护，这些人均被捕。直到1944年底，汪精卫死在日本名古屋为止，军统刺杀汪精卫的行动才告终。虽然刺汪行动屡屡失败，但军统方面前仆后继的刺杀行动却给了汪逆及伪政权不小的震慑。

暗箭诛敌酋

军统特工人员在铲除汉奸的同时也刺杀袭击了许多日寇的头目。如1939年8月11日，军统广州站发展了在驻广州白云山日军海军陆战队第一一五联队近田部队做厨役的李昌德，李将准备好的毒药掺入饭菜，使日寇官兵数十人中毒，19人毙命；李昌德趁乱将硝酸倒入机枪枪管，随后逃出敌营。1941年9月17日，广州站为纪念“九一八”事变十周年，在多个地点对日寇军事机关和伪组织机关进行爆破。撤离至海珠中路时，第三组组长江志强路遇日本宪兵队，等日寇走近身边时，他即将剩余炸弹引爆，与五名日本宪兵同归于尽。

1940年12月，武汉区行动二队策划对驻蔡甸日军警备队的袭击。14日那天，副队长派了三名行动队员潜伏在警备队附近的昶记油坊，16日凌晨，伪装成商人的队员李崧荪及两名随行队员进入蔡甸街口后，将三名强行检查的日寇哨兵击毙，随即会合潜伏队员向日寇警备队队部投掷手榴弹，炸死日寇官兵八名，行动队员全身而退。当晚，行动一队赵云卿率队员何忠炳、雷玉卿也潜入了武昌八铺街日本宪兵队驻地，待日寇熄灯休息后，向寝室投掷手榴弹。日寇仓皇逃出时，遭到隐蔽于暗处的赵云卿扫射，共击毙日寇八名，队员全身撤出。1941 年 1 月 21 日，行动二队队员在汉口花楼街，用刀砍死日军少佐田梅次郎；2 月 18 日，又在汉口得胜街杀死了三名到随军妓院“鹤鸣庄”寻欢作乐的日寇军官；此后，他们还在汉口中山路新市场，向正在行进的日军小队投弹，毙敌 17 人；在汉阳显正街击毙日寇特务机关植树岩藏中佐；1941 年 4 月，在打入汉口王家墩机场的队员王经国的掩护下进入机场，烧毁油库一座，炸毁轰炸机两架。

1940 年 5 月 7 日，河南站行动一组与打入日寇内部的特工李宪斌里应外合，袭击了位于开封山货店街的日本特务机关，击毙日特机关长及川贞作、山本午、开封日本宪兵队分队长上村四郎，并击伤了日本陆军特务机关长万田。同年 12 月 19 日，行动组又在开封社下基 79 号，击毙了主持日本特务机关的日军多田部队参谋长兼伪河南绥署总顾问、陆军大佐皆川雅雄。

1940 年秋，平绥地区的军统头目马汉三指挥他的部下马景贤，在北平交道口附近枪击日本天皇特使，一死一伤。

太平洋战争爆发后，在上海的日军特务机关任特一课课长的南造云子，经常进入英、法租界，抓捕过大批抗日志士，还摧毁了军统留下的十几个联络点，诱捕了几十名军统特工人员。连丁默邨、李士群为首的汪伪特工总部，也是她一手扶植起来的。军统对她恨之入骨，多次策划暗杀行动，都因她太狡猾而未得手。直到 1942 年 4 月的一个晚上，南造云子单独驾车外出活动，被军统特工发现，终于在法租界霞飞路（今上海淮海中路）的百乐门咖啡厅附近，乘南造云子下车走向店门之际，三名军统特工手枪齐发，南造云子身中三弹，当即瘫倒在台阶上，后在被日本宪兵送往医院途中死去。这朵所谓的“帝国之花”得到了应得的下场。

沦陷区的军统特工铲除汉奸、格杀日寇的行动，虽然没有正面战场那样轰轰烈烈，但他们在严酷的斗争环境里，不顾个人安危，奋勇杀敌，在中华民族抗战史上书写了光辉的一页。

“中国黑室”催生中美合作所

作为情报机构的头子，戴笠一向都很注重情报的收集和通信设备的改进及技术人员的培训。早在抗战前，他就认为：“情报与行动之布置，皆必须有电台之配合，而后工作方能推动，否则徒耗人力与物力，而无补于事。”1933 年初，他就把以电信技术优异著称的魏大铭挖到了特务处，让他主持特务处的电信工作；并组织了多期电信训练班，培养技术人员，同时还建议国民政府成立了一所电信破译技术研究所，请留美归国的无线电专家、曾在国内首创电信破译工作的温毓庆任主任，魏大铭、毛庆祥为副主任。不过，温毓庆一向都很瞧不起他，更不愿为军统所用，不久便调到国民政府交通部任电政司长去了。研究所即由魏大铭负责。1936 年，戴笠得知，温毓庆得到美国电信专家亚德利所著《美国黑室》一书的启示，成功地破译了日本外交的密电码。他推断，既然能破译日本的外交密电码，也一定能破译日本其他方面的密电码。日后一旦对日作战，电台通信不仅是他掌控军统这个庞大机构、了解海内外情况的重要武器，同时也是破译敌人最高机密的重型武器。若能破译日本军方的密电码，必然大大地有利于我方作战。为此，他再次提出与温毓庆合作，正式成立一个对日电破译机构，却遭到了温毓庆的拒绝。全面抗战开始后，戴笠即下令中国驻美国大使馆副武官、军统局美国情报站站长肖勃，让他设法找到亚德利，不惜重金聘他来中国，做电信破译顾问并培训密码破译人员。肖勃利用工作之便，很快就找到了亚德利。

几经秘密磋商，终于以年薪一万美元的代价与亚德利签订了一年的合同。当时，亚德利不仅在美国是著名的电信专家，而且在国际上也颇具盛名。他在《美国黑室》一书中揭露了日本许多见不得人的内幕，日本人视他为眼中钉。为了亚德利的生命安全及破译工作的机密，1938 年底，在肖勃的精心安排下，亚德利装扮成皮革商人，改名换姓离开美国，在戴笠指派的专人护送下，绕道香港转达重庆。亚德利在 1939 年这一年里，就为军统培训了 200 多名破译人员，并使之掌握了日本陆军密码的破译规律。此后，在戴笠的极力挽留下，亚德利又续约了两年，帮助军统成立“中国黑室”。与此同时，戴笠以此为资本，又一次建议温毓庆与自己合作。温毓庆因为对亚德利的破译技术很崇拜，同时在交通部因人事纠纷处境艰难，便接受了戴笠的建议。1940 年初，“中国黑室”正式成立，公开名称为“军事委员会技术研究室”。由温毓庆为主任，魏大铭、毛庆祥为副主任。可是不久，温、毛闹矛盾，温毓庆便借去香港治病为由，一去不返；而亚德利也因病终止了合同，返回了美国。蒋介石便把“中国黑室”划归军统局管理。此后，“中国黑室”在破译日军情报方面取得了非常卓越的成绩。

当时，日机频繁地对重庆进行轰炸，“中国黑室”的侦空组对日本空军的行动已经了如指掌。每次日机来袭，都能及时发出预报。只可惜当时中国的高射炮射程太近，无法打落敌机。

太平洋战争爆发之前，军统破译人员破译了一份对战局极为重要的日本海军密电，了解到日方准备进攻东南亚各国，除掠取物资外，日本还打算切断越南、缅甸通往中国的运输线，断绝中国的外援。戴笠把该情报上呈后，蒋介石为了证实这一情报的可靠性，命魏大铭接通军统设在厦门的潜伏电台，令其查清厦门海面上的日舰数目及到达时间。电台接通不到一个小时，厦门方面就查清了日舰情况。证实了日军即将“南进”情报的可靠性后，蒋介石立即下令，让戴笠派干将去缅甸，督促军事委员会西南运输公司腊戍分公司抢运外援的军用物资，并将往返于滇缅公路上的1000辆军用卡车换成商业卡车牌照，同时在仰光等地布置许多秘密电台，以备缅甸被日军占领后启用。由此可见该情报是何等重要。

1941年底，“中国黑室”发现日本方面突然全部更换了电报密码，由此估计日军将有一次重大军事行动。除将情况向蒋介石报告外，还加紧了新密码的研究工作。因为他们已经掌握了日电的更改规律，很快就掌握了新密码的破译方法。不久，他们就从日本空军、海军的密电中得知，日本空军、海军正准备向太平洋地区活动，颇有袭击美国珍珠港的迹象。戴笠向蒋介石报告后，便通知美国站的肖勃，让他设法转告美国国防部，让他们注意日本空军动向。傲慢的美国人听后捧腹大笑。他们认为中国方面根本不可能了解日军动向。珍珠港被袭后，他们痛定思痛，才想起来自中国大使馆的警告。当他们得知情报来源于军统的破译机构后，即令美国驻华大使武官迪帕斯就近与戴笠接触，企图获得更多的日军情报。

珍珠港被炸后的第三天，军统重庆侦空组破译了几份从西贡起飞的日军轰炸机发回给西贡空军基地的电报。一份说：“……英海军舰正向南移，我第一批轰炸机正开始向主舰‘威尔斯亲王’号攻击，已炸中舰面……”另一份说：“英‘威尔斯亲王’号锅炉被击中，引起弹药库爆炸，逐渐沉没。英‘却敌’号亦被炸沉……”戴笠将报告上呈后，蒋介石立即让人打电话通知英国驻华使馆柯尔。柯尔一听电话，连声说道：“不可能！不可能！”英国人比美国人还要傲慢。在他们眼里，中国的破译技术微不足道，而且“威尔斯亲王”号和“却敌”号是英国最新、威力最大的两艘军舰，曾经屡立战功，被英国人称为“炸不沉”的军舰。可是第二天，柯尔从英国政府的电报中证实了中国方面提供的情报后，颇感震惊，连忙向中国军事委员会致谢。此后，才有了中美合作所和中英合作情报研究所的成立。

军统和美国海军部合作成立中美合作所后，美方带来了许多最新仪器、设备和技术，使“中国黑室”的力量更加强大，潜伏侦破小组分布到了各沦陷区以及越南、缅甸等地，所侦破的日军情报更是不计其数。许多情报让美国海军、空军提前做好了准备，在西太平洋战场和中国沿海地区痛击了日军舰艇，取得了丰硕的战果。

据美国海军部、美国十四航空队和中美合作所的统计，在中美合作所成立后的两年时间内，中方破译提供给美方较有价值的情报就达4000多件，其中一部分立即发生了效果。仅在提供给美国潜舰司令部的150多件情报中，就曾使他们顺利地击沉了日方大型军舰25艘，约20万吨，击沉的小型军舰和货运船只更是其数倍；1944年8月，美军在中美合作所提供的情报帮助下，奇袭了日军塞布基地，一举歼灭了敌机70架、兵舰11艘，成功登陆帛琉岛进入菲律宾境内；同年9月，还是在中美合作所情报的帮助下，进占了摩洛泰岛，同时袭击了马尼拉一带的日军海空基地，击毁敌机近百架、船舰16艘，并取得了制空权。10月，日军集中残余海空军，企图分两路夹击美军，被中美所桂林站侦悉，通知美军。美军即以强大的兵力分路出击使敌军首尾无法相应，将小泽治三郎所率主力击溃，同时击沉其四艘航空母舰、两艘战舰、四艘驱逐舰以及配属船只。雷伊泰岛歼灭战后，日方企图将仅有的海军第一、第二舰队重新组编，分别集中在琉球与澎湖；同时将其空军调集到台湾，利用台海有利地势，阻止美军前进。这情报分别被军统潜伏在台澎和厦门的特工人员侦悉，并通知美军。1945年1月7日，美军即调派大量空军，袭击琉球、澎湖敌军基地，一举歼灭敌方大小船舰83艘、飞机200

多架，使敌人一蹶不振。与此同时，美军第三舰队在军统分布在越南、缅甸、厦门等地情报人员的帮助下，先后在越南东海洛基地击沉敌人大型油轮九艘、护航巡洋舰一艘、驱逐舰四艘；在越南、缅甸港口，击沉了敌人军舰七艘、运输舰船三十多艘；在厦门一带击沉敌人驱逐舰三艘、运兵船四艘及油轮一艘……在军统情报人员的配合下，美空军不断出击，中国沿海地区均有日军船舰被击沉的情况，致使日军船舰减少，运输困难。

军统作为特务机构，其工作性质原本就是高度保密性，而情报和密码侦破工作又是绝密中的绝密。如若不是抗战胜利后，有关方面作了统计，公布了数据，怕是连军统内部的绝大多数人都想不到军统曾经为抗战做出过如此巨大的贡献。

王芃生，被世人遗忘的“国宝”

袁南生①

王芃生，1893 年 1 月 17 日出生于湖南醴陵县一个知识分子家庭。少年就读醴陵县立高等小学、湖南瓷业学堂。1910 年入读长沙湖南陆军小学，17 岁时加入同盟会，投身反清革命活动，参加过长沙新军起义。曾留学日本。历任驻土耳其、日本大使馆参赞，交通部次长，军事委员会国际问题研究所中将主任。民国史上的许多重大事件都有王的身影：他参与了从日本手中收回青岛的谈判；他和蒋介石一起在西安事变中被扣押；他建议、指挥修建了举世闻名的滇缅公路；他参与策划、筹备了台湾的回归。当然，他最让人们敬佩的是，在抗战时期，他领导的谍报系统对于日军何时发动七七事变、何时袭击美国珍珠港以及何时投降等，均能事前将其预测密呈蒋介石，并被历史证明是正确的。他被喻为“中国的王牌间谍”。

① 袁南生，中国驻苏里兰大使。

参与收回青岛主权

王芃生一生的外交活动甚至各种事业，均以抗日救国为目的。王年轻时就意识到对中华民族威胁和为害最大的帝国主义国家之一是日本。为了抗日，他改习日文，努力研究日本文化和政治。1916 年至 1921 年，他两次东渡日本，前往日本陆军经理学校和东京帝国大学经济学部留学。他集中大部分时间和精力研究日本和国际动态，每天精细研读日本各地报纸和政论杂志十余种，并自订“回读”之法，以加深印象和认识。他对此如此用功，以至事实上将专业课学习摆在了次要位置。他省下钱来购买所需图书和特殊资料，其中大部分为日本朝野侵略中国的秘籍确证，他本人却因营养缺乏和过度劳累而神经衰弱。最终，他依据丰富和确凿的材料，写下了《中日关系之科学研究》《台湾交涉真相秘录》等书。其间，他甚至随日军深入西伯利亚、探察日军用兵之法。

1921 年 11 月，美、中等九国在华盛顿举行会议，协调列强在太平洋地区利益，并解决山东悬案。所以中国问题是会议中心议题。王当时尚在东京留学，领悟到中国可利用此机会收回山东权益。于是，他起草了《华盛顿会议之预测与中国应有之准备（纲目）》一文，详细列举日本侵略中国、强占青岛的种种罪证，根据国际法开列日本必须归还青岛的理由，深得中国出席华盛顿会议代表团高等顾问汪大燮赞赏，并向外长颜惠庆极力推荐。王芃生被破格聘为中国代表团咨议，赴美国参与筹划会谈，由此步入外交界。

1922 年，王芃生担任著名外交家王正廷的助手，为收回被日本侵占长达 30 年的青岛及胶济铁路沿线大片领土主权，先后出任鲁案善后督办公署调查委员会调查部副部长等七项职务，他因自始至终参与收回青岛主权而功垂青史。

1924年，王芃生改任山东省长公署统计处处长兼山东统计讲习所所长，掌管全省统计工作。次年，因反对军阀张宗昌督办山东事败，避走日本。1926年回国参加了北伐战争，先后出任国民革命军第八军参谋、第三十五军参谋长、江右军总指挥部参谋长。次年，出任第四集团军江右军中将总参议兼安徽省民政厅厅长，时年仅34岁。宁汉合流后，他退出军界，从此再也没有离开过外交和对日情报工作。

1928年6月，他前往东京，敦促日本承认南京政府，并就阻止日本破坏签约和干扰中国收回关税权的阴谋，展开游说。回国后，任湖南省政府顾问。1932年，他任东北外交研究委员会委员，负责主编《外交月报》。1934年11月，出任驻土耳其使馆参赞。次年冬，转任驻日本使馆参赞。

“九一八”事变后，王芃生把苦心收集的几十箱日文书籍全部运到日内瓦，成为中国向国联控诉日本侵略最有力的资料来源。国联辩论日本侵华问题旷日持久，王日夜不停地看和写，源源不断地提供材料，累得几乎双目失明。王提供的确凿证据为中国抗战赢得了道义上的支持，有力地揭露和抨击了日本侵华罪行。

修建滇缅公路，开展“交通外交”

随着日本全面侵华战争的爆发，我东北、东南对外通道相继被切断，此时，云南作为我最重要的国际通道的地位日益显现。作为交通部次长的王芃生未雨绸缪，建议紧急修建滇缅国际公路。同时，云南主席龙云也提出这一建议。1937年10月底，王同龙云商讨滇缅公路的修建。紧接着，王专赴越南、缅甸秘密开展“交通外交”，协商开辟滇缅公路以利抗日之需。这时的他，既是次长级的政府高官，又是刚刚成立的情报机关——军事委员会国际问题研究所中将级的主任。他的交通外交之旅，不仅没有西装革履、鲜花美酒，相反，充满了危险和艰辛。云南实业家、第六届全国政协副主席缪云台当年因开发矿业，经常奔走于越南和缅甸，他这样回忆王在缅甸的艰难使命：

由于滇缅之间不通车，我启程后首先赴河内。在河内我遇见了日本问题专家王芃生先生，他与我谈到抗战问题，颇投机。他那时负有秘密使命，在东南亚安排抗日工作。他向我谈及他和几个同事需要旅行，但希望能有人为他们掩护，问能否加入我的行程。对王的要求我一口答应了。以后他们与我同车由河内到西贡，并同船经新加坡、槟榔屿到仰光，且与我同车北上滇缅边界勘察了公路地形，直到我离开仰光回国时才分手。每到一处，他们作为我的随员，自去组织他们的秘密工作，我从未询问详情。

当年11月，龙云下达修路命令。次年8月底，经20万人艰苦努力，滇缅公路提前三个月通车。英国《泰晤士报》赞美“只有中国人才能在这样短的时间内完成这样浩大的工程”。当时维持整个抗战所需要的所有物资，都依赖这条生命线运进大后方。滇缅公路使日军被迫放弃原来从正面战场迫使中国屈服的计划，改为从沿海越南、西北和缅甸封锁中国的对外通道，这使疲惫的中国军民有了喘息的机会。王芃生为滇缅公路的建成作出了独特的贡献。

准确预见华北事变和珍珠港事件

王芃生是抗战时期中国的王牌间谍，但他不搞反共情报，一生致力于抗日情报。早在1931年，他收集情报，提早几个月告诉蒋介石，日本会在1931年9月中旬发动东北事变，蒋不相信。他又北上通知张学良，张也不听，后来果然有“九一八”事变。他的情报天才由此引起了蒋的重视。

王芃生1937年3月组建了专门的对日情报机关——国际问题研究所，直属国民政府军事委员会，业务上直属蒋介石的侍从室。当时，与其平行的情报机关还有戴笠的军统和徐恩曾的中统。王是中将，比戴少将军衔高，而且他们三人只有王当选为国民党中央候补委员。美国历史学会会长魏斐德在《间谍王——戴笠与中国特工》中说：“1937年至1938年间，每个月都有徐恩曾（中统）、戴笠（军统）、海军上将杨宣诚（军事情报）、王芃生（国际研究所）和温毓庆参加的情报会议。”

蒋介石让王芃生负责对日谍战，可说是知人善任。王上任仅60天后，即5月中旬，便预测：“日军将在华北伺机制造事变”，“爆发时机当在日本陆军8月大异动之时，迟当在8月上旬，也有可能提前在7月间发动”。5月24日，王将此分析报告以“敬电”电告在南昌的蒋介石，可惜没有引起蒋的注意。卢沟桥事变印证了报告的准确性，蒋由是对王另眼相看。

抗战八年中，他广泛收集日本情报，包括派出情报人员深入敌后刺探敌情，例如，李鸿章的曾孙李家璟曾奉王之命，在敌后收集情报。与此同时，王及时追踪、剖析国际形势，对德军侵犯苏联、日本偷袭珍珠港及日本投降等重大事件，均在事先作出了准确的判断，提供了大量丰富而准确的情报。例如，在日偷袭珍珠港之前约三个星期，即1941年11月中旬，王送呈一份从日军大本营秘密获得的“日军准备发动东进和南进攻势的战斗序列”情报资料，由此可判断出日军即将对美国太平洋军事基地和东南亚地区发动进攻的意图。侍从室情报组看到这份情报后，立即用红色封套原件加签迅速密呈给蒋介石，蒋阅后立即批示：“密告美国政府。”但美对此不相信，罗斯福在珍珠港事件后因未相信此情报而追悔不已，甚至派其子来华与王长谈。

王芃生还负责最高当局交办的许多机密事情。例如：1938 年 8 月下旬，蒋介石指示第一战区司令长官总参议萧振瀛和日“兰工作”机关头子和知鹰二进行谈判。日愿谈判的国际原因是，希特勒多次电请日与中国谋和，共同对苏；国内原因则为不堪应付长期战争，拟在军事优势下，以让步取得和平。然而，1941 年之后，蒋已一意主战，对谈判已无兴趣。但是，个别日本人仍企图斡旋中日和平。1942 年 4 月，“兰工作”机关总务部长黑木清行，受孙中山生前朋友头山满和萱野长知鼓动，到重庆要求面见蒋介石，调解中日战争，扬言否则自杀。侍从室主任贺耀组和蒋的文胆陈布雷认为“不可任其自由往返，拟令扣押，密解息烽，留交王芃生讯问。如果不能利用为反间，则应拘留，不许释放”。蒋批示：“应即拘押监禁。”如此机密事交王办理，显示了蒋对王的高度信任。

建立谍报网络，光复台湾

1940 年 3 月，王芃生和朱家骅、陈立夫三人奉蒋命令，“约同日韩台在渝之革命首领会商”，筹划推动“日本台湾朝鲜的各项革命运动”。当时，国民党在台尚无组织，而在重庆的台湾革命志士人数虽多，却分属台湾独立党、台湾民族同盟、青年革命党、台湾民族革命党等，缺乏统一的组织。因此，王芃生等联手推动成立国民党台湾党部，由该党部选派人员秘密赴台开展党务活动，策动台湾人民抗日，扰乱日本大后方。1944 年春，王奉蒋之命与总政治部副部长张励生研究并拟具复台政治准备工作、组织及人事等具体收复办法呈核。4 月 17 日，成立了负责接收台湾的专门机构——国防最高委员会中央设计局台湾调查委员会，主任委员是后来成为第一任台湾行政长官的陈仪，王担任委员。

王芃生着意结纳、支持台湾爱国志士开展抗日活动。最典型的是尽量延揽连震东为代表的一批台湾爱国志士参加救国阵营。连的儿子就是国民党前主席连战。1937 年抗战爆发，连请求参军抗战，却因其台籍身份遭军方回绝。连请国民党元老张继和焦易堂为保证人，申请恢复了中国国籍。王了解到连不仅渴望台湾重新回到祖国怀抱，而且学识根底深厚，社会阅历丰富，当过新闻记者，精通日文，立即任命他担任国研所第一组主任，领少将军衔，专门从事对日谍报工作。此后，连成立台湾革命同盟会，主编《台湾民声报》，出版《台湾问题言论集》，为台湾光复作出了重要贡献。王还安排了谢南光、李万居等一批台湾抗日志士在国研所从事对日情报工作。

王芃生还在台湾和日本本土建立了情报系统。例如，台湾人蔡培火在日本军部工作，被策反后成为情报员，向王提供了不少日本军政情报。抗战胜利前夕，他受冈村宁次之托，从南京间道来重庆，在浙江被军统抓获，因怀疑是日本间谍，准备将他枪决，后由王芃生出面，证明蔡系对抗日有贡献之人，于是，蒋介石下令立即释放。日本投降后，蔡回到台湾，即受到重用。

持久抗战的呐喊者

王芃生是著名的时事评论家和政论家，先后在《大公报》《中央日报》《扫荡报》《益世报》《时事新报》《国民日报》上发表《抗战过程应有的基本认识》《不降必胜的道理》《看清日本的真相》《中国抗战对世界大战的贡献》等署名文章，坚决主张持久抗战，反对悲观论、反对投降论、同时也反对速胜论、宣传抗日必胜的道理。他的文章在当时影响很大，传诵一时。当时重庆一家出版社将他这方面的文章 32 篇，以《时局论丛》书名出版。“编选者言”说：“先生参与机密，对于敌情之判断类多准确。”“其料敌断事，持之有故，言之成理。”“八年来先生公务极忙，原少执笔时间，其发表文字多于时局迷离人心惶惑时偶一为之，以其精于料事长于修辞，每一文出大有振奋人心之作用。”“序”作者说：“抗战以来，每遇时局混沌，群言淆杂，或外论有与我不利者，则先生虽忙必振笔为文，或抽暇演讲，一本于主义国策，皆有真知灼见。故读其文章或聆其讲演者，疑难为之廓清，心身于以振奋。八年来先生参与机密，虽不主管宣传，然对于抗战宣传之贡献最大者，先生实为有力喉舌之一。”

南京失守，国民政府西迁武汉后，一些人反对继续抗战，主张与日本结城下之盟，实际上是主张投降。当时，军事学家蒋百里刚从欧洲回国，叶剑英指示地下党：“去找王芃生，请他早些往访蒋百里，一同去见蒋介石，说明只能战，不能和。他们两人在蒋介石面前有些信用，可以起作用。同时敦促他们俩给《大公报》撰文，唤醒国人，共同树立‘抗战必胜’的信心。”王接到中共意见后，立即去见蒋百里，随后，蒋百里连续发表了《日本人——一个外国人的研究》《抗战一年之前因与后果》《为国联开会警告英伦人士》《战时的基本概念》等系列文章，王自己也写了不少文章，二人互相呼应，为抗战起到了呐喊作用。

文章报国

王芃生是驰名中外的研究日本问题的权威。著有《六十年来的中国与日本》的王芸生，慨叹与其名只一字之差的王芃生为“很少见的日本通”，“国家的一个宝贝”。王芃生虽然公务极为繁忙，并且，在许多人看来，做学问，做外交，做间谍，做将军，实在很难统一，但王却著述甚多，他的《日本古史之伪造及山海经》《日本古史辨证》《盖国及倭属燕之义证》《土耳其论文集》《匈奴史之新研究》等著作仍遗飨后人。

王芃生是诗人，有诗集《小梅溪堂诗存》存世。据说，毛泽东发表

《沁园春·雪》后，蒋介石组织国民党文人仿其诗旨填词，意图超过毛作，王是第一写手。处在抗日救国的大背景下，他的诗词特点与风格，与辛弃疾、陆游颇有相似之处：悲壮、苍凉，洋溢着精忠报国的胸怀。“卅载艰贞，千般困阻，孤忠耿耿忘家。南北东西，舟车远及天涯。存韩救赵劳心计，任世人毁誉交加。矢精诚，尽瘁宗邦，暗损年华。元戎睿智勤宵旰，问苍生夜半，沐雨风斜。献替绸缪，誓屠封豕长蛇。而今酬得澄清愿。久自甘，淡饭粗茶。最堪怜，赠策无人，借箸兴嗟。”王在听到日本投降后作的这首词，宣泄了他的报国心情，也传递着一丝悲凉气氛。

维护抗日统一战线

王芃生不赞成蒋介石的“剿共”政策，拥护抗日统一战线，维护国共合作大局。抗战方兴，他一手策划郭沫若从日本回国抗日。郭是大革命时期的著名共产党人，曾任国民革命军总政治部中将副主任，因发表《试看今日之蒋介石》，公开呼吁反蒋而受通缉，不得不在日本流亡十年。1937 年 7 月 25 日，郭沫若在王芃生手下特工钱瘦铁和金祖同的帮助下，摆脱警察监视，别妇抛雏只身归国，在当年轰动全国，其背后隐藏着的秘密也格外为人关注。当时对郭的通缉令没有取消，在获得蒋介石的默认后，王芃生负责了郭回国的一系列具体工作。7 月 30 日，国民政府取消了对郭的通缉令，随后，蒋在南京接见郭，郭就任国民政府军委会政治部第三厅厅长。

王芃生与共产党人和进步人士时相过从，时有配合。最典型的是王与中共情报人员于炳然的交往。刚开始，王不知道于是共产党员和情报人员，知道后，不仅一如既往保持友谊和提供帮助，而且，后来还掩护他离开重庆。由于军统对于已越来越怀疑，1940 年 7 月，周恩来安排他撤回延安。当时，于在李济深为主任的战地党政委员会有公开职务，他设法让李派他出差，这样撤退名正言顺。王以前曾介绍于与戴笠认识，撤离前又安排于与戴见面，这有助于增加于的安全系数。王派人给于送来一信：“明天上午十时，请径去观音岩×号，与戴先生面谈。此复。”于按时去见戴，结果一切顺利，戴还请他抽烟喝茶。他随后把见戴情况告诉王，王明知故问：“怎样，不再回来了吧？”于说：“看情形，也可能在北方打游击战了。”王芃生说：“好哇，咱们定个密码吧，可能将来有通消息的一天。”他想了想，说：“‘直捣黄龙，与诸君痛饮’——用这几个字作 Key（密码）吧。”于说：“好，我已经记住了。”并说：“希望你以后常与徐仲航联系。”于撤离前把徐仲航介绍给了王，虽然没有点明，王知道徐也是地下党员，他们后来果然一直保持联系。

王芃生维护中苏在抗日基础上的战略合作，他总是在可能的情况下为苏联讲话，有时甚至讲过头话。例如，1939 年 11 月 30 日，苏联军队入侵芬兰，芬兰将 10% 的国土割让给苏联。苏芬战争期间，国民党谴责苏联对芬兰进行侵略。王在《大公报》上发表了一篇专论，力为苏联辩护。CC 派为此向蒋介石报告，蒋下手谕：“以后不准王芃生署名发表文章。”

1946 年 5 月 17 日，王芃生不幸因心脏病去世，年仅 54 岁。临终索笔写下“国研所改组事”六字，念念不忘国研所前途，然而，他去世仅四个月，国研所就被解散了，他本人后来也几乎为世人所遗忘。唯有他的墓地显示他曾经存在。王墓位于先烈廖仲恺墓左后。蒋介石派代表致祭，撰祭文并书“荩怀茂绩”以挽。墓志铭由张群撰文、吴稚晖篆额、许世英书丹。墓穴形似墨水瓶，墓标有如笔杆，象征着王芃生一生文章报国的志向。

抗战时期国民党军统平津站遭日军破坏内幕

丁伟　周进

抗日战争开始后，国民党为了大力强化统治机器以增强其统治机能，除了军事上扩军备战外，对于情报特务机构，也进行了重点发展以扩充实力。1938 年 5 月，将原在陈立夫管辖下的国民党中央执行委员会调查统计局第一处扩编为“国民党中央调查统计局”（简称“中统局”）。8 月，军事委员会调查统计局第二处升格为军统局，维持原名“军事委员会调查统计局”不变，主要任务是：搜集敌军情报，坚持敌后游击，揭露汉奸及“分歧分子”，检举奸商与走私，监督战时交通运输。副局长戴笠实际掌握军统局全权。军统局下辖 20 个区站，约 1610 人。在沦陷区，除了在北平、天津、广州、上海、南京五地设区站外，其余各地组织均为组。日本宪兵队展开了对国民党军统各地站点的反调查破坏行动。其中，比较大的就是破坏军统平津站的行动，但这一事件的牵引后果至今仍是鲜为人知。

国民党军统北平区下属北平站、奉天组、太原组、张家口组、保定组。北平区区长为马汉三，军事特派员李希孟，北平站长陈则典。行动组由重庆派来的军事特派员李希孟负责指挥，以法国天主教北堂为据点，活动结束后，立即潜伏于教会内。北平区的主要任务是：暗杀华北伪政府要人、日军高级军官，对日军实施破坏行动，侦探华北伪政府及日军情报，在沦陷地实施扰乱治安的宣传及行动，策反蒙古军叛乱，组织结成破坏山西铁路的特务队。北平区本部拥有大功率电台，北平站拥有小功率电台，他们之间也可互相联络，也可直接联系重庆军统总部。情报组拥有四台电台，设置在北平法国天主堂和保定法国系教会中。

1939 年 7 月，侵华日军北平宪兵本部特高课探知到以军统北平区区长马汉三为首的秘密活动组织情况，并判明这个组织的性质和目的。于是，日本宪兵队经过三个月的努力，向法国领事馆出示充足的证据，法国领事馆无奈同意在法领事官员现场监看的情况下，搜查军统潜在场所，结果逮捕大批军统人员，一举破坏了国民党军统北平站。马汉三因在张家口策反蒙古军李守信，幸未被捕。

被捕的军事特派员李希孟供出，他还兼有通过在北平的意大利主教塞宁（音译）与罗马墨索里尼等联系，开展对日媾和活动等任务。于是，日军宪兵本部将其送至华北方面军参谋部，来配合日军的活动（也就是叛变了）。此次行动的影响，不仅限于北平，也波及了天津。

平津沦陷后，平津一些青年救亡联合会中的学生自动组织了一个敌后武装团体“抗日锄奸团”，专门刺杀日伪头目和准备与日合作的动摇分子，并进行抗战宣传。1938 年底，国民党军统派曾澈到天津，加入“抗日锄奸团”，并利用其经验和社会关系，在团内占据主导地位，欲把“抗日锄奸团”逐步发展成为军统外围组织和实施暗杀、破坏的重要工具。1939 年 3 月，曾澈升为军统天津站站长。“抗日锄奸团”因组织炸毁伪天津市府军用库以及刺杀“中日经济提携会”会长王竹林、伪华北准备银行总经理兼天津海关监督程锡庚等一系列暗杀破坏活动，引起日伪的极大仇恨，日本宪兵队四处搜捕国民党军统以及“抗日锄奸团”成员。

1939 年 7 月 22 日，日英双方就租界治安等原则问题达成协议，签订了《有田——克莱琪协定》，日军在其占领区治安上，英国承认：“凡有阻止日军或有利日军敌人之行动与因素，日军均不得不予制止或消灭之；凡有妨害日军达到上述目的之行动，英政府均无意加以赞助。”自此，日伪特务机构更加肆无忌惮地搜查搜捕抗日人士。9 月 28 日，日本宪兵队与英法租界工部局警察同时行动，将大批潜伏于英租界的国民党地下组织人员抓获，关押于英法租界工部局警方。华北区国民党地下组织遭受了 1937 年抗战以来最大的损失。这就是在历史上有名的“九二八大搜捕”事件。

到底是何原因导致“九二八大搜捕”？究竟是谁出卖了天津国民党地下组织？国内普遍说法是天津站行动组成员裴级三，向日伪投降，把华北区的特工人事组织等一并出卖给日本人，日本宪兵根据他提供的情报在天津展开大搜捕。但是，具体过程和细节却相去甚远、真假莫辨。因此，日本外务省外交资料馆所藏 1939 年第 738 号机密函件成为重要的参考材料。该档案记载：根据在宪兵队拘留中被逮捕的“抗日锄奸团”要人王文及 26 日在意大利租界捕获的“抗日锄奸团”巨头曾澈自供，获悉潜伏在天津英法租界有力抗日分子所在地点，9 月 28 日凌晨 5 点半左右，在天津英法租界当局的同意协力下，天津日本宪兵队和英法租界警察当局共同行动，在维多利亚路 142 号的居家搜查华北人民抗日自卫委员会主任王若僖部下张某、周昆利用无线电搞抗日宣传。

另从日本外务省解密文件中也能发现告密者。据天津日本总领事馆警察署长田岛州平 1939 年 10 月 19 日给北平大使馆警务部长堀内干城和天津总领事馆武藤义雄二人的机密通函，即《宪兵队在英法租界检举抗日分子有关事宜》记载："当地宪兵队在9月28日午前5点半在天津英法租界工部局协力下，实施租界内搜查行动，检举捕获华北人民抗日自卫委员会主任王若僖——国民党天津党部主任等15名抗日分子。检举状况是在我宪兵队8月下旬检举的军统华北区要人抗日暗杀团团长王文及曾澈的自供下，我方把握了租界有力抗日分子的全貌及所在地点。在9月28日，我宪兵队的大田特高课长，于凌晨5点半率宪兵50人在预先英法工部局的同意下，共同行动，将潜伏于英法租界的国民党华北人民抗日自卫委员会主任王若僖及其多数部下抓获，关押在英法工部局。王若僖拘留在法工部局当局内，现在在审问中，大部是复兴社——蓝衣社、CC团、民先队成员。"

以上日方资料中的王文是军统天津区行动组组长兼滦榆总部直属大队大队长，曾经参加过1934年11月在天津租界刺杀抗日名将吉鸿昌将军的行动。曾澈也是军统华北区要人，"抗日锄奸团"组织负责者。通过以上日本解密史料可看到，正是由于军统组织领导者王文、曾澈的叛变，华北区国民党军政及特务等地下组织遭受致命打击。尤其是在曾澈被捕后，日宪兵队迅速行动，逮捕了大量国民党地下组织成员。若王文、曾澈如历来所说坚贞不屈、慷慨就义，仅据裴级三所提供的军统内部情况，天津军统站也不会遭受如此大的破坏。

从事特殊战斗的博士

——杨显东革命活动片段

吴德才

老科学家杨显东博士曾长期担任农业部副部长、中国科协副主席等职，他从苦难的牧童到留美的学者，从基督教徒到信仰共产主义，从爱国科学家到革命活动家的经历，使他成为一个富有传奇色彩的人物。本文记述的是他在国民党统治区，利用特殊身份支援中原突围、迎接上海解放的活动片段。

亲赴宣化店

1937 年，杨显东在美国康奈尔大学攻得博士学位后，怀着一颗赤诚的爱国之心，毅然离美回国，在周恩来、董必武指引下走上革命道路，献身于抗日救国斗争。

抗战胜利后，杨显东出任国民党行政院救济总署湖北分署副署长、代署长，负责主持湖北善后救济工作，杨显东上任不久，即派人到中原解放区去与良师益友周恩来、董必武联系。恰巧这时，董必武视察中原解放区后，从宣化店来武汉，并亲自到汉口沿江大道汇丰银行楼上——湖北分署办公室与杨显东会晤。当时，董必武对杨显东说：“杨先生，你是我党的忠实朋友。目前中原解放军处境非常艰难，国民党30万军队包围中原，严厉封锁，粮食紧张，医药缺乏，请你想办法接济！”介绍完中原的情况，董必武就告辞了。

当晚，杨显东来德明饭店看望董必武，汇报筹粮情况，要求董必武派100个“自己人”到救济分署工作。董必武说：“我们马上可以派一些人来协助你的工作，但不会有这么多，因为人来多了，会引起国民党的注意。”并告诉他中原军区马上有人来具体联系。

1946年4月9日下午，杨显东来到分署办公室，正和秘书孙慰祖商量筹粮之事，传达员送来一张便条。杨显东接过便条一看，连忙对传达员说：“王震将军来了，快请！”王震带领一名警卫员，大步登上二楼，与杨显东亲切握手寒暄。王震将救济总署的一封公函交给杨显东，杨见了公函，高兴地说：“好，有公函就好办事了。”接着，杨显东又说：“国民党怕洋人，尤其是怕美国人。这里设有联合国救济总署汉口分署，负责豫鄂两省的救济工作。我们要争取得到他们的支持，那事情就更好办了。汉口分署署长沙克洛夫和我在重庆相识，是我的好朋友。他曾对我说过，他的父亲是美共党员，他表示要在中国做几件使他父亲感到高兴的事情。我们去和他谈谈吧。”王震将军表示同意。

杨显东立即拨电话和沙克洛夫用英语对话，沙克洛夫表示欢迎他们来访。杨显东和王震等一行四人，乘吉普车来到汉口德租界安利英银行楼上与沙克洛夫会晤。沙克洛夫表示：根据联合国制定的“三不分”（即不分宗教、不分种族、不分政治党派）的救济原则，对中原解放区要一视同仁，给予救济。王震对此表示感谢，并邀请他们访问中原解放区，沙克洛夫欣然接受，并对杨说："请杨先生调动车辆，准备一些救济物资，我们一同去慰问中原难民吧！"

当晚，杨显东来德明饭店看望王震。两人亲切交谈，亲如兄弟一般。王震询问他的家庭情况，杨显东如实相告说："我出生于湖北沔阳一个贫苦农家，从小当过放牛娃……"王震听了惊讶地说："啊！原来我们都是阶级兄弟，一条藤子结的苦瓜呀！"当杨显东谈到自己的哥哥杨显青在铁路上当职员时，王震感到更惊讶："哎呀，我在粤汉铁路火车上干了几年司炉工，早就认识你的哥哥，你哥哥是个好人啊！"他们越谈越亲热了。

次日下午，王震身穿便衣，应邀来到汉口黄陂路25号杨显东家中。杨显东夫人汤汉清炒了几盘菜，请王震吃便饭。饭后，王震拿出一包碎金首饰，对杨显东说："请你们想办法兑换一些现金。"汤汉清接过后，立即与邻居银行经理周苍柏夫人商量变卖方法。很快将这包碎金首饰兑换了大量的现金，交给了王震，以解决中原军区司令部之急需。王震笑道："等全国解放了，我们要好好感谢嫂夫人啊！"从此以后，汤汉清和王震夫人也成为要好的朋友。

4月12日，杨显东以"行总"湖北分署全权代表的身份，陪同"联总"汉口分署署长沙克洛夫等人，带领满载救济物资的30辆大卡车，浩浩荡荡地向中原解放区进发了。当车队行驶至黄陂县城时，《中央日报》记者围拢来，质问道："杨先生，你们为什么运送物资支援共军，而不支援中央国军呢？"杨显东回答说："请记者先生们不要歪曲联合国救济原则，我们是救济中原难民，而不是支援什么军队，更不能支援国军打内战！"对此，记者们无言以对，只好愣着干瞪眼。待运输车队到达宣化店后，受到了李先念、郑位三、陈少敏、许子威等领导同志的热情欢迎。

宣化店是大别山区的一个小镇，四周青山环抱，竹竿河从中流过。河东是宣化店小街，中原军区司令部设在这里；河西有一所中学，早年是“湖北会馆”，这时成为接待“联总”“行总”以及国民党代表的招待所。由于白天行程艰难，一路辛苦，各方代表和新闻记者吃过晚饭就休息了。

待到夜深人静时，勤务员悄悄地来到杨显东卧室，对他说：“杨先生，我们政委请你去。”杨显东随勤务员过河与中原局书记、军区政委郑位三会晤，在座的还有王震、陈少敏、许子威、杨经曲等。杨显东和他们一一握手，亲密地交谈了两个多小时。

次日，三方代表进行会谈，杨显东提出了救济中原的方案：（一）发放一批救济粮，以工代赈，解决中原难民的生活困难；（二）援助大量医药用品，派来一批医务人员，建立一所难民医院，为中原难民治伤治病；（三）发放一批农业贷款，扶助春耕生产，使中原尽快地恢复生产。这个方案得到三方代表的一致赞同。

第三天上午，中原解放区政府在宣化店广场上召开群众大会，区政府主席许子威致欢迎词，沙克洛夫用英语发表讲话，杨显东当场翻译。沙克洛夫讲话影响很大。国民党当局虽然感到头痛，但因为他是美国人，又是“联总”在武汉的全权代表，也就无可奈何了。

大会后，王震安排杨显东和李先念会晤。李先念身穿灰色土布戎装，和他亲切握手，笑着诙谐地说：“抗战初期，我们豫鄂挺进纵队深入敌后，经济困难，是你派人送来一笔款子，少敏同志亲自交给我，起了很大的作用。现在，老蒋又举起了屠刀，首先从中原下手，调集30万大军包围我们，封锁我们，企图把我们部队全部歼灭掉。在这困难时候，又是你亲自送来一批救济物资，这叫我们怎么感谢你这个大恩人呢！”

杨显东听了李先念的肺腑之言，感到有点不好意思了，连忙自愧地说："司令员，你这样说我就感到太惭愧了！八年抗战，你们浴血奋战，出生入死，该牺牲了多少好同志！现在老蒋要发动全面内战，首先又把矛头对准你们，你们正在进行英勇顽强的战斗。我感到力不从心，只能为革命尽微绵之力，好比沧海一粟，算不了什么呀！"

"支援中原解放区，这是一场特殊的战斗，"李先念对他关心地说，"你可要注意自己的安全啊！"

"请司令员放心，我的工作不仅有国际友人的支持，而且有陈诚的红人周苍柏的支持。"

临别时，李先念和杨显东紧紧地握手，仔细地打量着杨显东，笑着问："你是哪年生的，今年多大年纪，怎么看着这样年轻？"

"司令员给我排八字了！"杨显东笑着回答说，"我是壬寅的，今年已有 44 岁了。"

"哎呀，"李先念惊讶地说，"我认为我的年纪比你大，是你的老大哥，未想到你比我大四五岁，你是我的老大哥啊！"在场的同志们都笑了。在一片真诚友好的笑声中，杨显东和李先念告别分手了。

智取千吨粮

杨显东从宣化店回武汉后，国民党特务加紧了对他的监视，连他居住的汉口黄陂路 25 号楼也进驻了一个便衣特务，严密监视他的社会活动，武汉警备司令部则不断干扰和破坏他们的运输计划。有一次，杨显东派吴显忠押运 20 多辆大卡车的面粉，车队行驶到汉口岱家山，被武汉警备司令部稽查处哨所拦卡，不准通行。后经杨显东交涉，疏通关系，始获放行，才将面粉运到了宣化店。

一天傍晚，杨显东驱车到德明饭店，又一次与李先念秘密会晤。李先念说："你们的工作做得很好，冒着最大风险，排除一切干扰，送救济物资到中原去，我代表中原解放区军民衷心地感谢你们呀!"

"我们的工作做得不好。"杨显东心情沉重地说，"国民党特务监视很严，武汉警备司令部又经常刁难，破坏了我们的运输计划，使大批救济物资难以运到宣化店!"

"你的处境我完全了解。"李先念想了想接着说，"现在敌人30万大军层层包围，严厉封锁，我们部队的困难比群众的困难更大，中原局党委特派我来向你求援，希望你想特殊的办法调运粮食去……"

杨显东听着想着，粮食关系着几万人民子弟兵的生命大事，李先念亲自来求援，说明了问题的严重性。他沉思了片刻，回答说："我亲自到上海找救济总署署长蒋廷黻谈判，争取安排一列专车直接运送粮食到中原去……"他把自己的想法和运输路线告诉李先念，李先念赞赏说："妙！这着棋走得妙，不过这是冒风险的一着棋呀!"

"敌人逼得我们走投无路，不冒风险也不行呀!"杨显东泰然地说。

"显东兄，你为革命勇于担风险，实在令人敬佩。"李先念鼓励说，"祝你工作顺利，我们等待你的好消息。"

杨显东告辞后，驱车来到分署，叫秘书给他买飞机票，准备次日飞往上海。可是，他已被国民党特务跟踪了。

夜深人静，杨显东回家休息时，一个便衣特务闯进他家，并亮出特殊身份证，以威胁的口气说："杨先生，本人奉命来保护你……"

"保护！什么意思？我不明白。"

"嘿，你怎么不明白?"特务问道，"在3月5日的鸡尾酒会上，杨先生对中共代表为什么那样热情？你与周恩来是什么关系?"

"哈哈，"杨显东坦然地笑道，"在那次鸡尾酒会上，美方代表马歇尔将军、国民党代表张治中将军，以及主持酒会的郭忏副主任，都和周恩来握手、碰杯，那他们之间是什么关系呢？那天和周恩来先生握手的、碰杯的，不知有多少知名人士，你怎么不去追查他们之间的关系呢？”特务被反问得无话可答。停了片刻，特务才问：“你为什么到德明饭店看董必武？你们是什么关系？”

“董必武是解放区善后救济委员会主任”，杨显东义正词严地回答说，“我是行总湖北分署的负责人，要救济全省的难民，包括中原难民在内，难道中原难民不是我国同胞吗？我和董先生交谈救济工作情况，这有什么不对呢？”

特务又气势汹汹地问：“你今天为什么去看李先念？为什么送一部电台给他？”

“造谣可耻！”杨显东气愤地说，“谁说我送电台给他们了？纯属造谣！”

“你真的没有送电台给他们吗？”

“没有。”

“请杨先生不要耍赖！”特务讹诈说，“你的小车司机是我们的人，他已向我们报告了。”

“哈哈……”杨显东笑特务愚蠢而又自作聪明，因为小车司机是我党地下党员，而特务这样诈唬反而暴露了他们敲诈勒索的企图。

次日清晨，杨显东和周苍柏商量对策，周苍柏说：“这个家伙是来找麻烦敲竹杠的，你们就打发他一下吧。”杨显东对总务主任交代说：“你们想办法开销一下，免得特务像毒蛇一样缠得我不得脱身！”这天，有两个家伙又来到分署门前监视杨显东的活动，总务主任请他们到餐馆吃了一顿，又一人打发了一笔钱，说：“你们在这里辛苦了，给几个钱你们抽烟吧。”那两个特务遂睁只眼闭只眼让杨显东乘飞机到上海去了。不然，特务很可能跟踪到上海去，那杨显东就不好办事了。

杨显东飞抵上海，立即到行政院救济总署办公厅，向总署署长蒋廷黻面谈湖北救济工作情况。蒋廷黻见了他，惊讶地说："杨先生，你怎么亲自来了，有什么事情发个电报就行了。"

"不不"，杨显东说，"这件事情关系重大，关系到我国军能否争得中原民心的大事！你下命令要救济中原难民，说这是行政院长孙科要办的事情。可是我们湖北分署的卡车很少，运输力量很小，近来春雨连绵，公路很不好走，运粮任务难以完成，特来向蒋总署长当面请示汇报。"

"杨先生太客气了，请示我干什么？"蒋廷黻笑着说，"你是留美学者，可和联总代表沙克洛夫商量，尊重他的意见，该怎么办就怎么办嘛。"

"我这次来总署当面请示，也是沙署长的意见。"杨显东不得不亮出这张"王牌"说，"我陪同沙署长到中原去慰问难民，那里的老百姓真苦呀！中原战祸严重，田地荒芜，农业歉收，敌人战火的破坏加之共党政策的影响，使老百姓处于水深火热之中。我陪同沙署长和其他国际友人，在中原目睹老百姓黄皮寡瘦，连树皮和草根都吃光了，饿死了很多人。山有冻骨，路有饿殍，死了很多小孩和老人，真是惨不忍睹呀！国际友人对我说，你要赶快想办法运送粮食来救济中原难民呀！况且国军都已开赴那里，即将光复中原，只有赈济难民，才能争得民心……"

蒋廷黻听他讲得合情合理，有根有据，连连点头说："是呀，是要救济中原难民！不过，既然杨先生和沙署长在武汉都没有好办法，来请示我有何办法呢？"

"天无绝人之路，"杨显东想了想说，"办法倒是有，不知总署意见如何？"

"有什么好办法？"

“我来上海有位朋友建议”，杨显东若有所思地说，“最好是从上海直接调拨一列专车，走陇海线到徐州，由徐州到郑州，由郑州转平汉线出武胜关……”

“这个办法可以”，蒋廷黻以肯定的语气说，“你要多少粮食呢?”

“请总署先调拨1000吨面粉……”

蒋廷黻把电铃一按，勤务员马上就来了。他命令说：“快通知储运厅长来吧。”不一会儿，储运厅长来了。蒋廷黻又以命令的口气说：“杨先生亲自来求援，救济湖北难民，你立即调运1000吨面粉……”杨显东在上海很快就把事情办妥了。

蒋廷黻挽留他在上海休息几天，他婉言回谢了。杨显东立即乘飞机返回武汉，派专人到宣化店通知王震。王震立即派吴显忠（分署驻宣化店办事处主任）到杨家寨车站接货，并组织人力、车辆成立了突击运粮队，指定娄光琦、余益庵负责运输工作。

这天傍晚，一列满载面粉和其他救济物资的火车，到达了距宣化店约40华里的京汉线杨家寨车站。这是一个小车站，第一次运来这么多面粉，不能不引起国民党部队的注意。为了争卸货时间，尽快把1000吨面粉运到宣化店，使国民党部队发现了也措手不及，吴显忠立即找当地搬运工人卸货。工友们知道是救济中原难民的面粉，都争先恐后地扛面粉包，每人一肩扛两三包。工友们连夜奋战，很快将1000吨面粉卸下车厢，堆在货棚里。天蒙蒙亮，娄光琦、余益庵带来了由战士化装为老百姓组成的突击运粮队，开始了紧张的战斗。

在从杨家寨到宣化店的大路上，成群结队的战士和农民抢运面粉，有的肩挑，有的用小车推，有的用马车、牛车拖，秩序井然，转运迅速，形成了一支浩浩荡荡的运粮大军。等到国民党部队发现时，这1000吨面粉已经越过二郎店，全部运到宣化店了。

面粉运到宣化店后，边区政府采取“以工代赈”的办法，不论军民，谁修路、修桥、搞农田水利建设，就发给谁粮食。这样一来，中原军民的生活困难就解决了。边区老百姓知道部队处于敌人的重重包围之中，困难更大，军队既要支援春耕生产，又要与敌人战斗，遂主动支援子弟兵，让部队备足粮食，巧妙地牵制了30万国民党部队。

营救伤病员

1946年6月底，中原人民解放军分路突破了国民党30万部队的重重包围，转战于大别山、伏牛山、武当山和秦岭之间，打乱了敌人的作战部署，牵制了国民党的大量兵力，使之不能在原定时间里转向我华北、华中和西北解放区进攻。

中原部队突围前夕，吴显忠、李实来到武汉，向湖北分署代署长杨显东汇报宣化店办事处工作情况，并转告李先念、郑位三、王震等的意见：宣化店有100多伤病员，这些同志都是革命的功臣，党的好儿女，部队要突围了，没有办法带他们走，也没有办法安置他们，请杨先生营救他们脱险……

杨显东立即和美国朋友密爱华博士商量，对他说：“密爱华大夫，你是救死扶伤的国际主义战士，抗战期间，你一直在华工作，为抗战的伤病员服务。兰田救济医院是你创办的，那些伤病员和你有感情，都说你和他们的父亲一样好，非常疼爱他们。现在中原部队已突围转移了，国军占领了解放区，要求我们本着人道主义精神，营救这些伤病员脱险。”

密爱华大夫欣然同意了，并要立即随吴显忠等到宣化店去。杨显东说：“今天太晚了，明天我派专车送你们去吧。”

救济医院所在地兰田湾，是一个偏僻的山村。我军突围两天后，国民党部队才到这里。国民党部队某团派了一个排进驻医院，对医务人员和伤病员进行搜查时，发现两支步枪和几枚手榴弹，遂气势汹汹地说："这是新四军的医院，伤病员都是共军，不准乱动……"随后，该团团长来医院集合医务人员和伤病员"训话"，诬蔑共产党新四军破坏停战协定，挑起内战。他还假惺惺地对伤病员表示"慰问"，胁迫基本恢复健康的伤病员到他们部队去当兵。面对敌人软硬兼施的伎俩，大家都做好了对敌斗争的思想准备。

正当这时，密爱华和吴显忠以分署特派专员的身份来到兰田医院。他们目睹国民党部队官兵川流不息地到医院来强行索药，胡作非为，虐待伤病员，密爱华发火了："你们胡作非为，有没有一点人道主义精神?"密爱华向该团团长递交了一张名片，请他来医院会谈。密爱华向团长严正指出：美国对中国有直接的军事和经济援助，而救济物资是联合国援助的，专为救济中国难民，"贵军"为什么拦截救济物资？为什么破坏救济工作？难道这儿的难民不是中国人吗？这所救济医院是我们创办的，你们部队为什么进驻医院干扰？这位团长被质问得丑态百出，顾不得拭他脸上的汗水，结结巴巴地说："拦截救济物资绝非鄙团所为……"对其他几个问题，在事实面前他不得不承认"对部属管教不严"，并保证不会再发生有碍于救济工作的事情。最后，密爱华要求把进驻医院的部队撤走，该团长当场命令把哨兵撤走了。

为了尽快地掩护伤病员脱险，杨显东又派美国朋友甘乃大女士去营救。甘乃大是个 40 多岁的老处女，思想进步，同情中国共产党，人称她"甘大姐"。杨显东对她说：中原解放军已经突围了，有一批伤病员留在兰田医院，虽有密爱华大夫在那里照顾，但在那里绝非长远之计，请你去和密爱华大夫商量，想办法营救脱险。甘乃大坚决而又愉快地接受了任务。她说："救死扶伤，是我应尽的神圣职责。宣化店这班朋友，从领导到所有的工作人员，特别是那些年轻的伤病员，我很疼爱他们，钦佩他们，从他们的身上我看到了中华民族的希望。”

次日，杨显东派吉普车送甘乃大到宣化店。宣化店办事处派人陪同她步行到兰田医院。由于有密爱华、甘乃大的鼎力支持，排除了国民党驻军的干扰，使遣散和转移工作都做得比较顺利。在救济分署拿护照的遣散人员中，有不少同志是领导干部，救济分署对他们以工作人员的身份，发给分署的护照、路费和生活费，使他们在国统区畅通无阻。他们从宣化店出发，经广水乘火车至安阳，换乘汽车、马车到达晋冀鲁豫中央分局所在地邯郸市，回到了党组织的怀抱，投入了解放战争。

遣散工作结束后，甘乃大、密爱华带领20多名重伤病员，从国民党部队的包围中连夜转移到武汉，送进分署办的武汉医院就医。国民党武汉行辕公署曾两次下命令，要分署把这批伤病员交给武汉行辕公署。杨显东和甘乃大、密爱华等一同表示抗议，与其论理，拒不交人，终于使这批重伤病员在治愈后，分别转移，全部脱险。

正当中原解放军分路突围，转战于大别山、伏牛山、武当山和秦岭之间时，武汉行辕公署下令湖北分署，紧急征用大卡车300辆，妄图用之运兵追击解放军。杨显东接此命令后，心急如焚，又气又恨，但并不敢声张，因为已有几个特务分子进入分署监视他的活动。杨显东思之再三，急中生智，拿着武汉行辕公署的命令，立即过江到湖北省政府，直接找到省主席万耀煌。

杨显东一进门，万耀煌就惊讶地问：“你怎么来了？怎么回事？”

“我有急事，特来报告”，杨显东说，“武汉行辕公署程潜主任下命令，要征用我署所有的大卡车，运送部队去追击突围的共军，这是关系到国际关系的大事，我不能做主处理，特来请示万主席！”杨显东将命令递给万耀煌，理直气壮地说：“我救济分署的车辆都是联合国拨给的，是用于运送救济物资救济难民的，绝不能运送部队去打内战。如果强行征用，势必引起国际友人不满；如果联总代表沙克洛夫等人公开表示抗议，那就会引起联合国对政府不满，直接影响湖北乃至全国的救济工作。请万主席考虑这个问题的严重性。”

万耀煌听了觉得有理，连连点头说：“杨先生，你说得对！我们马上去找程潜将军说明情况，要求他收回征用命令。”杨显东和万耀煌一同乘专轮过江。在火轮上，杨显东建议说：“万主席，这件事情关系重大，请你去和程潜主任个别面谈，我们等候你的回音。”上岸后，万耀煌驱小车到武汉行辕公署，找程潜面谈此事，杨显东在分署办公室等候。

约一个小时后，万耀煌驱小车来到分署门前，对传达室说：“快请杨署长下来，我在大门口等他。”杨显东急忙下楼来，万耀煌坐在小轿车里，笑着对他说：“程潜主任同意收回命令，不征用你们救济分署的卡车，希望杨先生与美国朋友亲密合作，尽快做好湖北救济工作。”

“感谢万主席支持我们的工作。”杨显东高兴地说，“我一定遵照万主席指示办事，与美国朋友亲密合作，争取把湖北救济工作做得更好。”

万耀煌驱车走了，杨显东欣然笑了。他觉得这是一场特殊的战斗。他在国民党上层人物之间，利用特殊关系，斗智斗勇，终于使国民党部队的这一阴谋破产了。

迎接上海解放

1947 年底，国民党特务和省政府建设厅一个处长相勾结，捏造莫须有的罪名，利用反动小报、晚报大造舆论，诬蔑杨显东是最大的贪污犯，贪污小麦 2000 吨，并起诉到湖北高级法院要依法惩办杨显东。同时，几个反动的省政府委员也在会上提议，说杨显东是中共地下特别党员，要求省主席万耀煌下令逮捕杨显东。由于美国朋友沙克洛夫、密爱华、甘乃大和在武汉的民主进步人士张难先等人坚决反对，迫使救济总署派专人来配合法院调查此案，结果真相大白。原来那2000吨小麦已运到沙市面粉厂加工，采取以工代赈办法，发放给江汉平原的难民了。真相大白后，法院才宣布杨显东无罪。有个好心的省政府委员告诉他说："你快离开武汉吧！特务什么坏事都干得出来，很可能要下你的毒手！"这样，杨显东才怀着满腔的仇恨和愤怒，被迫离开武汉，只身潜往上海去了。

杨显东一到上海，就与地下党负责人张执一等取得了联系。1948年初，国民党为了适应全面内战的需要，决定在上海成立粮食紧急购储会，主要任务是储粮备战，解决北平、天津、上海、南京、广州五大城市的粮食问题。杨显东知道这个情报后，决定利用朋友关系进入粮储会工作。他和张执一商量，得到地下党的大力支持。粮储会的负责人杨卓庵，以前曾任过哈尔滨市长、重庆市长等职，现任国民党政府财政部次长。杨显东在重庆工作时，曾和他有点头之交。杨显东的留美同学马博安和杨卓庵是好朋友，杨遂请他去引荐。于是，马博安立即陪同杨显东到杨卓庵家中面谈。马博安介绍了杨显东留美博士的身份，杨卓庵高兴地说："我们正需要杨先生这样的人才来粮储会当擎天柱啊！"杨卓庵立即聘任他为"特别顾问"协助主持粮储会的全面工作。

为了尽快打开工作局面，杨显东又引荐孙慰祖、陈风等五人进粮储会工作。由于这五人都是地下党员和进步人士，成为杨显东在粮储会的得力助手，工作开展得很顺利。首先是着手整理经济情报资料，既提供给地下党组织，又及时报给美国经济合作总署，使美国经济合作总署感到很满意。恰巧这时，杨显东在重庆就相识的威廉斯·麦克将来到上海，就任美经合作总署中国分署副署长。通过他的介绍，又结识了署长亚威德，见面后也谈得很投机。不久，国民党行政院长翁文灏来上海检查粮储工作。杨显东和杨卓庵一同向翁汇报粮食储购情况和向美国进口粮食的方案。翁文灏听了很满意，希望他们两人好好合作，搞好紧急粮储工作。从此，一批批粮食不断地从美国运进了上海港，解决了上海市700万人口的粮食供应问题，使杨卓庵感到非常高兴，紧紧地握着杨显东的手，激动地说："你是我最忠实的朋友，也是我最可信赖的特别顾问，今后粮储会的工作主要依靠你去领导啊！"

1949年初，解放战争形势发展很快，国民党部队溃不成军，上海的局势也空前紧张。蒋介石来上海视察，命令汤恩伯部"誓与共军决一死战，保卫大上海，要把大上海作为来日全面反攻的桥头堡"。为了备战，上海成立了以市长陈良为首的粮食委员会，并决定从美国进口2万吨大米，由粮储会经办此事。杨显东以特殊的身份，得到了他们的信任，作为粮储会的全权代表，参加了粮食委员会，并负责与美经合作总署代表亚威德·麦克联系，签订从美国进口2万吨大米的合同。

正当满载大米的三艘远洋货轮从美国起航之际，人民解放军百万雄师强渡长江，蒋介石苦心经营三个半月的长江防线彻底崩溃了。4月23日，作为国民党政府首都的金陵古城终于解放了。在不到一个月的时间内，人民解放军像两把尖刀，插进了浦东和吴淞口，眼看汤恩伯的几十万部队将成为瓮中之鳖。

就在国民党部队准备仓皇撤逃，上海粮食最紧张、民心最恐慌之际，粮储会从美国进口的2万吨大米运到了吴淞口。当时国民党早知上海是保不住的，欲命令这三艘货轮开往广州，以免粮食落入共军之手。杨显东立即和杨卓庵商量此事，他说："我们要对得起上海700万市民，绝不能让粮食运走呀！"杨卓庵表示赞同："我去找汤恩伯面谈，你去和美国代表商量，力争得到美国朋友的支持，那事情就好办了。"

杨显东来到美经合作总署中国分署与亚威德会晤，开门见山地说：“亚威德先生，我们是经济合作的忠实朋友，现在从贵国进口的2万吨大米已经到了吴淞口，上海市民无不欢欣鼓舞，说这是雪中送炭，是中美两国人民的友谊之粮。可是，国民党部队不管上海市民的死活，要命令这三艘货轮开走，这不明明是破坏我们的经济合作吗？”

“谁命令要开走？是汤恩伯那个草包司令吗？”亚威德气愤地说，“走，我们到吴淞口看看吧。”于是，杨显东和亚威德立即乘小车来到吴淞口，亚威德乘小艇上远洋货轮，对船长说：“我们要遵守经济合作的合同，这是上海粮储会从我国进口的大米，务必迅速进港起货。”船长说：“国民党海军炮舰无理阻止货轮进港，迫使我们停泊在吴淞口。”

“岂有此理！”亚威德气愤地说。随后，杨显东和亚威德又立即驱车来到警备司令部，恰巧在门口见到了杨卓庵。杨卓庵告诉他们说：“我和汤恩伯面谈了，汤恩伯正犹豫不决，请亚威德先生和他去面谈吧。”

杨显东陪同亚威德走进了司令部。此时，汤恩伯正心慌意乱，在司令部焦急不安地来回踱步。亚威德说：“司令阁下，听说贵军尚未和共军交战，就要放弃上海撤逃呀！”

“谁说的？造谣煽动军心！”汤恩伯在美国代表面前当然不会承认自己准备当逃兵，他强作笑脸，咬牙切齿地说：“我们要与共军决一死战。市内的国际饭店、汇丰银行、海关大楼等32处大建筑，都是我们的核心工事。即使是共军进入上海，也要让他们没有立足之地。”

“既然如此”，杨显东说，“为了保卫大上海，我们粮储会从美国进口的2万吨大米，三艘远洋货轮已到了吴淞口，为什么不让进港起货呢？”这样一质问使汤恩伯愣住了。汤恩伯迟疑了片刻，说：“刚才杨卓庵先生来和我面谈了，我立刻命令海军舰队速放货轮进港。”

当天下午，满载大米的三艘远洋货轮缓缓地驶进了上海港，靠拢了码头。为了争取时间迅速卸货，杨显东指定孙慰祖、张仲伟等以联络员的身份，负责与淞沪警备司令部、交通运输部门联系，组织了500辆大卡车，制作了500余条红布袖章，盖上警备司令部大印，作为紧急通行证。但大米卸到哪里？这又是一个颇费脑筋的问题。如卸到国民党部队军用仓库，部队撤逃时，会把粮食抢运走，如卸到资本家的仓库，打起仗来，资本家控制这么多大米，就可乘机大发战乱之财。怎么办呢？杨显东几经考虑，才决定租用上海跑马厅做临时存粮仓库。当时跑马厅属于英国租界，地处上海市中心。在众目睽睽之下，把大量的粮食存放在上海市民的眼皮底下，以便发动群众护粮。一切准备工作就绪后，杨显东遂亲临码头督战。

当杨显东和地下党组织负责人张执一会面时，张执一风趣地笑着说："博士先生，你真是神通广大，居然当上了警备司令部的指挥官，指挥着这场特殊的战斗，为迎接上海解放准备了最好的礼物啊！"

1949年5月27日，胜利的曙光照亮了整个上海滩，上海市解放了！巨幅标语从国际饭店屋顶垂下来，一幅幅标语横跨南京路。杨显东和杨卓庵带领粮储会的全体职工为迎接上海解放而忙碌着。当时粮储会在百老汇大厦办公，同样从大楼顶上悬挂着巨幅标语："热烈欢迎中国人民解放军解放上海！"当人民解放军从百老汇大厦门前通过的时候，他们放响了万字头的鞭炮，热烈地欢呼起来……

潜伏背后的情报战

——记中共和民革在隐蔽战线的一次成功合作

郭相彦[①]

61 年前，新中国诞生之际，中共和民革在上海的地下组织共同谱写了一曲促进新中国成立的壮丽乐章。它展现了隐蔽战线环境之险恶、工作之艰苦，也反映出中国共产党和民主党派肝胆相照、同舟共济的袍泽情谊。我们在享受改革开放的成果之余，应该记着这些革命者的真实姓名。

郭汝瑰受命潜伏　特派员密递情报

中国人民解放军在取得辽沈、淮海、平津三大战役决定性胜利后，蒋介石几百万精锐嫡系丧失殆尽，长江以北广大地区完全得以解放。身为国防部作战厅厅长的郭汝瑰接到了中共党组织新的指示：“党组认为，解放军渡江及扫平江南不会遇到特别的抵抗。但是蒋介石最后必然妄图

① 郭相彦，系郭汝瑰将军侄子。

巩固西南，西南必有一场恶战，你应争取带部队到西南，到时设法起义，瓦解敌军，影响作战进程。”按照党的指示，几经周折，辞去厅长职务，郭汝瑰才如愿地被委为七十二军军长。随着国防部由南京迁往上海，七十二军军部也搬到上海四川北路的一座小学校里，郭汝瑰和以华山路川盐银行办事处主任身份为掩护的中共情报员任廉儒联系更方便了。

在上海北京路上美齐电影院的对面，有座很有名气的川菜馆“凯歌归”，老板和经理都是四川人，一个是黄埔一期生李岳阳，一个是原上海新城区警察局长何培荣。因此，上海的军政委要员多宴请于此。郭汝瑰和他的参谋长许亚英（军统成员）也是这个军统情报站的常客。李岳阳每次见到郭汝瑰，总向这位老乡、同学开玩笑：“你们在前方戡乱杀敌，我在这里杀鸡杀鸭，专候凯旋光临。”觥筹交错之中，郭汝瑰将一个小包递在一副大亨派头的任廉儒手里。任廉儒知道包里有比生命还要宝贵百倍的东西，包括江防计划、江南作战计划，以及太原、武汉、陕甘和西南地区国民党兵力配备的详细资料等九种国民党的国防部绝密文件。

任廉儒离开“凯歌归”后，立即驱车前往徐汇区斜土路上一座幽静的小洋楼，去会见工矿银行上海分行副经理梁佐华。工矿银行总行设在重庆道门口，陈立夫任董事长兼第一常务理事。凭着陈立夫的金字招牌，梁佐华和另一名地下党员、工矿银行常务理事鲁自诚乘着陈立夫崭新的“卡迪拉克”座车穿梭于十里洋场，传送党的绝密文件，接送来往于上海和解放区的干部。

任廉儒和梁佐华都是大革命时期的老党员，接受中共川康特委书记罗世文同志的领导。1931 年，两人同时被关进了刘湘开设的“反省院”，坐过五年牢，又一起冒险偷运红色书籍进监狱，组织狱友学习革命理论，并谋划出狱后如何寻找党组织。1935 年，同时刑满出狱。当时正值党的第三次“左”倾路线失败，党的白区组织损失殆尽，为了寻找党组织，任廉儒密赴延安，梁佐华继续留在白区。任廉儒在“抗大”毕业，恢复了党籍，奉派回四川，先后以天主教机关报《益世报》经理和川盐银行上海办事处主任等公开身份为掩护，继续和梁佐华合作，长期与郭汝瑰保持联系，为党获取了大量有价值的军事情报。

现在，任廉儒和梁佐华的共同使命，就是把郭汝瑰提供的绝密情报，以最迅速最稳妥的方式交给党的有关负责人。然而，此时任廉儒的直接联系人陈家康同志已经离开上海，梁佐华的领导鲁自诚又去了重庆。如此绝密的文件，必须尽快交出，机不可失，又要安全直接，不得冒险传递。若出事，后果不堪设想。二人经过再三郑重考虑，决定交给民革中央军委特派员王葆真，由他直接交给“周公馆”的联系人（任廉儒、梁佐华系中共、民革双重身份）。

王葆真，字卓山，1880 年生于河北省深泽县一个清贫的医药世家。自幼勤奋好学，就读保定西关农务学堂，每试第一，直隶省选公费保送日本东京经纬学堂，不久转入早稻田大学学习政治、经济、外史等。1905 年，孙中山先生在东京组建同盟会，矢志革命的王葆真成为第一批同盟会员，中国国民党元老。辛亥革命时期，是滦州起义的领导人；袁世凯称帝时，是倒袁护法、维护共和的中坚；北洋政府时期，是曹锟贿选的揭批者；大革命时期坚决拥护孙中山的三大政策。1948 年 1 月 1 日，中国国民党革命委员会在香港成立，王葆真被选为中央常委。抗日战争中就和朱德总司令、周恩来副主席建立了深厚的友谊，时任民革中央军事特派员的王葆真和我党上海的情报组织联系密切。

王葆真老人应约来到上海华山路川盐银行上海办事处楼上任廉儒家中。三人商量决定：当前情况特殊，危机四伏，一旦出现紧急情况，应采取“毁件保人”的断然措施，以切断敌人追查线索；要绝对保证郭汝瑰的生命安全，即使文件毁了，他们三人都牺牲了，只要郭汝瑰还在，就能保住一个特殊的情报来源，而且保证了他能率领七十二军在西南起义，打破蒋介石“凭剑阁之险，天府之富，立足西南，再图中原”的美梦。

年过古稀的王葆真老人态度十分坚决地说：“郭汝瑰把性命都交给了我们，我这把老骨头不要了，也要保证郭汝瑰的安全，也要对得起共产党。”王葆真立即让民革秘书组长吴荣利用他上海财政局秘书的身份，把文件锁进了财政局的保险柜，然后又将文件转移到新闸路民革和党之间的一个秘密联络点，等待党组织派人来取。正在此时，出了意外。

地下组织遭破坏　王葆真舍命保机密

既是民革党员又是中共地下党员的宪兵少尉吴士文住在大光新村2号。一天，南京地下民革负责人孟士衡到吴士文家中开会，被邻居、首都卫戍司令部稽查员秦范五发现。而孟士衡丝毫未察觉自己已被跟踪，南京民革地下组织遭到破坏，主要负责人孟士衡等多人被捕。之前，孟士衡曾拟订了“京沪暴动方案”到上海请示王葆真批准，于是王葆真被盯梢。任廉儒、梁佐华、郭汝瑰及这批绝密材料也处于危险之中。紧接着，上海民革临时工会委员张克强、许志远、万行浩等又遭逮捕。为商量紧急应变办法，五个常委定于2月22日中午12时在上海湖南路261号王葆真寓所开紧急会议。王葆真、许卜五、林涤非、梁佐华四人准时到会，唯独缺少历来准时的吴荣。根据地下工作的经验，约会不到，必然出了问题。王葆真是位有丰富斗争经验的领导人，立即做出了全部撤离的决定。王葆真手提保温瓶到附近老虎灶上灌开水，神态自若地离开。梁佐华脱掉西服换上一领半旧的蓝布衫，扮作佣工，夹一卷报纸，还故意在路边香烟摊上买了两支烟，见无人注意才匆匆赶回斜土路。最后走的是林涤非和许卜五，同样顺利地走了出去。此时四人还不知道吴荣前一天晚上就被捕了，任凭敌人严刑逼供，他都没有泄露次日的开会时间和地点，直至上海解放，吴荣在狱中未向敌人吐露过党的任何机密。

王葆真和他的助手许卜五急急忙忙赶到新闸路的秘密联络点，紧急焚烧还未来得及交给“周公馆”的绝密文件，一边烧、一边将一部分撕成碎片冲进下水道。此时，门外的呼喊声、砸门声已响成一片。王葆真刚刚把最后一页来不及处理的文件塞进嘴里嚼烂吞进肚里，荷枪实弹的军警已冲进了他的房间。老人长长地舒了口气，泰然肃立，从容就捕。在上海被捕的还有林涤非、许卜五、王履和、沈士荣等十多人，民革上海临时工委的16个委员中有8人被捕。

1949年3月3日，上海《中央日报》以及其他大小报刊均以头版头条刊出一则爆炸性新闻：“京沪阴谋暴动主犯王葆真在沪就逮，同案犯吴荣捕获，余党正在追缉中。”王葆真的被捕，可能给组织造成重大损失，使很多同志的生命受到威胁，同时也给解放大西南的胜利进军带来严重的阻碍。然而，老人凭着强烈的正义感和大无畏的牺牲精神，硬是用瘦弱的躯体，牢牢地为战友和同志挡住了地狱之门。他被当作死囚监禁在淞沪警备司令部的大牢之中，受过酷刑，被打得遍体鳞伤，但坚贞不屈的古稀老人绝口不提郭汝瑰，切断了敌人的追查线索，保障了郭汝瑰的安全。老人在狱中写下了气吞山河、光照日月的正气之歌三首回答敌人的严刑逼供。其一：“临难不苟免，舍身贵取义。闻道夕可死，横刀何足惧。”其二：“精神早破生死关，黑牢何能镇卓山（王葆真字卓山）。心似日月明皎皎，清风流照满人间。”其三：“愿为人民受苦难，愿为众生入地狱。无名英雄塚上树，护风护雨护忠骨。”蒋介石读到这些诗后，气得暴跳如雷，决定判处王葆真死刑。因他是辛亥老人，南京国民党元老为他讲情，民革中央主席李济深亲笔给李宗仁代总统写信为其说项，经多方营救得免予立即执行。5 月 27 日，上海解放，这位老人才由民革沪宁区临时工作委员会负责人陈铭枢从死囚牢中接出送上海永川医院治疗。

孟士衡、吴士文、肖俭奎等于 5 月 9 日被害于上海闸北公园。孟士衡是民革成员，吴士文、肖俭奎是参加民革工作的共产党员。就在京沪地区各大小报刊，竞相报道“破获京沪暴动案”消息，街头巷尾军警密布、茶余饭后民众议论纷纷之时，虎口脱险的梁佐华和任廉儒搭上了英国怡和洋行由上海开往香港的“湖南号”客轮。

郭汝瑰成功起义　蒋介石计划落空

经民革中央联系，中共中央华南局负责人潘汉年派当年刺杀汪精卫的张建良，向任廉儒和梁佐华传达了中共的指示：“国民党政权正在土崩瓦解，但现在仍盘踞着大半个中国，当前我们应加强策反国民党军队起义的工作，以配合解放军的正面作战。西南是蒋介石负隅顽抗的基地，估计会有一场恶战，帮助郭汝瑰将军率七十二军起义成功，意义重大，必须尽力。”

任廉儒、梁佐华得到指示后，分头进行帮助七十二军起义的工作。任廉儒以给重庆天主教区送去一万美金的活动经费为名，带着电台、密码和华南局给郭汝瑰的指示乘飞机抵达重庆。梁佐华前往已解放的上海，和即将进军西南的第二野战军取得联系，以保起义工作万无一失。

1949 年 12 月 10 日，郭汝瑰在四川宜宾宣布了《起义告官兵书》，向全国发出了起义通电，并通令所管辖的泸州、宜宾、乐山、资中、自贡四个专区、一个市的 33 个县同时起义，使成都失去了最后一道屏障，粉碎了蒋介石“川西决战”的美梦。

解放军十八军军长张国华、政委谭冠山率部进入宜宾城，召开了欢迎起义大会。郭汝瑰拨一个炮兵营及若干枪支弹药、军需物资支持十八军挺进成都。南北两线解放军抵达新津、简阳、邛崃等地，完成了对成都的包围。撤退中的宋希濂部因未进入宜宾城，绕道岷江、清水溪还未到达西昌，于12月19日被通过郭汝瑰防区抄近路追击的解放军全歼于大渡河边的金口河，宋希濂本人被捕，使蒋介石将精锐部队退至西康，利用那里的崇山峻岭与解放军周旋的计划也完全落空。

40年后，台湾出版的《百战军魂》中有一段关于郭汝瑰起义的记述：“黄埔嫡系，并经日本士官学校和陆大深造，受陈辞修将军特别赏识、倚重（曾任参谋本部作战厅厅长）的郭汝瑰将军，带着国民党的最后本钱——七十二军在泸州（应为宜宾——作者著）阵前‘归队’（郭本是潜伏在国民党军事指挥中枢的共谋），瓦解了国军的最后布置和士气。政府原以为退路的西康刘文辉、云南卢汉因以往遭受歧视，对最高当局怨毒已深，自然亦趁机投共。”

《百战军魂》的作者尽管有视角的差异，但对情报的作用和川南起义的意义已经表达得明确无误了。

然而48年后，郭汝瑰又在他的回忆录中以另一种视角作了他自己的诠释：“1949年2月，国民党革命委员会上海负责人王葆真被捕，临时焚烧了我所送的文件，遭严刑拷打，被判死刑也不供认我出来。任廉儒、梁佐华同志，侥幸脱身逃亡香港……今天回想起来，未出意外完全是主义深入人心，党的纪律严明，同志们的保护所致，个人的权谋是微不足道的。”

魔窟显赤胆　洗冤慰忠心

——一位我军情报员的曲折经历

傅长德

一位来自河南省内乡县的农村老人，竟是与组织失散数十年的我第二野战军安插在国民党“川鄂边区绥靖公署”的情报员！当年以国民党上尉军官身份为掩护的我军地下工作者周伯鹏，在国民党高级军事机关刺探情报，截获机密文件，其情报活动做到了万无一失，绥靖主任、陆军上将孙震竟毫无察觉。

邂逅相遇投奔革命

1948 年 9 月，国民党徐州“剿总”副总司令兼陆军总部郑州指挥部主任孙震，改任华中“剿总”司令部副总司令兼川鄂边区绥靖公署主任，绥署机关就设在湖北宜昌桃花岭圣公会东楼。周伯鹏是作为孙震的部属随来宜昌的。

早在抗日战争爆发的第二年，17 岁的周伯鹏就参加了河南邓县义勇壮丁队。凭借能写得一手好字，人又聪明勤奋，周伯鹏得到上司赏识，很快被推荐在国民党第五战区长官司令部参谋处任文书、司书等职，最后当上了郑州绥署参谋长赵自立的随从书记，受到同僚们的青睐。至 1947 年初夏，郑州绥署改组成陆军总部郑州前进指挥部，孙震任主任。由于参谋长赵自立调任河南省政府主席，周失去靠山而受排挤，新任参谋处长白汝庸为安插亲信将周裁减出去后，念他是五战区长官部的旧人，改派他前往徐州报考陆军文书副官学校。未想到待周伯鹏赶到徐州，学校已停办，他只得返回郑州。

当年因战事频仍，交通受阻，周伯鹏步行经萧县到永城县演集地区时受到盘问，方知自己已进入了解放区。区长张彦秀查明他是一名国民党军军官，就向他宣传以后不要再为国民党卖命，要为共产党、解放军做事。周伯鹏既不慌张也不隐瞒，把自己的来历和知道的事如实向张区长说了。当时，刘、邓首长挥师挺进大别山，迫切需要了解和掌握国民党军内部情况，演集区张区长遵照上级的指示，带着周伯鹏前往邻近不远的安徽省太和县人和寨的豫皖苏军区司令部驻地。军区首长接见了周伯鹏，在首长的鼓励下，他把所知的国民党军内部情况详细介绍了一遍，同时将自己作为派系之争的牺牲品被一脚踢出的满腹情绪倾泻出来，表示要与反动派彻底决裂，参加解放军不够格就回家种田去。

军区首长对他的觉醒给予嘉许，诚挚地说道："如果真心想参加革命，照常穿这套国民党军装一样可以，你还是回到你原来的部队，为我军搜集情报吧！"他欣然应允，表示要"身在曹营心在汉"，绝不辜负首长的一片好意。首长叫司令部的同志拿来登记表给他填，他还写了自传。在场的五位军区首长当场签了字，批准他为军区情报员。其中一位首长握着他的手庄严地说："周伯鹏同志，从现在起，你就是中国人民解放军的一名战士了，胜利以后归队时再换上解放军军装吧！预祝你胜利成功!”事毕，首长陪他吃了饭，并派情报处副处长杨人和向他交代任务。

杨处长教他一言一行必须严格保密，不对上暗号不交情报，还告诉他军区化名“宋治平”，他送情报的化名叫“王向荣”，档号 12 号。组织上安排的联络点有两处：一处是开封市复兴街 18 号的火车司机李复元；一处是兰封县“伪保长”张光烈。周伯鹏一一牢记在心。杨处长和周伯鹏等一行数人骑马赶往前沿阵地附近，周就由电台台长杨力生护送进入敌区。由于军区首长的布置很妥帖，周伯鹏顺利地回到国民党军郑州指挥部第三处（作战处）任职。从此，他就在孙震的身边，一直从事搜集情报的活动。

孙震，四川成都人，早年加入同盟会，参加过辛亥革命与护国战争，1939 年为陆军上将衔。1943 年晋升为第五战区副司令长官。1946 年先后任郑州绥署副主任、第五绥靖区司令官等职。在共事的国民党将领中，职位仅次于李宗仁、白崇禧、刘峙，可谓老谋深算。在台儿庄战役中，孙震的二十二集团军浴血奋战，其业绩也曾载入史册。但在以后的反共反人民的战争中，孙震却损兵折将，丢城失地，一步步走入困境。1946 年他率部围攻中原解放区，紧接着又投入定陶战役，三个师就有两个被歼。淮海战役更使他元气大伤，他的亲信和侄子孙元良当司令官的第十六兵团东援徐州，不久即全部覆没，孙震几乎成了“光杆司令”，奉调宜昌。孙震不曾想到，他避开炮火连天的战场，却无法摆脱无形的战场。在宜昌、万县的一年多里，周伯鹏的情报活动更为频繁，更加得手。老谋深算的孙震被搞得晕头转向，始终未料到自己的机密是通过身边的周伯鹏传递出去的。

特殊战场隐蔽斗争

周伯鹏告别豫皖苏军区首长，回到郑州后就积极开展工作。他逐渐注意到一个叫许振渭的档案员，此人年纪小，受反动思想的影响也较轻，又掌握档案室这个要害部门，如能争取过来，对开展情报工作大有好处。于是周伯鹏寻机多和许接近，以致称兄道弟，无话不谈，甚过一般同事关系。周进而暗示自己对国民党已完全失望，在考虑今后的出路，见许听到这里也有同感，就压低嗓音正色透露自己已秘密投靠了“那边”，并进一步说：“解放军急需军事情报，看在知己的份上，希望得到老弟的帮助，从档案室选出一些机密文件送去。”许振渭深明大义，很快从自己保管的档案中取出了记载有陆军总司令部所辖全国兵力、驻地、指挥系统、作战指导腹案、情报网、兵站、仓库和设施在内的图表、文件，卷成一大卷，暗地交给周伯鹏。

周伯鹏接过这一大卷东西又喜又愁，喜的是初战告捷，愁的是如何才能安全送到联络点去。他思忖过后计上心来，便向上级请假，说自己是赵自立参谋长的随从书记，现赵当上省主席，自己去开封省府探望老上司。此计很灵，马上得到批准。于是，他就去开封找到火车司机李复元，将这卷机密材料交给他，再由李转交给我军区首长。

1948 年到宜昌后，周伯鹏的情报活动更为频繁，更加得手。他留意观察，发现有一个少年常到川鄂边区绥靖公署司令部附近玩耍，于是巧妙地与之接近，并了解到这位少年名叫邹大彬，是一家杂货店的学徒，思想进步，倾向革命。周伯鹏正苦于与组织失去联系，就与邹大彬谈好，建立起传递情报的关系。

1948 年 9 月，周伯鹏在司令部弄到宜昌国民党军核心工事要图和川鄂绥署指挥系统等情报，交张协三送出。同年冬，又在三斗坪以了解布防为名，截获了川鄂绥署兵力部署、作战指挥腹案、兵力位置态势等资料图表，交邹大彬转送给组织。

1949 年初，川鄂边区绥署准备移驻万县。一天晚上，周伯鹏约邹大彬再次接头，邹从怀中掏出一张相片给周看，并介绍相片上的少年叫罗方义，是宜昌文都中学学生，邹过去的同学，人可靠。他还告诉周伯鹏，今后若有情报就用化名写信，寄宜昌大公路内地会贺治安先生转李汉生先生收，李就是罗方义的化名。周伯鹏也请邹大彬将一年多前军区首长给自己取的“王向荣”这个化名转告罗方义。

周伯鹏去万县后，给罗方义写了多封情报信，信中出现的诸如“水势陡涨”“水势回落”“行情看涨”“行情下跌”等字句都是情报暗语。为了避开特务的嗅觉，他的信一律用印有“川鄂边区绥靖公署”款名的军用信笺信封。由于收寄双方地址都颇有来头（一方是高级军事机关，一方是外国人办的教会），这些信都安全送达。

1949 年春末夏初，周伯鹏用暗语写信到宜昌通知罗方义速来万县取一批重要情报。罗方义接到情报后立即动身赶到万县，按信上约定的接头地点与周见面（也是唯一的一次）。周伯鹏经仔细端详，认清面前这个少年就是邹大彬交给的相片上的罗方义后，极其慎重地将一卷绝密军事文件交到他的手上。这些重要情报包括国民党军在大巴山的防守作战计划、川鄂边界的军事布防与火力配备图，以及国民党军政人员花名册等。在一位船工的协助下，罗方义安全携带情报回到宜昌。情报开始藏在家中，因敌军搜查很紧，为了万无一失，罗方义利用自己是基督教教徒这层关系，暗中转移到内地会教堂一处不被人注意的地方。半个月后，远安县来了一位姓李的交通员将这卷情报取走（宜昌解放后，罗方义才知这位交通员是二野情报处所派遣的，可惜他在执行另一次任务时不幸被捕，惨遭杀害）。

不久，宜昌解放。罗方义通过市公安局黄局长介绍，正式填表参加二野情报处为通讯员，奉命潜往还是敌占区的四川万县找周伯鹏，传达对他的指示："就地隐蔽，待命归队。"罗打扮成"逃难"学生模样，经兴山偷越国民党军的封锁线到了巴东（敌占区），偶遇有人问就说自己是躲逃共产党的。他从巴东西上，或乘木船，或步行，好不容易赶到万县，非但在联络点上没有找到周伯鹏，却在街上与由宜昌逃到万县的中统特务刘××相遇。此人早在宜昌就怀疑罗方义的身份，且又是罗的邻居，为防不测，罗即绕道巴东回到宜昌复命，此时沿途各处均已解放。

阴差阳错断线蒙冤

罗方义第二次赴万县传达"原地待命归队"的指示，周伯鹏不知道，孙震撤退时他也只好随行，伺机行事。由于他的行踪被绥署电台的一个军官看出破绽，撤退途中，此人对他威胁道："你吃里爬外，暗中干的事小心点！"眼看自己暴露，周连夜脱离部队潜往南充。这时四川全境尚未解放，他又辗转来到宜昌。

1950 年元旦之际，周伯鹏找到宜昌平和里 14 号罗方义家，罗的父亲告诉他，方义已参军走了，接头心切的周伯鹏，茫然不知所措了。原来，罗方义赴万县找周不着，又被特务盯梢，只得回到宜昌。不久重庆解放，二野情报处通知罗方义随军入川。途经万县时，情报处派卢参谋与罗方义一道到联络点找周伯鹏，才知周从南充路过万县回宜昌找罗方义去了。罗立即给宜昌家中写了封信，又随军西行。

周伯鹏找不到罗方义，好不懊恼，罗父招待他吃饭和住下。他找到二野（驻宜）西南办事处要求归队（办事处实际上是二野四川情报站），主任（即站长）李奋同志接见了他。二野驻宜同志从罗方义交来的密信和口头的汇报早知道周伯鹏的情况，也相信眼前从国民党部队逃出来的军官就是他，但是按照组织原则，从事地下工作的人员必须先接上关系，才能归队，便只好把周的真实身份以及暂时回家等候关系等情节写信介绍到宜昌市军管会和市政府。最后，军管会书面证明周系我方人员身份回家等关系，而手续上又只得按旧军人遣返办理。

罗父给了一身便衣让周换上。然而，周一离开宜昌，严峻的生活现实击碎了他“归队”的美好憧憬。他未到家门，能说明他真实身份的证明便被扣下了，手上有的只是一纸“遣返证”。回家后，任凭他捶胸顿足，发誓赌咒，剖白自己一片赤诚之心，诉说自己如何秘密参加革命，最后如何失散关系的原委，不仅村里人不信，就是区里县里干部也不信。他请求调查，得到的却是一顿呵斥。过了春节，他求村干部开张路条让自己到开封找原来的联络点火车司机李复元接关系，被拒绝，他苦苦哀求，有人斥责他“想逃避斗争”。他一气之下动身了，只走到南阳，就被尾追而来的村民兵抓住，押回去后管制得更严了，他叫苦不迭。

1951 年 3 月，周伯鹏被定为“不法地主”，判刑三年，以后又加刑两年，押送到江苏省盱眙县投入劳改。1956 年刑满留场就业，后来调到安徽寿县一个农场当农工，1963 年退职回家务农。

身处逆境矢志不移

凄楚的经历，坎坷的生活，并没有使周伯鹏淡漠对往事的回忆。每当他谈及那段往事时，总要遭到一些人的斥责、讥笑和嘲弄，不是责他“口出狂言”，就是骂他“犯了疯病”。1970 年他萌生了重找罗方义的念头。他来到宜昌，好不容易访问到罗家一户老邻居，当听到说是找罗方义，连忙关照他：“别找了，罗方义正被当地的群众批斗哩！”他只得连夜跑回了家。

党的十一届三中全会的春风，吹暖了周伯鹏那颗冷漠的心。1980 年他赴京上访，可提不出证据与线索而不了了之。1981 年他忍痛卖掉母猪和口粮，凑了路费再次上访，来到中央某机关径直往里走，被警卫战士拦住，他声言要见一位中央首长，说当年自己是他的老部下，要亲自陈述冤情。警卫问他有无证据，这时他才想到刚才的举动是多么的唐突，只得结束了这次上访，垂头丧气动身回家。少量的钱用得所剩无几，他只得趴运煤火车，铁路工人听了他的叙述很同情，没有撵他下车。

五年后的一次故人相聚，周伯鹏一颗沉寂的心又活跃起来。1986 年 5 月的一天，正在河南镇平县老家探亲的宜昌二中离休干部许溪清和他的老伴要到邻县探望一位数十年未通音信的老友——周伯鹏。当他们来到一间又低又小，破烂不堪的农舍，见到瘦骨嶙峋、视力不佳的周伯鹏时，许溪清问："还认识我么?"周伯鹏喊了声："振渭哇!"就浑身颤抖，热泪盈眶。原来，来客就是当年暗中向他提供大批情报的敌军郑州指挥所的档案员许振渭。

分手 40 年又重逢，两人有许多话要倾诉。许振渭 1948 年与周分手后随军开往徐州，淮海战役结束，徐州解放，部队解散，他回到镇子老家。1949 年春豫西一解放他又参加解放军某军政干校，1959 年转业到宜昌工作。听到这里，周伯鹏为之一振，泪流满面地说道："振渭弟，救救俺吧！我要寻找罗方义，洗刷不白之冤呀!"两人当即谈定，秋后在宜昌见面，一道查访罗方义。

是年 10 月，周伯鹏来到宜昌，许溪清陪他四下寻访，终于在宜都找到罗方义的姐姐，搞清楚罗方义的下落。周伯鹏横下一条心，要连夜起程去内蒙古找罗方义，许溪清为老友来到市委党史办公室求助。搞接待的朱同志一听"周伯鹏"这个人名，猛一吃惊，忙拦住话，请许溪清赶快问问周伯鹏知不知道"王向荣"、"李汉生"二人是谁。许溪清很快转告周伯鹏的回话：“王向荣是我的化名，李汉生是罗方义的化名。我们当年就是用这些化名传递情报。”朱忙请许溪清给周捎信：“别走！赶快写个申诉材料交来。”

欣逢盛世　沉冤昭雪

原来，周伯鹏从事情报活动的真情，宜昌还有另外的人知道。那是1955年春，宜昌市委组织部在清理干部档案的工作中，发现一个袋子装着一扎用印有“国军川鄂边区绥靖公署”的军用信纸信封写的信，这是打入敌军的“内线”写来的情报，还夹着证明文件。不久，宜昌市委组织部又在有关报告中写道：

这次清理工作中，清理出地下工作人员周伯鹏从事敌区革命活动的合法证件、活动联络信和组织审查材料多起。

周伯鹏下落不明，我们就从地下活动联络信件的信封上发现信件是由本市大公路内地会（教会组织）贺治安转李汉生收。我们找着了贺治安，从而查明李汉生是罗方义的化名，与周有联系，进而查到本人下落及家庭住址。

另外还有一份市委组织部写给原宜昌市长的信函件：

我们最近清理干部档案，其中一人情况如下，请函告下落。

该人叫周伯鹏，是前豫皖苏军区郑州指挥所的关系，派往万县孙震司令部即川鄂绥署第三处，与组织罗方义（化名李汉生）联系。档案内有二野西南办事处李奋主任给您的两封信（一封是50年元月4日，一封是元月6日）。内容大意是：周是我部队派往孙震部，利用关系进行情报工作，请查处理等语……

根据上述记载，有关部门曾找到了年逾八旬的贺治安，可老人说，宜昌刚解放罗就参军走了，杳无音信。

周伯鹏按照党史办的意见写好申诉书，并急着要去找在内蒙古工作的罗方义。党史办的同志一面劝他不要焦急，安心回家向县委申诉；一面表示将以组织的名义给内乡县委写信，介绍宜昌档案文件中有关他的记载，并向内蒙古发函取罗方义的证明。周伯鹏这才破涕为笑，高高兴兴回原籍内乡县去了。

此后，宜昌方面与河南省、内蒙古有关部门公函往来，并先后向中央军委办公厅、国防部、河南省委组织部、四川省党史办公室等十个单位寄去17封信，遍寻线索。不久，收到四川省委党史办公室提供重要知情人李奋下落的复函。内乡县委随即派员在宜昌完成调查取证任务后，赴成都向李奋同志调查，且从李处辗转了解新的线索，遂又前往郑州、北京等地找到当年军区情报处长孙卫和及在国家安全机关工作的一位老同志。根据他们提供的情况，在国家安全机关查阅到一份1949年8月的历史资料有如下记载：

周伯鹏，第五组组长，基本关系，河南内乡人，现年三十岁，一九四七年与我发生工作关系，在郑州曾供给不少情报，后转沙宜，现在川鄂绥署任书记，住宜昌。

至此，真相大白。内乡县人民法院当即撤销了几十年前的刑事判决书，宣告周伯鹏无罪。

周伯鹏从事情报工作历三年之久，近千个日日夜夜，生活、战斗在特务穿梭、密探成群的敌军高级机关和重兵防守的重地。他的活动机智勇敢，卓有成效，瞒过了敌将校军官，瞒过了特务鹰犬。国民党军上将孙震至死都不曾想到，他司令部的作战处和档案室成了解放军的情报“供应站”和“敌情瞭望哨”，与他相随左右的部属军官中，有人早已暗中投奔了共产党。

周伯鹏这位备尝艰辛的老同志，终于苦尽甜来。组织上确认他系1947年参加革命工作的老干部，办理离休。在省里领导同志亲自过问下，县政府发给他一笔补助金。这位坎坷一生的老战士，正欢度着愉快的晚年。

（宜昌市政协文史办供稿）

金融战线上的特殊战斗

——记在北平组建谦兴银号的经过

闵一民口述　郑德厚整理

1940年5月，我从抗大一分校毕业后，曾在一二九师和野战卫校工作和学习。1943年春，我奉命调往当时直属第十八集团军后勤部领导的晋冀鲁豫边区冀南银行工作，从此开始了我一生整整50年的金融工作生涯。我不仅在冀南银行、晋察冀边区银行、华北银行工作过，而且还接受过特殊任务，被派往香港和蒋管区工作。全国解放后，我仍长期工作在金融系统。现在回想起这50年的风风雨雨，那一次在北平经历的特殊战斗总是首先浮现在我眼前。

1946年6月26日，蒋介石悍然撕毁停战协定，对解放区发动全面进攻，国内和平已完全破灭。

为了做好接收大城市金融业的准备工作，开展对敌货币斗争，沟通解放区和蒋管区的货币汇兑和资金划拨关系，支持和便利我晋察冀边区（主要是冀中地区）与北平等大城市之间的贸易往来。我和战友高越民接受了晋察冀边区冀中区党委和冀中银行的一项特殊战斗任务：潜入北平利用城市亲友的掩护（我的一位姨父当时任一家商业银行的经理，高的一位哥哥在北平经商），设法组建一家合法金融机构，为解放区的经济、金融、贸易服务。

当时，在北平建立新的金融机构是存在很多困难的。我和高越民经过反复商量向区党委请示，决定在北平选择一家原属老字号而停业已久又准备申请复业的旧银号，打入我方力量，通过合法斗争，达到既有掩护，又能逐步开展工作的目的。边区党委和冀中银行领导同意了我们的计划，并指示我们要胆大心细，团结社会进步力量，利用矛盾，深入工作。

从解放区进入北平，要通过层层关卡，弄不好就出事。我和高越民同行走高阳—保定—北平这条路线。我们或穿长袍或穿西服，一派商人打扮。我是无锡人，说不好当地话，都由高越民对话。有一次，国民党哨兵指着我问："你是干什么的?"我无法回避了只好说："是职员，一同办货去。"哨兵听了硬说我不是商人，继续盘问我。高越民见状马上掏出钱塞过去，这才放行。

终于到了北平。经过周密研究和分析，我们选择了一个组建银号的对象——谦兴银号。

北平谦兴银号始建于 1922 年 3 月，在北平城内算得上是一家老字号并有中等偏上资力信誉的金融企业。1937 年"七七"事变后，谦兴因不堪日伪压迫，于 1938 年初被迫停业清理。1945 年日军投降后，国民党财政部颁布了商业银业复员开业条例，一些过去停业清理的银行、银号、钱庄纷纷申请复业。当时谦兴银号持有营业执照的前任经理陈子衡却处于一无资金、二无营业房屋、三无申请复业信心的困难处境。我们通过关系掌握了陈子衡的情况后，立即抓住时机，对陈进行了联络和争取工作。在可靠关系的掩护下，我们又陆续结识了一批原北平旧银钱企业界有一定经济实力和知名度的人士，如程荣五、秦芝圃、郭存今等，并通过他们对国民党主管金融当局开展了合法斗争。陈子衡、程荣五、秦芝圃等都出身于北平商界。陈子衡早在1922年谦兴最早创立时，即担任银号经理职务，但他思想保守，对时局发展认识不清。程荣五早年从事钱庄业务，是金融界的科班出身，在北平银钱业中有较深的社会基础。在谦兴银号成立前，他已在前门外西河沿设立一家办理存、放款业务的“黑”钱庄。他的金融业务知识较丰富，并有较多的实际经验。秦芝圃是商界的头面人物，拥有一定资力，对申请谦兴复业持积极态度。至于那个郭存今，他号称北平银钱业的一霸，是沧、泊、冀、深地区的帮会头头儿，早年曾担任过云南军阀唐继尧的高级幕僚和驻京代表，还担任过国民党北平市参议会的参议员、北平银钱业工会理事长。对于这样一个人，我们主要利用他的社会身份作掩护，为谦兴的复业创造条件。

谦兴复业的第一步是取得国民党财政部准予复业的批件，以便向市工商部门领取营业执照。在当时北平金融界申请复业的热潮中，获得一张执照并非易事，有条件的人就把办证视同奇货可居，批件一到手，开价就是几十根金条，把它当作获取高利的筹码。为了申请复业，我们鼓动程荣五两次飞往南京，催促国民党财政部早日批办复业手续。经过努力，1947年4月，终于获得了恢复谦兴营业的证件，复业的最初注册资本是法币1亿元。

接着就进行谦兴合资的投资比例和董事会组成的艰苦谈判。为了达到我方控股目的，由边区银行出资法币5000万元，占谦兴注册资本的50%。边区银行的股权由我们派出的董事刘次之（原任职于北平金城银行，是我在北平的可靠关系）和高越民、高春芳三人为代表。另50%的股本由陈子衡、秦芝圃、程荣五、梁征甫和郭存今等人筹集出资。谦兴的董事会即由上述诸人组成。第一届董事会选出秦芝圃担任董事长，高春芳、梁征甫为常务董事，高越民、刘次之、程荣五、郭存今、陈子衡为董事，并聘请郭存今任总经理，程荣五为经理，刘次之任副经理兼会计主任。银号会计主任掌握着实际财务大权，由刘次之任谦兴副经理兼会计主任，是我们在谦兴人事安排上的一着妙棋，保证财权掌握在我们的手里。当时我在晋察冀边区银行冀中分行担任营业科长，高越民是营业科的干部，高春芳是高越民的哥哥。刘次之辞去了原金城银行的职务，受聘于谦兴。由于我在解放区的公开身份，不便于直接出面担任职务，只能在幕后掌握。在上述谦兴的人事安排过程中，斗争也是很激烈尖锐的。郭存今坚持反对刘次之担任会计主任之职，企图安排他的亲信操纵银号。这当然遭到我们的拒绝。我们团结秦芝圃、程荣五组成联合战线，同时，我们是投资谦兴的控股大户，因此否定了郭存今的图谋。据后来程荣五对我们透露，郭存今很怀疑高越民和刘次之与我们党有密切关系，并伺机挑拨我们与秦芝圃、程荣五之间的关系。对上层人物，我们主要通过刘次之、高越民、高春芳对其他参与代表做晓之大义的工作，使其认清形势，合作共事。对具体的工作人员，则采用多种方式进行思想教育。如秘密传阅解放区的报纸，介绍解放区的情况，宣传解放战争的胜利和国内外的形势。在 1948 年后即北平解放的前夕，我们就敢于半公开活动了。我们把毛主席的著作拿给职员们看，并组织学习，为我们顺利接管国民党银行做了人员及其思想方面的准备。

谦兴的资本构成从开始到第三年曾两度发生变化。最初复业时注册资本 1 亿元法币，冀中银行占 50% 股权。半年后，谦兴增资为 2 亿元法币，冀中银行未能增加投资，股权比例降为 1/4。一年后谦兴再次增资到 3 亿元法币，冀中银行投资仍未增加，比例降为 1/6。尽管如此，在董事会的组成及人事安排上仍未受到影响。我们派出的董事刘次之、高越民、高春芳从未变动，特别是刘次之一直担任董事兼副经理、会计主任之职，直至北平解放谦兴由我们接管。

在战争年代，边区银行设置在平津地区的银号和汇兑点有八九处，除谦兴银号外，还有茂生楼、忆诚商行、庆丰楼、中兴号、高镜记等。但只有谦兴是一个合法的企业法人，是在北平市工商部门登记营业的金融机构，其他都是以各种商业面目掩护下的秘密汇兑点。从资力和作用上，它们都远没有谦兴重要，但不论是合法的金融机构还是秘密的汇兑点，主要任务都是为沟通解放区与平津蒋管区的通汇和货币调拨，以支援解放战争。当时，解放区向蒋管区输出的粮食、土布、皮毛、山货，特别是白洋淀的鱼虾、苇席，河涧、肃宁的鸭梨、红枣等大宗土特产运销平津所获得的法币和商业票据，有相当部分是通过我们设在平津的金融机构起中介作用的。同时，解放区也需要从平津蒋管区输入各种军需民生物资，主要是武器弹药、医疗药品、纸张、印刷器材、食盐、煤油等必需品，而采购所需的法币、商业票据，除了直接派人携带外，有相当数量也是通过我们所设的银号、汇兑点起着桥梁作用的。因法币不能在解放区流通。当时我们在河间、安兴、饶阳和段村有四家私人银号，负责接收商业票据。他们接收后送到谦兴银号办理入账手续。每年往来约为 1 亿元法币。银号为防止法币贬值，便尽快用法币购买东西，主要有金条、银圆、布匹、颜料等。还须提防假票，当时约有 10%—15% 的假票。另外携带商业汇票一定要找可靠的人，因当时社会治安混乱，抢劫的事时有发生。应该指出，在当时敌我军事、政治斗争十分尖锐的情况下，经济斗争同样是尖锐复杂的。我们有的汇兑点就遭到敌人的破坏，有的同志被捕后受到敌人的刑讯迫害，有的同志还献出了自己的生命。谦兴银号虽是合法的法人组织并有社会人士的掩护，但因与郭存今这样的人物共处，我们也必须时刻提高警惕，防止遭受破坏。当解放战争进入反攻阶段，人民战争节节胜利之际，1947年冬，边区党委和冀中银行根据形势发展再次确定谦兴银号的任务是“长期隐蔽，积蓄力量，加强团结工作，继续坚持合法斗争，为我党接收大城市金融工作做好准备”。谦兴银号以刘次之为首，一方面加强内部基层职工的教育工作，把一批青年职工团结在自己周围；另一方面审时度势地开展了社会调查研究工作。通过社会人士广泛搜集资料，掌握北平银行、银号、钱庄等金融机构担任主任以上职务的人员情况，制定名册，了解其简历、政治面目、思想和家庭状况。这些资料，在北平解放后即由刘次之面交北平军管会金融处负责人张云天，为胜利接收北平金融机构起到一定作用。

谦兴银号还积极参与肃清与收兑伪金圆券的工作。在北平解放前夕，国民党反动政权为进行垂死挣扎，于1948年8月19日实行了掠夺性的“币制改革”。发行的“金圆券”，名义上规定每1元金圆券相当于0.22217厘米（克）含金量，强制收兑人民手中的金、银、外币。这就加速了国民党统治区的恶性通货膨胀，金融市场一片混乱，投机猖獗，民怨沸腾。当时一方面北平交易市场都以银圆计价流通，甚至以面粉、大米等实物作为主要交易媒介；另一方面，金银投机特别是银圆黑市扶摇直上，带动了物价直线上升。据1962年人民出版社出版的《北京人民金融》记载：如以1937年1—6月北平零售物价指数为100，则1948年1月的零售物价已上涨2200倍，到1948年8月，上涨达800万倍。人民购物携带的金圆券，需要成捆论斤计算。在这样的情况下，北平的银钱业都处于奄奄一息、束手待毙的境地。1949年2月，北平军管会发布了关于收兑金圆券的金字第一号布告。为了尽快完成肃清金圆券和加速人民币占领市场的斗争，市军管会金融处决定成立由我、黄子良、刘维良等参加的工作组。记得当时在前门外珠市口市工商联召开了有数百人参加的组织动员大会。谦兴银号的大部分同人都参与了这项工作。我们组成了13个分支金库、247个兑换点，前后共动员了5000余人参加这一项特殊任务。值得一提的是那天动员组织工作会一直开到中午12点，我和高越民、刘次之谢绝友人的邀请，来到珠市口一家露天饭摊上吃了一顿玉米面饼子、炸豆腐和素丸子汤，吃得很香。刘次之说："这玉米面饼子要比山珍海味实惠多了。"我说："我们吃这顿饭心安理得，心情舒畅。战友相聚机会难得。"大家都笑逐颜开。

由于党采取了对金圆券实行排挤与收兑相结合的正确政策，加上军管会强有力的领导和广大人民群众的支持，收兑金圆券的任务只用了18天就胜利完成了，共兑入金圆券8.3174亿元，投放人民币1.9841亿元，在保证人民币迅速占领市场，整顿金融秩序，打击投机，抑止恶性通货膨胀，保护人民利益，安定人民生活等方面谦兴银号起了积极作用。

谦兴银号在北平解放后的一段时间里，遵照北平市军管会金融处的规定，通过清产核资，在遵守人民政府有关政策法令的前提下，曾经继续营业了一个时期。直到1952年，它和全市的私营银行、银号、钱庄等银钱业一起进入了全面停业和清理阶段。有关清产核资、投资结算及人事安排，根据晋察冀边区银行负责人关学文、张平之等同志商同军管会金融处负责人张云天都作了妥善处理。

图书在版编目（CIP）数据

谍战：隐于幕后／刘未鸣主编．— 北京：中国文史出版社，2018. 9

（纵横精华．第二辑：历史的侧影）

ISBN 978 – 7 – 5205 – 0872 – 8

Ⅰ．①谍… Ⅱ．①刘… Ⅲ．①间谍—情报活动—中国—近现代 Ⅳ．①D693. 65

中国版本图书馆 CIP 数据核字（2018）第 268234 号

责任编辑：金硕　胡福星

出版发行：**中国文史出版社**

社　　址：北京市海淀区西八里庄 69 号院　　邮编：100142

电　　话：010 – 81136606　81136602　81136603（发行部）

传　　真：010 – 81136655

印　　装：廊坊市海涛印刷有限公司

经　　销：全国新华书店

开　　本：787 × 1092　1/16

印　　张：17. 5

字　　数：217 千字

版　　次：2019 年 2 月北京第 1 版

印　　次：2019 年 2 月第 2 次印刷

定　　价：56. 00 元